FREDERICO DATTLER, svd

SINOPSE DOS QUATRO EVANGELHOS

Dados Internacionais de Catalogação na Publicação (CIP)
(Câmara Brasileira do Livro, SP, Brasil)

Dattler, Frederico, 1914-
D259s   Sinopse dos quatro Evangelhos / Frederico Dattler. — São Paulo: Paulus, 1986.

ISBN 978-85-349-1158-0

1. Bíblia. N.T. Evangelhos — Crítica e interpretação 2. Bíblia. N. T. Evangelhos — Harmonias I. Título.

86-2054

CDD-226.1
-226.06

Índices para catálogo sistemático
1. Evangelhos: Exegese 226.06
2. Evangelhos: Harmonias: Bíblia 226.1
3. Evangelhos: Interpretação e crítica 226.06
4. Harmonias dos Evangelhos 226.1
5. Harmonias dos Evangelhos 226.1
6. Sinopses dos Evangelhos 226.1

Impressão e acabamento
PAULUS

Seja um leitor preferencial **PAULUS**.
Cadastre-se e receba informações
sobre nossos lançamentos e nossas promoções:
paulus.com.br/cadastro
Televendas: **(11) 3789-4000 / 0800 16 40 11**

1ª edição, 1986
11ª reimpressão, 2020

© PAULUS – 1986

Rua Francisco Cruz, 229 • 04117-091 • São Paulo (Brasil)
Tel. (11) 5087-3700
paulus.com.br • editorial@paulus.com.br

ISBN 978-85-349-1158-0

PRELIMINARES

1.

Do Prefácio à 2.ª edição: O autor duma sinopse segue o caminho invertido dos hagiógrafos. Estes compuseram, aquele desmonta o mosaico. Reaparecem as pedras, e pára-se aqui. A um trabalho completo de crítica literária caberia ainda a tarefa de classificar as pedras segundo o seu tamanho, sua cor e seu material; em outros termos, de acordo com a extensão, o gênero literário e a qualidade estilística destas últimas unidades literárias.

Cremos que cada um dos Evangelhos será mais bem compreendido, quando confrontado diretamente com os seus paralelos. As palavras de Cristo ganharam com a transmissão múltipla por várias testemunhas. Somos por demais habituados a citar certas passagens segundo um só dos quatro Evangelhos e nem suspeitamos o quanto perdemos com este descuido. A exegese honesta deve respeitar todas as formas sob as quais nos foram conservadas as palavras evangélicas.

2.

Dando ao público a TERCEIRA EDIÇÃO sinto-me obrigado a confessar as desvantagens duma sinopse evangélica. Neste tipo de obra, por força de definição, as pequenas e últimas unidades literárias ("lógia") são arrancadas do seu contexto redacional onde o autor as inseriu. Ora, é exatamente o contexto variado em cada Evangelho que estabelece o sentido preciso do "lógion" ou, pelo menos, projeta sobre ele uma nova luz. Convido, portanto, o leitor a não negligenciar o tal contexto dentro do próprio Evangelho, pois só assim a sinopse será usada inteligentemente.

3.

Esta terceira edição pode ser chamada MELHORADA pelas seguintes razões:

1) O texto é o da BÍBLIA DE JERUSALÉM, publicada em português por Edições Paulinas (2.ª edição revista, 1985).
2) Foram criados novos §§ a fim de frisar melhor algumas unidades literárias negligenciadas nas edições anteriores.
3) Foi dada maior ênfase aos paralelos materiais do 4.º Evangelho para demonstrar visivelmente versículos tradicionais à parte e, às vezes, talvez mais originais do que em Mt, Mc e Lc.
4) Transcrevemos certo número de passagens veterotestamentárias nos casos de evidentes modelos literários.

Preliminares VI

4.

A **estrutura** da Sinopse presente é a dos próprios Evangelhos. Os quatro Evangelistas atêm-se à ordem temporal dentro da qual se desenrolou a vida terrestre de Jesus, desde a infância até a ascensão ao céu. Mas, no momento em que penetramos nos pormenores, arrostamos sérias dificuldades em dispor a matéria cronologicamente.

Na história da infância a tarefa é relativamente fácil; nos inícios da vida pública é ainda possível estabelecer uma certa ordem cronológica sob a orientação do 4º Evangelho. Na própria VIDA PÚBLICA, porém, é simplesmente impraticável. Também aqui não faltam indicações como estas: "No dia seguinte" ou "Depois disto", mas nada nos servem para descobrir a seqüência segura dos acontecimentos. Mal julgamos ter descoberto uma pista real, quando já se perdeu como numa selva sem caminho. Em face disto, o material deste período foi organizado artificialmente de acordo com este esquema:

Mt-Mc-Lc-Jo	§§ 35-41
Mt-Mc-Lc	§§ 42-76
Mt-Mc-Jo	§§ 77 - 78
Mt-Lc-Jo	§§ 79 - 81
Mt-Mc	§§ 82 - 91
Mt-Lc	§§ 92 - 129
Mt-Jo	§ 130
Mc-Lc	§§ 131-134
Lc-Jo	§ 135
Mt	§§ 136-158
Mc	§§ 159-162
Lc	§§ 163-191
Jo	§§ 192-199

O esquema coincide, por um acaso feliz, com os famosos "Cânones" de Eusébio, bispo de Cesaréia de Palestina e pai da historiografia eclesiástica (+ 340). Além disso, os entendidos em QUESTÃO SINÓTICA saberão apreciar devidamente a disposição e a discriminação das perícopes.

Não obstante a obscuridade cronológica podemos ressaltar certo número de fatos que se assemelham a pistas, embora sem início nem fim. Ei-los: o teatro principal da atividade de Cristo foi a província da Galiléia. — Umas três vezes antes da última viagem para Jerusalém, Jesus dirigiu-se à província da Judéia e à Cidade Santa. — Foi provavelmente depois da primeira multiplicação dos pães que ele se retirava temporariamente para as bandas de Tiro e de Sidônia (Fenícia). — Retomando o caminho para a Galiléia, Jesus passa pelo território da Decápole. — Outra vez, encontramo-lo junto às nascentes do Jordão, em Cesaréia de Filipe. — Demorava-se ainda, uma ou mais vezes, na região transjordânica da Peréia.

A partir da derradeira viagem a Jerusalém até a ascensão, a ordem cronológica torna-se mais manifesta, embora não fiquem excluídas algumas incertezas e arbitrariedades.

OS QUATRO EVANGELHOS

Mateus				Pág.	Mateus				Pág.	Mateus				Pág.
1	1-17	§	3	*1*	9	1- 8	§	36	*26*		34-36	§	85	*68*
	18-25	§	7	*6*		9-13	§	50	*38*	15	1- 9	§	86	*68*
2	1-18	§	12	*8*		14-15	§	51	*40*		10-13	§	87	*70*
	19-23	§	13	*10*		16-17	§	52	*40*		14	§	123	*88*
3	1-12	§	17	*12*		18-26	§	53	*40*		15-20	§	87	*70*
	13-17	§	18	*14*		27-31	§	147	*98*		21-28	§	88	*70*
4	1-11	§	21	*14*		32-34	§	148	*98*		29-39	§	89	*70*
	12-17	§	31	*20*		35	§	34		16	1- 4	§	65	*52*
	18-22	§	35	*24*		35-38	§	109	*82*		5-12	§	66	*52*
	23-25	§	34	*22*	10	1- 4	§	54	*42*		13-20	§	40	*30*
5	1-12	§	92	*72*		5-15	§	55	*44*		21-23	§	67	*54*
	13	§	42	*34*		16-23	§	56	*46*		24-28	§	68	*54*
	14-16	§	43	*34*		24-25	§	79	*64*	17	1-13	§	41	*32*
	17-19	§	93	*74*		26-33	§	110	*82*		14-21	§	69	*56*
	20	§	136	*94*		34-36	§	111	*82*		20	§	70	*70*
	21-24	§	137	*96*		37-38	§	112	*82*		22-23	§	71	*58*
	25-26	§	94	*74*		39	§	80	*64*		24-27	§	155	*100*
	27-28	§	138	*96*		40-42	§	82	*66*	18	1-10	§	72	*58*
	29-30	§	139	*96*	11	1-11	§	113	*82*		11-14	§	124	*88*
	31-32	§	95	*74*		13	§	113	*82*		15-17	§	125	*88*
	33-37	§	140	*96*		12-15	§	114	*84*		18	§	156	*88*
	38-42	§	96	*74*		16-19	§	115	*84*		19-20	§	157	*100*
	43-48	§	97	*74*		20-24	§	116	*84*		21-35	§	126	*88*
6	1	§	141	*96*		25-27	§	117	*86*	19	1-19	§	90	*72*
	2- 4	§	142	*96*		28-30	§	149	*98*		10-12	§	158	*100*
	5- 6	§	143	*96*	12	1- 8	§	57	*46*		13-15	§	73	*58*
	7-13	§	98	*76*		9-15a	§	58	*46*		16-29	§	74	*60*
	14-15	§	44	*34*		15b-21	§	150	*98*		30	§	127	*90*
	16-18	§	144	*96*		22-29	§	59	*48*	20	1-16	§	127	*90*
	19-23	§	99	*76*		30-32	§	37	*26*		16	§	128	*92*
	24-34	§	100	*78*		33-37	§	118	*86*		17-19	§	75	*62*
7	1- 2	§	45	*34*		38-42	§	119	*86*		20-23	§	91	*72*
	3- 5	§	101	*78*		43-45	§	120	*86*		24-28	§	76	*62*
	6	§	145	*98*		46-50	§	60	*48*		29-34	§	202	*128*
	7-11	§	102	*78*	13	1- 9	§	61	*50*	21	1-11	§	208	*132*
	12	§	103	*78*		10-15	§	83	*66*		12-13	§	25	*18*
	13-14	§	104	*80*		16-17	§	122	*86*		14-17	§	208	*132*
	14	§	128	*90*		18-23	§	62	*50*		18-22	§	211	*136*
	15-20	§	146	*98*		24-30	§	151	*98*		23-27	§	216	*138*
	21-23	§	128	*80*		31-32	§	63	*52*		28-32	§	212	*136*
	24-27	§	106	*80*		33	§	121	*86*		33-46	§	217	*140*
	28-29	§	78	*64*		34-35	§	83	*66*	22	1-14	§	214	*138*
8	1- 4	§	46	*34*		36-43	§	151	*98*		15-22	§	218	*140*
	5-10	§	81	*64*		44-46	§	152	*100*		23-33	§	219	*142*
	11-12	§	128	*90*		47-50	§	153	*100*		34-40	§	220	*144*
	11-13a	§	107	*80*		51-52	§	154	*100*		41-46	§	221	*144*
	13	§	81	*64*		53-58	§	38	*28*	23	1-36	§	222	*144*
	14-17	§	47	*36*	14	1- 5	§	64	*52*		37-39	§	129	*92*
	18-22	§	108	*80*		6-12	§	84	*66*	24	1-41	§	225	*148*
	23-27	§	48	*36*		13-21	§	39	*30*		42-51	§	229	*154*
	28-34	§	49	*38*		22-33	§	77	*62*	25	1-13	§	230	*154*

Os quatro evangelhos

Mateus				Marcos				Marcos			
			Pág.				Pág.				Pág.
	14-30	§ 228	154		28-30	§ 37	26		28-34	§ 220	144
	31-46	§ 130	92		31-35	§ 160	102		35-37	§ 221	144
26	1- 2	§ 232	156	4	1- 9	§ 61	50		38-40	§ 223	148
	3- 5	§ 204	130		10-12	§ 83	66		41-44	§ 224	148
	6-13	§ 206	132		13-20	§ 62	50	13	1- 8	§ 225	148
	14-16	§ 207	132		21-23	§ 43	34		9-13	§ 56	46
	17-19	§ 234	160		24	§ 45	34		14-32	§ 225	148
	20-25	§ 237	162		25	§ 133	94		33-37	§ 229	154
	26-29	§ 238	162		26-29	§ 159	102	14	1- 2	§ 204	130
	30-35	§ 239	164		30-32	§ 63	52		3- 9	§ 206	132
	36-46	§ 244	170		33-34	§ 183	108		10-11	§ 207	132
	47-56	§ 245	172		35-41	§ 48	36		12-16	§ 234	160
	57-66	§ 249	174	5	1-20	§ 49	38		17-21	§ 237	162
	67-68	§ 250	174		21-43	§ 53	40		22-25	§ 238	162
	69-75	§ 248	174	6	1- 6	§ 38	28		26-31	§ 239	164
27	1	§ 251	176		7-13	§ 55	44		32-42	§ 244	170
	2	§ 252	176		14-16	§ 64	52		43-50	§ 245	172
	3-10	§ 253	178		17-29	§ 84	66		51-52	§ 246	172
	11-14	§ 252	176		30-44	§ 39	30		53-64	§ 249	174
	15-21	§ 256	180		45-52	§ ·77	62		65	§ 250	176
	19	§ 257	180		53-56	§ 85	68		66-72	§ 248	174
	22-26	§ 259	182	7	1-13	§ 86	68	15	1a	§ 251	176
	26b-30	§ 258	180		14-23	§ 87	70		1b- 5	§ 252	176
	31-33	§ 260	182		24-30	§ 88	70		6-15a	§ 256	180
	34-38	§ 262	182		31-37	§ 160	102		15b	§ 258	180
	39-44	§ 264	184	8	1-10	§ 89	70		16-20a	§ 258	180
	45-50	§ 267	186		11-13	§ 65	52		15ac	§ 259	182
	51-54	§ 268	186		14-21	§ 66	52		20b-22	§ 260	182
	55-56	§ 266	186		22-26	§ 161	102		23-28	§ 262	184
	57-61	§ 270	188		27-30	§ 40	30		29-32	§ 264	186
	62-66	§ 271	188		31-33	§ 67	54		33-37	§ 267	186
28	1- 7	§ 272	188		34-38	§ 68	54		38-39	§ 268	186
	8-10	§ 273	190	9	1	§ 68	54		40-41	§ 266	186
	11-15	§ 274	190		2-13	§ 41	32		42-47	§ 270	188
	16-20	§ 282	196		14-29	§ 69	56	16	1- 7	§.272	188
					30-32	§ 71	58		8	§ 273	190
Marcos			Pág		33-37	§ 72	58		9-11	§ 275	190
1	1- 8	§ 17	12		38-41	§ 82	66		12-13	§ 277	192
	9-11	§ 18	14		42-48	§ 72	58		14-18	§ 279	192
	12-13	§ 21	14		49-50	§ 162	102		19	§ 283	196
	14-15	§ 31	20	10	50	§ 42	34		20	§ 284	196
	16-20	§ 35	24		1-12	§ 90	72				
	21-28	§ 131	92		13-16	§ 73	58	Lucas			Pág
	22	§ 78	64		17-31	§ 74	60	1	1- 4	§ 1	1
	29-34	§ 47	36		32-34	§ 75	62		5-25	§ 4	4
	35-39	§ 132	94		35-40	§ 91	72		26-38	§ 7	6
	40-45	§ 46	34		41-45	§ 76	62		39-56	§ 8	6
2	1-12	§ 36	26		46-52	§ 202	128		57-79	§ 5	4
	13-17	§ 50	38	11	1-11	§ 208	132		80	§ 6	4
	18-20	§ 51	40		12-14	§ 211	136	2	1-20	§ 9	6
	21-22	§ 52	40		15-19	§ 25	18		21	§ 10	18
	23-28	§ 57	46		20-24	§ 70	56		22-38	§ 11	8
3	1- 6	§ 58	46		25	§§ 44	34		39-40	§ 13	10
	7-12	§ 34	22			e 98	76		41-51	§ 14	10
	13-19	§ 54	42	12	27-33	§ 216	138		52	§ 15	10
	20-21	§ 60	48		1-12	§ 217	140	3	1- 2	§ 16	12
	22-27	§ 59	48		13-17	§ 218	140		3-18	§ 17	12
					18-27	§ 219	142				

IX

Os quatro evangelhos

Lucas			Pág.	Lucas			Pág.	Lucas			Pág.
	19-20	§ 31	*20*		37-43a	§ 69	*56*		14-15	§ 222	*148*
	21-22	§ 18	*14*		43b-45	§ 71	*58*		16	§ 114	*84*
	23a	§ 22	*16*		49-50	§ 134	*94*		17	§ 93	*74*
	23b-38	§ 3	*1*	10	1-12	§ 55	*44*		18	§ 95	*74*
4	1-13	§ 21	*14*		2	§ 109	*82*		19-31	§ 187	*112*
	14-15	§ 31	*20*		13-15	§ 116	*84*	17	1- 2	§ 72	*58*
	16-30	§ 38	*28*		16	§ 55	*44*		3	§ 125	*88*
	31-37	§ 131	*92*		17-20	§ 170	*104*		4	§ 126	*88*
	38-41	§ 47	*36*		21-22	§ 117	*86*		5- 6	§ 70	*56*
	42-44	§ 132	*94*		23-24	§ 122	*86*		7-10	§ 188	*112*
5	1-11	§ 35	*24*		25-28	§ 220	*144*		11-19	§ 189	*112*
	12-16	§ 46	*34*		25-37	§ 171	*104*		20-37	§ 227	*152*
	17-26	§ 36	*26*		38-42	§ 135	*94*	18	1- 8	§ 190	*112*
	27-32	§ 50	*38*	11	1- 4	§ 98	*76*		9-14	§ 191	*114*
	33-35	§ 51	*40*		5- 8	§ 172	*172*		15-17	§ 73	*58*
	36-39	§ 52	*40*		9-13	§ 102	*78*		18-30	§ 74	*60*
6	1- 5	§ 57	*46*		14-23	§ 59	*48*		31-34	§ 75	*62*
	6-11	§ 58	*46*		24-26	§ 120	*86*		35-43	§ 202	*128*
	12-16	§ 54	*42*		27-28	§ 173	*106*	19	1-10	§ 201	*128*
	17-19	§ 34	*22*		29-32	§ 119	*86*		11-27	§ 228	*154*
	20-23	§ 92	*72*		33	§ 43	*34*		28	§ 201	*128*
	24-26	§ 163	*102*		34-36	§ 99	*76*		29-40	§ 208	*132*
	27-28	§ 97	*74*		37-54	§ 222	*144*		41-44	§ 209	*134*
	29-30	§ 96	*74*	12	1	§ 66	*52*		45-46	§ 25	*18*
	31	§ 103	*78*		2- 9	§ 110	*82*		47-48	§ 210	*134*
	32-35	§ 97	*74*		10	§ 37	*26*	20	1- 8	§ 216	*138*
	36+37c	§ 44	*34*		11-12	§ 56	*46*		9-19	§ 217	*140*
	36+38b	§ 45	*34*		13-21	§ 174	*106*		20-26	§ 218	*140*
	38a	§ 164	*102*		22-31	§ 100	*78*		27-40	§ 219	*142*
	39	§ 123	*88*		32-34	§ 99	*76*		41-44	§ 221	*144*
	40	§ 79	*64*		35-48	§ 229	*154*		45-47	§ 223	*148*
	41-42	§ 101	*78*		49-50	§ 175	*106*	21	1- 4	§ 224	*148*
	43-45	§ 118	*86*		51-53	§ 111	*82*		5-11	§ 225	*148*
	46	§ 105	*80*		54-57	§ 65	*52*		12-19	§ 56	*46*
	47-49	§ 106	*80*		58-59	§ 94	*74*		20-33	§ 225	*148*
7	1-10	§ 81	*64*	13	1- 3	§ 176	*106*		34-36	§ 226	*152*
	11-17	§ 165	*102*		4- 5	§ 177	*106*		37-38	§ 210	*134*
	18-28	§ 113	*82*		6- 9	§ 231	*156*	22	1- 2	§ 204	*130*
	29-35	§ 115	*86*		10-17	§ 178	*108*		3- 6	§ 207	*132*
	29-30	§ 166	*104*		18-19	§ 63	*52*		7-18	§ 234	*160*
	36-50	§ 167	*104*		20-21	§ 121	*86*		19-20	§ 238	*162*
8	1	§ 34	*24*		22-30	§ 128	*90*		21-23	§ 237	*162*
	1- 3	§ 168	*104*		30	§ 127	*90*		24-30	§ 235	*160*
	4- 8	§ 61	*50*		31-33	§ 179	*108*		31-34	§ 239	*164*
	9-15	§ 62	*50*		34-35	§ 129	*92*		35-38	§ 241	*166*
	16-17	§ 43	*34*	14	1- 6	§ 180	*108*		39-46	§ 244	*170*
	18	§ 133	*94*		7-11	§ 181	*108*		47-53	§ 245	*172*
	19-21	§ 60	*48*		46-48	§ 72	*58*		54-62	§ 248	*174*
	22-25	§ 48	*36*		51-56	§ 169	*104*		54a	§ 249	*174*
	26-39	§ 49	*38*		57-62	§ 108	*80*		63-65	§ 250	*176*
	40-56	§ 53	*40*		12-14	§ 182	*108*		66-71	§ 251	*176*
9	1- 6	§ 55	*44*		15-24	§ 214	*138*	23	1- 5	§ 252	*176*
	7- 9	§ 64	*52*		25-35	§ 183	*108*		6-12	§ 254	*178*
	16-17	§ 39	*30*	15	1- 7	§ 124	*88*		13-16	§ 255	*178*
	18-21	§ 40	*30*		8-10	§ 184	*110*		17-23	§ 256	*180*
	22	§ 67	*54*		11-32	§ 185	*110*		24-25	§ 259	*182*
	23-27	§ 68	*54*	16	1-12	§ 186	*110*		26	§ 260	*182*
	28-36	§ 41	*32*		13	§ 100	*78*		27-32	§ 261	*182*

Os quatro evangelhos

Lucas			*Pág.*
	33-34	§ 262	*182*
	35-38	§ 264	*184*
	39-43	§ 265	*186*
	44-46	§ 267	*186*
	44-45	§ 268	*186*
	47-48	§ 268	*186*
	49	§ 266	*186*
	50-56	§ 270	*188*
24	1- 8	§ 272	*188*
	9-11	§ 273	*190*
	12	§ 276	*192*
	13-35	§ 277	*192*
	36-48	§ 279	*192*
	47-49	§ 286	*198*
	50-53	§ 283	*196*

João			*Pág*
1	1-18	§ 2	*1*
	19-28	§ 19	*14*
	29-30	§ 20	*14*
	31-30	§ 18	*14*
	35-51	§ 23	*16*
	41-42	§ 40	*30*
2	1-11	§ 24	*18*
	12-17	§ 25	*18*
	18-22	§ 26	*18*
	20	§ 16	*12*
	23-25	§ 27	*18*
3	1-12	§ 28	*18*
	13-21	§ 29	*20*
	22-36	§ 30	*20*
4	1- 3	§ 31	*20*
	4-27	§ 32	*22*
	28-42	§ 33	*22*
	34-35	§ 14	*10*
	35-38	§ 109	*82*
	43-45	§ 38	*28*
	46-54	§ 81	*64*
5	1- 9	§§ 36	*26*

João			*Pág.*
	e 193		*116*
	10-47	§ 194	*118*
	14	§ 36	*26*
	20-30	§ 130	*92*
	33-36	§ 216	*138*
6	1-15	§ 39	*30*
	16-21	§ 77	*62*
	22-71	§ 192	*114*
	67-69	§ 40	*30*
7	1	§§ 34	*22*
	e 194		*120*
	2-14	§ 195	*120*
	15-24	§ 194	*118*
	25-53	§ 196	*120*
	45-46	§ 78	*64*
8	1-11	§ 215	*138*
	12-59	§ 195	*120*
	29	§ 14	*10*
	34-44	§ 21	*14*
	57-58	§ 22	*16*
9	1- 7	§ 196	*122*
	8-41	§ 197	*124*
	39-41	§ 37	*26*
10	1-21	§ 198	*124*
	22-42	§ 199	*126*
11	1-16	§ 200	*128*
	17-46	§ 203	*128*
	47-53	§ 204	*130*
	54-57	§ 205	*130*
12	1- 2	§ 135	*94*
	1-11	§ 206	*132*
	12-19	§ 208	*132*
	20-36	§ 213	*136*
	25	§ 80	*64*
	27	§ 244	
	28-36	§ 41	*32*
	37-50	§ 233	*156*
13	1-17	§ 236	*160*
	16	§ 79	*64*
	18-30	§ 237	*162*

João			*Pág.*
	31-33	§ 239	*164*
	34-35	§ 240	*166*
	36-38	§ 239	*164*
14-16		§ 242	*166*
	15-20	§ 79	*64*
17		§ 243	*170*
18	1	§ 244	*170*
	2-11	§ 245	*172*
	12-14	§ 247	*172*
	15-18	§ 248	*174*
	19-24	§ 247	*172*
	25-27	§ 248	*174*
	28-38	§ 252	*176*
	39-40	§ 256	*180*
19	1- 3	§ 258	*180*
	4-12	§ 255	*178*
	13-16	§ 259	*182*
	17	§ 260	*182*
	18-22	§ 262	*182*
	23-24	§ 263	*184*
	25-27	§ 266	*186*
	28-30	§ 267	*186*
	31-37	§ 269	*188*
	38-42	§ 270	*188*
20	1- 2	§ 272	*188*
	3-10	§ 276	*192*
	11-18	§ 275	*190*
	17	§ 283	*196*
	19-25	§ 279	*192*
	22	§ 286	*198*
	26-29	§ 280	*194*
	30-31	§ 287	*198*
21	1- 6	§ 35	*24*
	4- 7	§ 77	*62*
	1-23	§ 281	*194*
	12	§ 77	*62*
	15-17	§ 77	*24*
	24-25	§ 288	*198*

OUTROS LUGARES BÍBLICOS

Deuteronômio			*Pág*
24	1- 4	§ 90	*72*

1 Samuel			*Pág*
2, 26; 3,19-21		§ 15	*12*

Tobias			*Pág*
2Rs	17,23	§ 233	*156*
4,	15a	§ 103	*78*

Salmos			*Pág*
22,	8.9.13.14	§ 264	*184*
107,	23-30	§ 48	*36*

Provérbios			*Pág*
8,	22-31	§ 2	*1*

Sabedoria			*Pág*
2,	12.13.17.18	§ 264	*184*
3,	1- 3	§ 187	*112*
5,	1- 8.15	§ 187	*112*

Eclesiástico			*Pág*
24,	3.9.12.23	§ 2	*1*

Isaías			*Pág*
53,	6- 7	§ 20	*14*

Baruc			*Pág*
3,	32- 4, 1	§ 2	*1*

Atos			*Pág*
1,	1-11	§ 283	*196*

Romanos			*Pág*
7,	2.3	§ 90	*72*
13,	1- 7	§ 218	*140*

1 Coríntios			*Pág*
7,	10-11	§ 90	*72*
	29-31	§ 226	*152*
10,	14-22	§ 192	*114*
11,	23-25	§ 238	*162*
	23-29	§ 192	*114*
15,	1- 8	§ 285	*196*
	35-50	§ 219	*142*

PREÂMBULOS

§ 1 — Prólogo literário

Mt	Mc	Lc 1,1-4	Jo
		¹Visto que muitos já tentaram compor uma narração dos fatos que se cumpriram entre nós — ²conforme no-los transmitiram os que, desde o princípio, foram testemunhas oculares e ministros da Palavra — ³a mim também pareceu conveniente, após acurada investigação de tudo desde o princípio, escrever-te de modo ordenado, ilustre Teófilo, ⁴para que verifiques a solidez dos ensinamentos que recebeste.	

§ 2 — Prólogo teológico

Br 3,32-38;4,1	Pr 8,22-31	Eclo 24,3.9.12.23	Jo 1,1-18
³²Aquele que sabe todas as coisas, porém, a conhece, pois descobriu-a com a sua inteligência; aquele que preparou a terra para uma duração eterna e a encheu de animais quadrúpedes; ³³aquele que envia a luz e ela parte, que a chama de volta e ela, tremendo, obedece; ³⁴brilham em seus postos as estrelas, palpitantes de alegria: ³⁵ele as cha-	²²Iahweh me criou, primícias de sua obra, de seus feitos mais antigos. ²³Desde a eternidade fui estabelecida, desde o princípio, antes da origem da terra. ²⁴Quando os abismos não existiam, eu fui gerada, quando as fontes não existiam os mananciais das águas. ²⁵Antes que as montanhas fossem implantadas, antes das colinas, eu fui gerada; ²⁶ele ainda	³"Saí da boca do Altíssimo e como a neblina cobri a terra. ⁹Criou-me antes dos séculos, desde o princípio, e para sempre não deixarei de existir.	¹No princípio era o Verbo e o Verbo estava com Deus e o Verbo era Deus. ²No princípio, ele estava com Deus. ³Tudo foi feito por meio dele e sem ele nada foi feito. ⁴O que foi feito nele era a vida, e a vida era a luz dos homens; ⁵e a luz brilha nas trevas, mas as trevas não a apreenderam. ⁶Houve um homem enviado por

§§ 2-3 — Br 3,32-4,1; Pr 8,22-31; Eclo 24,3.9.12.33; Jo 1,1-18; Lc 3,23b-38

Br

ma e elas respondem: "Aqui estamos", cintilando com alegria para aquele que as fez. ³⁶É ele o nosso Deus, e nenhum outro se contará ao lado dele. ³⁷Foi ela que descobriu todo o caminho da ciência e o deu a conhecer a Jacó, seu servo, e a Israel, seu bem-amado.

³⁸Depois disso ela apareceu sobre a terra e no meio dos homens viveu.

¹Ela é o livro dos preceitos de Deus, a Lei que subsiste para sempre: todos os que a ela se agarram destinam-se à vida.

Pr

não havia feito a terra e a erva, nem os primeiros elementos do mundo. ²⁷Quando firmava os céus, lá eu estava, quando traçava a abóbada sobre a face do abismo; ²⁸quando condensava as nuvens no alto, quando se enchiam as fontes do abismo: ²⁹quando punha um limite ao mar; e as águas não ultrapassavam o seu mandamento quando assentava os fundamentos da terra. ³⁰Eu estava junto com ele como o mestre-de-obras, eu era o seu encanto todos os dias, todo o tempo brincava em sua presença:

³¹brincava na superfície da terra, e me alegrava com os homens.

Eclo

¹²Enraizei-me num povo cheio de glória, na porção do Senhor, no seu patrimônio.

²³Tudo isto é o livro da aliança do Deus Altíssimo, a Lei que Moisés promulgou, a herança para as assembléias de Jacó.

Jo

Deus. Seu nome era João. ⁷Este veio como testemunha, para dar testemunho da luz, a fim de que todos cressem por meio dele. ⁸Ele não era a luz, mas veio para dar testemunho da luz.

⁹O Verbo era a luz verdadeira que ilumina todo homem; e vinha ao mundo. ¹⁰Ele estava no mundo e o mundo foi feito por meio dele, mas o mundo não o reconheceu. ¹¹Veio para o que era seu e os seus não o receberam. ¹²Mas a todos que o receberam deu o poder de se tornarem filhos de Deus: aos que crêem em seu nome, ¹³ele, que não foi gerado nem do sangue, nem de uma vontade da carne, nem de uma vontade do homem, mas de Deus. ¹⁴E o Verbo se fez carne, e habitou entre nós; e nós vimos a sua glória, glória que ele tem junto ao Pai como Filho único, cheio de graça e de verdade.

¹⁵João dá testemunho dele e clama: "Este é aquele de quem eu disse: o que vem depois de mim passou adiante de mim, porque existia antes de mim". ¹⁶Pois de sua plenitude todos nós recebemos graça por graça. ¹⁷Porque a Lei foi dada por meio de Moisés; a graça e a verdade vieram por Jesus Cristo. ¹⁸Ninguém jamais viu a Deus: o Filho único, que está voltado pa-

§ 3 — Genealogias

Mt 1,1-17	Mc	Lc 3,23b-38	Jo
¹Livro da origem de Jesus Cristo, filho de Davi, filho de Abraão: ²Abraão gerou Isaac, Isaac gerou Jacó, Jacó gerou Judá e seus irmãos, ³Judá gerou Farés e Zara, de Tamar, Farés gerou Esrom, Esrom gerou Aram, ⁴Aram gerou Aminadab, Aminadab gerou Naasson, Naasson gerou Salmon, ⁵Salmon gerou Booz, de Raab, Booz gerou Jobed, de Rute, Jobed gerou Jessé, ⁶Jessé gerou o rei Davi. Davi gerou Salomão, daquela que foi mulher de Urias, ⁷Salomão gerou Roboão, Roboão gerou Abias, Abias gerou Asa, ⁸Asa gerou Josafá, Josafá gerou Jorão, Jorão gerou Ozias, ⁹Ozias gerou Joatão, Joatão gerou Acaz, Acaz gerou Ezequias, ¹⁰Ezequias gerou Manassés, Manassés gerou Amon, Amon gerou Josias, ¹¹Josias gerou Jeconias e seus irmãos por ocasião do exílio na Babilônia. ¹²Depois do exílio na Babilônia, Jeconias gerou Salatiel, Salatiel gerou Zorobabel, ¹³Zorobabel gerou Abiud, Abiud gerou Eliacim, Eliacim gerou Azor, ¹⁴Azor gerou Sadoc, Sadoc gerou Aquim, Aquim gerou Eliud, ¹⁵Eliud gerou Eleazar, Eleazar gerou Matã, Matã gerou Jacó, ¹⁶Jacó gerou José, o esposo de Maria, da qual nasceu Jesus chamado Cristo. ¹⁷Portanto, o total das gerações é: de Abraão até Davi, quatorze gerações; de Davi até o exílio na Babilônia, quatorze gerações; e do exílio na Babilônia até Cristo, quatorze gerações.		e era, conforme se supunha, filho de José, filho de Eli, ²⁴filho de Matat, filho de Levi, filho de Melqui, filho de Janai, filho de José, ²⁵filho de Matatias, filho de Amós, filho de Naum, filho de Esli, filho de Nagai, ²⁶filho de Maar, filho de Matatias, filho de Semeín, filho de Josec, filho de Jodá, ²⁷filho de Joanã, filho de Ressa, filho de Zorobabel, filho de Salatiel, filho de Neri, ²⁸filho de Melqui, filho de Adi, filho de Cosã, filho de Elmadã, filho de Her, ²⁹filho de Jesus, filho de Eliezer, filho de Jorim, filho de Matat, filho de Levi, ³⁰filho de Simeão, filho de Judá, filho de José, filho de Jonã, filho de Eliacim, ³¹filho de Meléia, filho de Mená, filho de Matatá, filho de Natã, filho de Davi, ³²filho de Jessé, filho de Obed, filho de Booz, filho de Salá, filho de Naasson, ³³filho de Aminadab, filho de Admin, filho de Arni, filho de Esron, filho de Farés, filho de Judá, ³⁴filho de Jacó, filho de Isaac, filho de Abraão, filho de Taré, filho de Nacor, ³⁵filho de Seruc, filho de Ragau, filho de Faleg, filho de Eber, filho de Salá, ³⁶filho de Cainã, filho de Arfaxad, filho de Sem, filho de Noé, filho de Lamec, ³⁷filho de Matusalém, filho de Henoc, filho de Jared, filho de Malaleel, filho de Cainã, ³⁸filho de Enós, filho de Set, filho de Adão, filho de Deus.	ra o seio do Pai, este o deu a conhecer.

§ 4 — Anunciação do Precursor

Lc 1,5-25

⁵Nos dias de Herodes, rei da Judéia, houve um sacerdote chamado Zacarias, da classe de Abias; sua mulher, descendente de Aarão, chamava-se Isabel. ⁶Ambos eram justos diante de Deus e, de modo irrepreensível, seguiam todos os mandamentos e estatutos do Senhor. ⁷Não tinham filhos, porque Isabel era estéril e os dois eram de idade avançada.

⁸Ora, aconteceu que, ao desempenhar ele as funções sacerdotais diante de Deus, no turno de sua classe, ⁹coube-lhe por sorte, conforme o costume sacerdotal, entrar no Santuário do Senhor para oferecer o incenso. ¹⁰Toda a assembléia do povo estava fora, em oração, na hora do incenso.

¹¹Apareceu-lhe, então, o Anjo do Senhor, de pé, à direita do altar do incenso. ¹²Ao vê-lo, Zacarias perturbou-se e o temor apoderou-se dele. ¹³Disse-lhe, porém, o Anjo: "Não temas, Zacarias, porque a tua súplica foi ouvida, e Isabel, tua mulher, vai te dar um filho, ao qual porás o nome de João. ¹⁴Terás alegria e regozijo, e muitos se alegrarão com o seu nascimento. ¹⁵Pois ele será grande diante do Senhor; *não beberá vinho, nem bebida embriagante*; ficará pleno do Espírito Santo ainda no seio de sua mãe ¹⁶e converterá muitos dos filhos de Israel ao Senhor, seu Deus. ¹⁷Ele caminhará à sua frente, com o espírito e o poder de Elias, *a fim de converter os corações dos pais aos filhos* e os rebeldes à prudência dos justos, para preparar ao Senhor um povo bem disposto". ¹⁸Zacarias perguntou ao Anjo: *"De que modo saberei disso?* Pois eu sou velho e minha esposa é de idade avançada". ¹⁹Respondeu-lhe o Anjo: "Eu sou Gabriel; assisto diante de Deus e fui enviado para anunciar-te essa boa nova. ²⁰Eis que ficarás mudo e sem poder falar até o dia em que isso acontecer, porquanto não creste em minhas palavras, que se cumprirão no tempo oportuno". ²¹O povo esperava por Zacarias, admirado com sua demora no Santuário. ²²Quando ele saiu, não lhes podia falar; e compreenderam que tivera alguma visão no Santuário. Falava-lhes com sinais e permanecia mudo. ²³Completados os dias do seu ministério, voltou para casa. ²⁴Algum tempo depois, Isabel, sua esposa, concebeu e se manteve oculta por cinco meses, ²⁵dizendo: "Isto fez por mim o Senhor, quando se dignou retirar o meu opróbrio perante os homens!"

§ 5 — Nascimento do Precursor

Lc 1,57-79

⁵⁷Quanto a Isabel, completou-se o tempo para o parto, e ela deu à luz um filho. ⁵⁸Os

vizinhos e os parentes ouviram dizer que Deus a cumulara com sua misericórdia e com ela se alegraram. ⁵⁹No oitavo dia, foram circuncidar o menino. Queriam dar-lhe o nome de seu pai, Zacarias, ⁶⁰mas a mãe, tomando a palavra, disse: "Não, ele vai se chamar João". ⁶¹Replicaram-lhe: "Em tua parentela não há ninguém que tenha este nome!" ⁶²Por meio de sinais, perguntaram ao pai como queria que se chamasse. ⁶³Pedindo uma tabuinha, ele escreveu "Seu nome é João", e todos ficaram admirados. ⁶⁴E a boca imediatamente se lhe abriu, a língua desatou-se e ele falava, bendizendo a Deus. ⁶⁵O temor apoderou-se então de todos os seus vizinhos, e por toda a região montanhosa da Judéia comentavam-se esses fatos. ⁶⁶E todos os que ouviam gravavam essas coisas no coração, dizendo: "Que virá a ser esse menino?" E, de fato, a mão do Senhor estava com ele. ⁶⁷Zacarias, seu pai, repleto do Espírito Santo, profetizou:

⁶⁸*"Bendito seja o Senhor Deus de Israel*, porque visitou e *redimiu o seu povo*, ⁶⁹*e suscitou-nos uma força de salvação* na casa de Davi, seu servo, ⁷⁰como prometera desde tempos remotos pela boca de seus santos profetas, ⁷¹*salvação que nos liberta dos nossos inimigos e da mão de todos os que nos odeiam*; ⁷²para fazer *misericórdia com nossos pais, lembrado de sua aliança sagrada,* ⁷³*do juramento que fez ao nosso pai Abraão*, de nos conceder ⁷⁴que — sem temor, libertos da mão dos nossos inimigos — nós o sirvamos ⁷⁵com santidade e justiça, em sua presença, todos os nossos dias. ⁷⁶E tu, menino, serás chamado profeta do Altíssimo; pois irás à *frente do Senhor, para preparar-lhe os caminhos,* ⁷⁷para transmitir ao seu povo o conhecimento da salvação, pela remissão de seus pecados. ⁷⁸Graças ao misericordioso coração do nosso Deus, pelo qual nos visita o Astro das alturas, ⁷⁹*para iluminar os que jazem nas trevas e na sombra da morte*, para guiar nossos passos no *caminho da paz*".

§ 6 — Infância do Precursor

Lc 1,80

⁸⁰O menino crescia e se fortalecia em espírito. E habitava nos desertos, até o dia em que se manifestou a Israel.

INFÂNCIA DE NOSSO SENHOR JESUS CRISTO

§ 7 — Anunciação de Jesus Cristo*

Mt	Mc	Lc	Jo
Mt 1,18-25		Lc 1,26-38	

Mt 1,18-25

¹⁸A origem de Jesus Cristo foi assim: Maria, sua mãe, comprometida em casamento com José, antes que coabitassem, achou-se grávida pelo Espírito Santo. ¹⁹José, seu esposo, sendo justo e não querendo denunciá-la publicamente, resolveu repudiá-la em segredo. ²⁰Enquanto assim decidia, eis que o Anjo do Senhor manifestou-se a ele em sonho, dizendo: "José, filho de Davi, não temas receber Maria, tua mulher, pois o que nela foi gerado vem do Espírito Santo. ²¹Ela dará à luz um filho e tu o chamarás com o nome de Jesus, pois ele salvará o seu povo dos seus pecados". ²²Tudo isso aconteceu para que se cumprisse o que o Senhor havia dito pelo profeta:

²³*Eis que a virgem conceberá e dará à luz um filho e o chamarão com o nome de Emanuel*, o que traduzido significa: "Deus está conosco". ²⁴José, ao despertar do sono, agiu conforme o Anjo do Senhor lhe ordenara e recebeu em casa sua mulher. ²⁵Mas não a conheceu até o dia em que ela deu à luz um filho. E ele o chamou com o nome de Jesus.

Lc 1,26-38

²⁶No sexto mês, o anjo Gabriel foi enviado por Deus a uma cidade da Galiléia, chamada Nazaré, ²⁷a uma virgem desposada com um varão chamado José, da casa de Davi; e o nome da virgem era Maria. ²⁸Entrando onde ela estava, disse-lhe: "Alegra-te, cheia de graça, o Senhor está contigo!" ²⁹Ela ficou intrigada com essa palavra e pôs-se a pensar qual seria o significado da saudação. ³⁰O Anjo, porém, acrescentou: "Não temas, Maria! Encontraste graça junto de Deus. ³¹Eis que conceberás no teu seio e darás à luz um filho, e tu o chamarás com o nome de Jesus. ³²Ele será grande, será chamado Filho do Altíssimo, e o Senhor Deus lhe dará *o trono de Davi*, seu pai; ³³*ele reinará na casa de Jacó para sempre*, e o seu reinado não terá fim". ³⁴Maria, porém, disse ao Anjo: "Como é que vai ser isso, se eu não conheço homem algum?" ³⁵O anjo lhe respondeu: "O Espírito Santo virá sobre ti e o poder do Altíssimo vai te cobrir com a sua sombra; por isso o *Santo* que nascer *será chamado* Filho de Deus. ³⁶Também Isabel, tua parenta, concebeu um filho na velhice, e este é o sexto mês para aquela que chamavam de estéril. ³⁷*Para Deus, com efeito, nada é impossível.*" ³⁸Disse, então, Maria: "Eu sou a serva do Senhor; faça-se em mim segundo a tua palavra!" E o Anjo a deixou.

§ 8 — Maria e Isabel

Lc 1,39-56

³⁹Naqueles dias, Maria pôs-se a caminho para a região montanhosa, dirigindo-se apressadamente a uma cidade de Judá. ⁴⁰Entrou na casa de Zacarias e saudou Isabel. ⁴¹Ora, quando Isabel ouviu a saudação de Maria, a criança lhe estremeceu no ventre e Isabel ficou repleta do Espírito Santo. ⁴²Com um grande grito, exclamou: "Bendita és tu entre as mulheres e bendito é o fruto de teu ventre! ⁴³Donde me vem que a mãe do meu Senhor me visite? ⁴⁴Pois quando a tua saudação chegou aos meus ouvidos, a criança estremeceu de alegria em meu ventre. ⁴⁵Feliz aquela que creu, pois o que lhe foi dito da parte do Senhor será cumprido!"
⁴⁶Maria, então, disse:
"Minha alma engrandece o Senhor, ⁴⁷*e meu espírito exulta em Deus meu Salvador,* ⁴⁸*porque olhou para a humilhação de sua serva. Sim! Doravante as gerações todas me chamarão de bem-aventurada,* ⁴⁹*pois o Todo-poderoso fez grandes coisas em meu favor. Seu nome é santo* ⁵⁰*e sua misericórdia perdura de geração em geração, para aqueles que o temem.* ⁵¹*Agiu com a força de seu braço. Dispersou os homens de coração orgulhoso.*
⁵²*Depôs poderosos de seus tronos, e a humildes exaltou.* ⁵³*Cumulou de bens a famintos e despediu ricos de mãos vazias.* ⁵⁴*Socorreu Israel, seu servo, lembrado de sua misericórdia* ⁵⁵— *conforme prometera a nossos pais — em favor de Abraão e de sua descendência, para sempre!"*
⁵⁶Maria permaneceu com ela mais ou menos três meses e voltou para casa.

§ 9 — Nascimento de Jesus

Lc 2,1-20

¹Naqueles dias, apareceu um edito de César Augusto, ordenando o recenseamento de todo o mundo habitado. ²Esse recenseamento foi o primeiro enquanto Quirino era governador da Síria. ³E todos iam se alistar, cada um na própria cidade. ⁴Também José subiu da cidade de Nazaré, na Galiléia, para a Judéia, na cidade de Davi, chamada Belém, por ser da casa e da família de Davi, ⁵para se inscrever com Maria, sua mulher, que estava grávida. ⁶Enquanto lá estavam, completaram-se os dias para o parto, ⁷e ela deu à luz o seu filho primogênito, envolveu-o com faixas e reclinou-o numa manjedoura, porque não havia um lugar para eles na sala.

§ 7 Em ambas as passagens coincidem as pessoas, as palavras do anjo e a mensagem (cf. F. Dattler, *Os Evangelhos da Infância de Jesus segundo Lucas e Mateus*, Edições Paulinas, 1981).

§§ 10-12 — Mt 2,1-18; Lc 2,21; 2,22-38

Mt	Mc	Lc	Jo

⁸Na mesma região havia uns pastores que estavam nos campos e que durante as vigílias da noite montavam guarda a seu rebanho. ⁹O Anjo do Senhor apareceu-lhes e a glória do Senhor envolveu-os de luz; e ficaram tomados de grande temor. ¹⁰O anjo, porém, disse-lhes: "Não temais! Eis que eu vos anuncio uma grande alegria, que será para todo o povo: ¹¹Nasceu-vos hoje um Salvador, que é o Cristo-Senhor, na cidade de Davi. ¹²Isto vos servirá de sinal: encontrareis um recém-nascido envolto em faixas deitado numa manjedoura". ¹³E de repente juntou-se ao anjo uma multidão do exército celeste a louvar a Deus dizendo: ¹⁴"Glória a Deus no mais alto dos céus e paz na terra aos homens que ele ama!"
¹⁵Quando os anjos os deixaram, em direção ao céu, os pastores disseram entre si: "Vamos já a Belém e vejamos o que aconteceu, o que o Senhor nos deu a conhecer". ¹⁶Foram então às pressas, e encontraram Maria, José e o recém-nascido deitado na manjedoura. ¹⁷Vendo-o, contaram o que lhes fora dito a respeito do menino; ¹⁸e todos os que os ouviam ficavam maravilhados com as palavras dos pastores. ¹⁹Maria, contudo, conservava cuidadosamente todos esses acontecimentos e os meditava em seu coração. ²⁰E os pastores voltaram, glorificando e louvando a Deus por tudo o que tinham visto e ouvido, conforme lhes fora dito.

§ 10 — Circuncisão de Jesus

Lc 2,21

Mt	Mc	Lc	Jo

²¹Quando se completaram os oitos dias para a circuncisão do menino, foi-lhe dado o nome de Jesus, conforme o chamou o anjo, antes de ser concebido.

§ 11 — Apresentação no templo. Simeão e Ana

Lc 2,22-38

Mt	Mc	Lc	Jo

²²Quando *se completaram os dias para a purificação deles*, segundo a Lei de Moisés, levaram-no a Jerusalém a fim de apresentá-lo ao Senhor, ²³conforme está escrito na Lei do Senhor: *Todo macho que abre o útero será consagrado ao Senhor*, ²⁴e para oferecer em sacrifício, como vem dito na Lei do Senhor, *um par de rolas ou dois pombinhos*. ²⁵E havia em Jerusalém um homem chamado Simeão que era justo e piedoso; ele esperava a consolação de Israel e o Espírito Santo estava nele. ²⁶Fora-lhe revelado pelo Espírito Santo que não veria a morte antes de ver o Cristo do Senhor. ²⁷Movido pelo Espírito, ele veio ao Templo, e quando os pais trouxeram o menino Jesus para cumprir as prescrições da Lei a seu respeito, ²⁸ele o tomou nos braços e bendisse a Deus, dizen-

Mt	Mc	Lc	Jo
		...do: ²⁹"Agora, Soberano Senhor, podes despedir em paz o teu servo, segundo a tua palavra; ³⁰porque meus olhos *viram tua salvação*, ³¹*que preparaste em face de todos os povos*, ³²*luz para iluminar as nações*, e glória de teu povo, Israel". ³³Seu pai e sua mãe estavam admirados com o que diziam dele. ³⁴Simeão abençoou-os e disse a Maria, a mãe: "Eis que este menino foi colocado para a queda e para o soerguimento de muitos em Israel, e como um sinal de contradição — ³⁵e a ti, uma espada trespassará tua alma! — para que se revelem os pensamentos íntimos de muitos corações". ³⁶Havia também uma profetisa chamada Ana, de idade muito avançada, filha de Fanuel, da tribo de Aser. Após a virgindade, vivera sete anos com o marido; ³⁷ficou viúva e chegou aos oitenta e quatro anos. Não deixava o Templo, servindo a Deus dia e noite com jejuns e orações. ³⁸Como chegasse nessa mesma hora, agradecia a Deus e falava do menino a todos os que esperavam a redenção de Jerusalém.	

§ 12 — Os Magos. Fuga. Matança dos Inocentes

Mt 2,1-18	Mc	Lc	Jo
¹Tendo Jesus nascido em Belém da Judéia, no tempo do rei Herodes, eis que vieram magos do Oriente a Jerusalém, ²perguntando: "Onde está o rei dos judeus recém-nascido? Com efeito, vimos a sua estrela no seu surgir e viemos homenageá-lo". ³Ouvindo isso, o rei Herodes ficou alarmado e com ele toda Jerusalém. ⁴E, convocando todos os chefes dos sacerdotes e os escribas do povo, procurou saber deles onde havia de nascer o Cristo. ⁵Eles responderam: "Em Belém da Judéia, pois é isto que foi escrito pelo profeta: ⁶*E tu, Belém, terra de Judá, de modo algum és o menor entre os clãs de Judá, pois de ti sairá um chefe que apascentará Israel, o meu povo*". ⁷Então Herodes mandou chamar secretamente os magos e procurou certificar-se com eles a respeito do tempo em que a estrela tinha aparecido. ⁸E, enviando-os a Belém, disse-lhes: "Ide e procurai obter informações exatas a respeito do menino e, ao encontrá-lo, avisai-me, para que também eu vá homenageá-lo". ⁹A essas palavras do rei, eles partiram. E eis que a estrela que tinham visto no seu surgir ia à frente deles até que parou sobre o lugar onde se encontrava o menino. ¹⁰Eles, revendo a estrela, alegraram-se imensamente. ¹¹Ao entrar na casa, viram o menino com Maria, sua mãe, e, prostrando-se, o homenagearam. Em seguida, abriram seus cofres e ofereceram-lhe presentes: *ouro, incenso e mirra*. ¹²Avisados em sonho que não voltassem a Herodes, regressaram por outro caminho para a sua região. ¹³Após sua partida, eis que o Anjo do Senhor manifestou-se em sonho a José e lhe disse: "Levanta-te, toma o menino e sua mãe e foge para o Egito. Fica lá até que eu te avise,			

§§ 13-15 — Mt 2,14-18; 2,19-23; Lc 2,39-40; 2,41-51; 2,52; Jo 4,34-35; 8,29

Mt 2,14-18	Mc	Lc	Jo
porque Herodes vai procurar o menino para o matar". ¹⁴Ele se levantou, tomou o menino e sua mãe, durante a noite, e partiu para o Egito. ¹⁵Ali ficou até a morte de Herodes, para que se cumprisse o que dissera o Senhor por meio do profeta: *Do Egito chamei o meu filho.* ¹⁶Então Herodes, percebendo que fora enganado pelos magos, ficou muito irritado e mandou matar, em Belém e em todo seu território, todos os meninos de dois anos para baixo, conforme o tempo de que havia se certificado com os magos. ¹⁷Então cumpriu-se o que fora dito pelo profeta Jeremias: ¹⁸*Ouviu-se uma voz em Ramá, choro e grande lamentação: Raquel chora seus filhos e não quer consolação, porque eles já não existem.*			

Mt 2,19-23	Mc		
¹⁹Quando Herodes morreu, eis que o Anjo do Senhor manifestou-se em sonho a José, no Egito, ²⁰e lhe disse: "Levanta-te, toma o menino e sua mãe e vai para a terra de Israel, pois os que buscavam tirar a vida ao menino já morreram". ²¹Ele se levantou, tomou o menino e sua mãe e entrou na terra de Israel. ²²Mas, ouvindo que Arquelau era rei da Judéia em lugar de seu pai Herodes, teve medo de ir para lá. Tendo recebido um aviso em sonho, partiu para a região da Galiléia ²³e foi morar numa cidade chamada Nazaré, para que se cumprisse o que foi dito pelos profetas: *Ele será chamado Nazareu.*			

§ 13 — Em Nazaré

Mt	Mc	Lc 2,39-40	Jo
		³⁹Terminando de fazer tudo conforme a Lei do Senhor, voltaram à Galiléia, para Nazaré, sua cidade. ⁴⁰E o menino crescia, tornava-se robusto, enchia-se de sabedoria; e a graça de Deus estava com ele.	

§ 14 — Jesus entre os doutores

Mt	Mc	Lc 2,41-51
		⁴¹Seus pais iam todos os anos a Jerusalém para a festa da Páscoa. ⁴²Quando o menino completou doze anos, segundo o costume, subiram para a festa. ⁴³Terminados os dias, eles voltaram, mas o menino Jesus ficou em Jerusalém, sem que seus pais o notassem. ⁴⁴Pensando que ele estivesse na caravana, andaram o cami-

nho de um dia, e puseram-se a procurá-lo entre os parentes e conhecidos. ⁴⁵E não o encontrando, voltaram a Jerusalém à sua procura. ⁴⁶Três dias depois, eles o encontraram no Templo, sentado em meio aos doutores, ouvindo-os e interrogando-os; ⁴⁷e todos os que o ouviam ficavam extasiados com sua inteligência e com suas respostas. ⁴⁸Ao vê-lo, ficaram surpresos, e sua mãe lhe disse: "Meu filho, por que agiste assim conosco? Olha que teu pai e eu, aflitos, te procurávamos". ⁴⁹Ele respondeu: "Por que me procuráveis? Não sabíeis que devo estar na casa de meu Pai?". ⁵⁰Eles, porém, não compreenderam a palavra que ele lhes dissera.	Jo 4,34-35 ³⁴Jesus lhes disse: "Meu alimento é fazer a vontade daquele que me enviou e consumar a sua obra. ³⁵Não dizeis vós: 'Ainda quatro meses e chegará a colheita'? Pois bem, eu vos digo: Erguei vossos olhos e vede os campos: estão brancos para a colheita".
⁵¹Desceu então com eles para Nazaré e era-lhes submisso. Sua mãe, porém, conservava a lembrança de todos esses fatos em seu coração.	Jo 8,29 ²⁹"E quem me enviou está comigo. Não me deixou sozinho, porque faço sempre o que lhe agrada".

§ 15 — Vida oculta em Nazaré

1Sm 2,26	1Sm 3,19-21	Lc 2,52	Jo
²⁶Entretanto, o jovem Samuel ia crescendo em estatura e em graça, diante de Iahweh e diante dos homens.	¹⁹Samuel crescia. Iahweh estava com ele, e nenhuma das palavras que lhe dissera deixou cair em terra. ²⁰Todo o Israel soube, desde Dã até Bersabéia, que Samuel estava confirmado como profeta de Iahweh. ²¹Iahweh continuou a manifestar-se em Silo, porque em Silo ele se revelava a Samuel.	⁵²E Jesus *crescia* em sabedoria, em estatura e em graça, *diante de Deus e diante dos homens*.	

INÍCIOS DA VIDA PÚBLICA

§ 16 — Indicação cronológica (cf. nota § 231, nota e Jo 2,20)

Mt	Mc	Lc 3,1-2	Jo
		¹No ano décimo quinto do império de Tibério César, quando Pôncio Pilatos era governador da Judéia, Herodes tetrarca da Galiléia, seu irmão Filipe tetrarca da Ituréia e da Traconítide, Lisânia tetrarca de Abilene, ²sendo Sumo Sacerdote Anás, e Caifás, a palavra de Deus foi dirigida a João, filho de Zacarias, no deserto.	

§ 17 — Atividades do Precursor

Mt 3,1-12	Mc 1,1-8	Lc 3,3-18	Jo
¹Naqueles dias, apareceu João Batista pregando no deserto da Judéia ²e dizendo: "Arrependei-vos, porque o Reino dos Céus está próximo". ³Pois foi dele que falou o profeta Isaías, ao dizer: *Voz do que clama no deserto: Preparai o caminho do Senhor, tornai retas suas veredas.* ⁴João usava uma roupa de pêlos de camelo e um cinturão de couro	¹Princípio do Evangelho de Jesus Cristo, Filho de Deus. ²Conforme está escrito no profeta Isaías: *Eis que eu envio o meu mensageiro diante de ti, a fim de preparar o teu caminho;* ³*voz do que clama no deserto: preparai o caminho do Senhor, tornai retas suas veredas.* ⁴João Batista esteve no deserto proclamando um batismo de arrependimento para a remissão dos pecados. ⁵E iam até ele toda a região da Judéia e todos os habitantes de Jerusalém, e eram batizados por ele no rio Jordão, confessando seus pecados. ⁶João se vestia de pêlos de camelo e se alimentava de gafanhotos e mel	³E ele percorreu toda a região do Jordão, proclamando um batismo de arrependimento para a remissão dos pecados, ⁴conforme está escrito no livro das palavras do profeta Isaías: *Voz do que clama no deserto: Preparai o caminho do Senhor, tornai retas suas veredas;* ⁵*todo vale será aterrado, toda montanha ou colina será abaixada; as vias sinuosas se transformarão em retas e os caminhos acidentados serão nivelados.* ⁶*E toda a carne verá a salvação de Deus.* ⁷Ele dizia às multidões que vinham para ser batizadas por ele: "Raça de víboras! Quem vos ensinou a fugir da ira que está para vir? ⁸Produzi, então, frutos dignos do arre-	

em torno dos rins. Seu alimento consistia em gafanhotos e mel silvestre. ⁵Então vieram até ele Jerusalém, toda a Judéia e toda a região vizinha ao Jordão. ⁶E eram batizados por ele no rio Jordão, confessando os seus pecados. ⁷Como visse muitos fariseus e saduceus que vinham ao batismo, disse-lhes: "Raça de víboras, quem vos ensinou a fugir da ira que está para vir? ⁸Produzi, então, fruto digno de arrependimento ⁹e não penseis que basta dizer: 'Temos por pai a Abraão'. Pois eu vos digo que mesmo destas pedras Deus pode suscitar filhos a Abraão. ¹⁰O machado já está posto à raiz das árvores e toda árvore que não produzir bom fruto será cortada e lançada ao fogo.

¹¹Eu vos batizo com água para o arrependimento, mas aquele que vem depois de mim é mais forte do que eu. De fato, eu não sou digno nem ao menos de tirar-lhe as sandálias. Ele vos batizará com o Es-

---

silvestre. ⁷E proclamava: "Depois de mim, vem o mais forte do que eu, de quem não sou digno de, abaixando-me, desatar a correia das sandálias.

⁸Eu vos tenho batizado com água. Ele, porém, vos batizará com o Espírito Santo".

---

pendimento e não começeis a dizer em vós mesmos: 'Temos por pai a Abraão'. Pois eu vos digo que até mesmo destas pedras Deus pode suscitar filhos a Abraão! ⁹O machado já está posto à raiz das árvores; e toda a árvore que não produzir bom fruto será cortada e lançada ao fogo".

¹⁰E as multidões o interrogavam: "Que devemos fazer?" ¹¹Respondia-lhes: "Quem tiver duas túnicas, reparta-as com aquele que não tem, e quem tiver o que comer, faça o mesmo". ¹²Alguns publicanos também vieram para ser batizados e disseram-lhe: "Mestre, que devemos fazer?" ¹³Ele disse: "Não deveis exigir nada além do que vos foi prescrito". ¹⁴Os soldados, por sua vez, perguntavam: "E nós, que precisamos fazer?" Disse-lhes: "A ninguém molesteis com extorsões; não denuncieis falsamente e contentai-vos com o vosso soldo".

¹⁵Como o povo estivesse na expectativa e todos cogitassem em seus corações se João não seria o Cristo, ¹⁶João tomou a palavra e disse a todos:

"Eu vos batizo com água, mas vem aquele que é mais forte do que eu, do qual não sou digno de desatar a correia das sandálias; ele vos batizará com o Espírito Santo e com o fogo. ¹⁷A pá está em sua mão;

§§ 18-21 — *Mt 3,13-17; 4,1-11; Mc 1,9-11; 1,12-13; Lc 3,21-22; 4,1-13; Jo 1,31-34; 1,19-28; 1,29-30; 8,34-44*

Mt	Mc	Lc	Jo
pírito Santo e com fogo. ¹²A pá está na sua mão: vai limpar sua eira e recolher seu trigo no celeiro: mas, quanto à palha, vai queimá-la num fogo inextinguível".		limpará a sua eira e recolherá o trigo em seu celeiro; a palha, porém, ele a queimará num fogo inextinguível". ¹⁸E, com muitas outras exortações, continuava a anunciar ao povo a Boa Nova.	

§ 18 — Batismo de Jesus*

Mt 3,13-17	Mc 1,9-11	Lc 3,21-22	Jo 1,31-34
¹³Neste tempo, veio Jesus da Galiléia ao Jordão até João, a fim de ser batizado por ele. ¹⁴Mas João tentava dissuadi-lo, dizendo: "Eu é que tenho necessidade de ser batizado por ti e tu vens a mim?" ¹⁵Jesus, porém, respondeu-lhe: "Deixa estar por enquanto, pois assim nos convém cumprir toda a justiça". E João consentiu. ¹⁶Batizado, Jesus subiu imediatamente da água e logo os céus se abriram e ele viu o Espírito de Deus descendo como uma pomba e vindo sobre ele. ¹⁷Ao mesmo tempo, uma voz vinda dos céus dizia: "Este é o meu Filho amado, em quem me comprazo".	⁹Aconteceu, naqueles dias, que Jesus veio de Nazaré da Galiléia e foi batizado por João no rio Jordão. ¹⁰E, logo ao subir da água, ele viu os céus se rasgando e o Espírito, como uma pomba, descer até ele, ¹¹e uma voz veio dos céus: *"Tu és o meu Filho amado, em ti me comprazo"*.	²¹Ora, tendo todo o povo recebido o batismo, e no momento em que Jesus, também batizado, achava-se em oração, o céu se abriu ²²e o Espírito Santo desceu sobre ele em forma corporal, como pomba. E do céu veio uma voz: *"Tu és o meu Filho; eu, hoje, te gerei!"*	³¹Eu não o conhecia, mas, para que ele fosse manifestado a Israel, vim batizar com água". ³²E João deu testemunho, dizendo: "Vi o Espírito descer, como uma pomba vindo do céu, e permanecer sobre ele. ³³Eu não o conhecia, mas aquele que me enviou para batizar com água disse-me: 'Aquele sobre quem vires o Espírito descer e permanecer é o que batiza com o Espírito Santo'. ³⁴E eu vi e dou testemunho que ele é o Eleito de Deus".

§ 18 O mesmo fato apresenta ligeiras diferenças em cada Evangelho. Em Mt, o diálogo com o Precursor; em Mc, Jesus é testemunha da descida do Espírito Santo, despertando nele a consciência messiânica (visão vocacional); em Lc, ninguém é testemunha de nada; em Jo, o Batista testemunha a descida do Espírito Santo e a escolha de Jesus.

§ 19 — O Precursor e os fariseus

Mt	Mc	Lc	Jo 1,19-28
			¹⁹Este foi o testemunho de João, quando os judeus enviaram de Jerusalém sacerdotes e levitas para o interrogarem: "Quem és tu?" ²⁰Ele confessou e não negou; confessou: "Eu não sou o Cristo". ²¹Perguntaram-lhe: "Quem és, então? És tu Elias?" Ele disse: "Não sou". — "És o profeta?" Ele respondeu: "Não". ²²Disseram-lhe, então: "Quem és, pra darmos uma resposta aos que nos enviaram? Que dizes de ti mesmo?" ²³Disse ele: "Eu sou *a voz do que clama no deserto: Endireitai o caminho do Senhor*, como disse o profeta Isaías". ²⁴Eles tinham sido enviados pelos fariseus. ²⁵Perguntaram-lhe ainda: "E por que batizas, se não és o Cristo, nem Elias, nem o profeta?" ²⁶João lhes respondeu: "Eu batizo com água. No meio de vós, está alguém que não conheceis, ²⁷aquele que vem depois de mim, do qual não sou digno de desatar a correia da sandália". ²⁸Isso se passava em Betânia, do outro lado do Jordão, onde João batizava.

§ 20 — O Cordeiro de Deus

Mt	Mc	Lc	Is 53,6-7
			⁶Todos nós como ovelhas, andávamos errantes, seguindo cada um o seu próprio caminho, mas Iahweh fez cair sobre ele a iniqüidade de todos nós. ⁷Foi maltratado, mas livremente humilhou-se e não abriu a boca, como um cordeiro conduzido ao matadouro; como uma ovelha que permanece muda na presença dos seus tosquiadores ele não abriu a boca.

			Jo 1,29-30
			²⁹No dia seguinte, ele vê Jesus aproximar-se dele e diz: "Eis o Cordeiro de Deus, que tira o pecado do mundo. ³⁰Dele é que eu disse: Depois de mim, vem um homem que passou adiante de mim, porque existia antes de mim".

§ 21 — Tentação de Jesus

Mt 4,1-11	Mc 1,12-13	Lc 4,1-13	Jo 8,34-44
¹Então Jesus foi levado pelo Espírito para o deserto, para ser tentado pelo diabo. ²Por quarenta dias e quarenta noites esteve jejuando.	¹²E logo o Espírito o impeliu para o deserto. ¹³E ele esteve no deserto quarenta dias, sendo tentado por Satanás; e vivia entre as feras, e os	¹Jesus, pleno do Espírito Santo, voltou do Jordão; era conduzido pelo Espírito através do deserto ²durante quarenta dias e tentado	³⁴Jesus lhes respondeu: "Em verdade, em verdade, vos digo: quem comete o pecado é escravo.

§§ 22-23 — Lc 3,23a; Jo 1,35-51; 8,57-58

Mt	Mc	Lc	Jo
Depois teve fome. ³Então, aproximando-se o tentador, disse-lhe: "Se és Filho de Deus, manda que estas pedras se transformem em pães". ⁴Mas Jesus respondeu: "Está escrito: *Não só de pão vive o homem, mas de toda palavra que sai da boca de Deus*." ⁵Então o diabo o levou à Cidade Santa e o colocou sobre o pináculo do Templo ⁶e disse-lhe: "Se és Filho de Deus, atira-te para baixo, porque está escrito: *Ele dará ordem a seus anjos a teu respeito, e eles te tomarão pelas mãos, para que não tropeces em nenhuma pedra*." ⁷Respondeu-lhe Jesus: "Também está escrito: *Não tentarás ao Senhor teu Deus.*" ⁸Tornou o diabo a levá-lo, agora para um monte muito alto. E mostrou-lhe todos os reinos do mundo com o seu esplendor ⁹e disse-lhe: "Tudo isto te darei, se, prostrado, me adorares". ¹⁰Aí Jesus lhe disse: "Vai-te, Satanás, porque está escrito: *Ao Senhor teu Deus adorarás e só a ele prestarás culto.*" ¹¹Com isso, o diabo o deixou. E os anjos de Deus se aproximaram e puseram-se a servi-lo.	anjos o serviam.	pelo diabo. Nada comeu nesses dias e, passado esse tempo, teve fome. ³Disse-lhe, então, o diabo: "Se és filho de Deus, manda que esta pedra se transforme em pão". ⁴Replicou-lhe Jesus: "Está escrito: *Não só de pão vive o homem*". ⁵Conduziu-o depois a Jerusalém, colocou-o sobre o pináculo do Templo e disse-lhe: "Se és Filho de Deus, atira-te para baixo, ¹⁰porque está escrito: *Ele dará ordem a seus anjos a teu respeito, para que te guardem*. ¹¹E ainda: *E eles te tomarão pelas mãos, para que não tropeces em nenhuma pedra*." ¹²Mas Jesus lhe respondeu: "Foi dito: *Não tentarás ao Senhor, teu Deus.*" ⁵O diabo, levando-o para mais alto, mostrou-lhe num instante todos os reinos da terra ⁶e disse-lhe: "Eu te darei todo este poder com a glória destes reinos, porque ela me foi entregue e eu a dou a quem eu quiser. ⁷Por isso, se te prostrares diante de mim, toda ela será tua". ⁸Replicou-lhe Jesus: "Está escrito: *Adorarás ao Senhor teu Deus, e só a ele prestarás culto*". ¹³Tendo acabado toda a tentação, o diabo o deixou até o tempo oportuno.	³⁵Ora, o escravo não permanece sempre na casa, mas o filho aí permanece para sempre. ³⁶Se, pois, o Filho vos libertar, sereis, realmente, livres. ³⁷Sei que sois a descendência de Abraão, mas procurais matar-me, porque minha palavra não penetra em vós. ³⁸Eu falo o que vi junto de meu Pai; e vós fazeis o que ouvis de vosso pai". ³⁹Responderam-lhe: "Nosso pai é Abraão". Disse-lhes Jesus: "Se sois filhos de Abraão, praticai as obras de Abraão. ⁴⁰Vós, porém, procurais matar-me, a mim, que vos falei a verdade que ouvi de Deus. Isso, Abraão não o fez! ⁴¹Vós fazeis as obras de vosso pai!" Disseram-lhe então: "Não nascemos da prostituição; temos só um pai: Deus". ⁴²Disse-lhes Jesus: "Se Deus fosse vosso pai, vós me amaríeis, porque saí de Deus e dele venho; não venho por mim mesmo, mas foi ele o que me enviou. ⁴³Por que não reconheceis minha linguagem? É porque não podeis escutar minha palavra. ⁴⁴Vós sois do diabo, vosso pai, e quereis realizar os desejos de vosso pai. Ele foi homicida desde o princípio e não permaneceu na verdade, porque nele não há verdade: quando ele mente, fala do que lhe é próprio porque é mentiroso e pai da mentira.

§ 22 — A idade de Jesus

Mt	Mc	Lc 3,23a	Jo 8,57-58
		²³Ao iniciar o ministério, Jesus tinha mais ou menos trinta anos.	⁵⁷Disseram-lhe, então, os judeus: "Não tens ainda cinqüenta anos e viste Abraão!" ⁵⁸Jesus lhes disse: "Em verdade, em verdade, vos digo: antes que Abraão existisse, EU SOU".

§ 23 — Primeiros encontros

Mt	Mc	Lc	Jo 1,35-51
			³⁵No dia seguinte, João se achava lá de novo, com dois de seus discípulos. ³⁶Ao ver Jesus que passava, disse: "Eis o Cordeiro de Deus". ³⁷Os dois discípulos ouviram-no falar e seguiram Jesus. ³⁸Jesus voltou-se e, vendo que eles o seguiam, disse-lhes: "Que estais procurando?" Disseram-lhe: "Rabi (que, traduzido, significa Mestre), onde moras?" ³⁹Disse-lhes: "Vinde e vede". Então eles foram e viram onde morava, e permaneceram com ele aquele dia. Era a hora décima, aproximadamente. ⁴⁰André, o irmão de Simão Pedro, era um dos dois que ouviram as palavras de João e seguiram Jesus. ⁴¹Encontrou primeiramente Simão e lhe disse: "Encontramos o Messias (que quer dizer Cristo)". ⁴²Ele o conduziu a Jesus. Fitando-o, disse-lhe Jesus: "Tu és Simão, o filho de João; chamar-te-ás Cefas" (que quer dizer Pedra). ⁴³No dia seguinte, Jesus resolveu partir para a Galiléia e encontrou Filipe. Jesus lhe disse: "Segue-me". ⁴⁴Filipe era de Betsaida, a cidade de André e de Pedro. ⁴⁵Filipe encontrou Natanael e lhe disse: "Encontramos aquele de quem escreveram Moisés, na Lei, e os profetas: Jesus, o filho de José, de Nazaré". ⁴⁶Perguntou-lhe Natanael: "De Nazaré pode sair algo de bom?" Filipe lhe disse: "Vem e vê". ⁴⁷Jesus viu Natanael vindo até ele e disse a seu respeito: "Eis um verdadeiro israelita, em quem não há fraude". ⁴⁸Natanael lhe disse: "De onde me conheces?" Respondeu-lhe Jesus: "Antes que Filipe te chamasse, eu te vi quando estavas sob a figueira". ⁴⁹Então Natanael exclamou: "Rabi, tu és o Filho de Deus, tu és o Rei de Israel!" ⁵⁰Jesus lhe respondeu: "Crês, só porque te disse: 'Eu te vi sob a figueira'? Verás coisas maiores do que essas". ⁵¹E lhe disse: "Em verdade, em verdade, vos digo: Vereis o céu aberto e os anjos de Deus subindo e descendo sobre o Filho do Homem".

§§ 24-28 = Mt 21,12-13; Mc 11,15-19; Lc 19,45-46; Jo 2,1-11; 2,12-17; 2,18-22; 2,23-25; 3,1-12

§ 24 — Primeiro milagre*

Mt	Mc	Lc	Jo 2,1-11
			¹No terceiro dia, houve um casamento em Caná da Galiléia e a mãe de Jesus estava lá. ²Jesus foi convidado para o casamento e os seus discípulos também. ³Ora, não havia mais vinho, pois o vinho do casamento tinha-se acabado. Então a mãe de Jesus lhe disse: "Eles não têm mais vinho". ⁴Respondeu-lhe Jesus: "Que queres de mim, mulher? Minha hora ainda não chegou". ⁵Sua mãe disse aos serventes: *"Fazei tudo o que ele vos disser"*. ⁶Havia ali seis talhas de pedra para a purificação dos judeus, cada uma contendo de duas a três medidas. ⁷Jesus lhes disse: "Enchei as talhas de água". Eles as encheram até à borda. ⁸Então lhes disse: "Tirai agora e levai ao mestre-sala". Eles levaram. ⁹Quando o mestre-sala provou a água transformada em vinho — ele não sabia de onde vinha, mas os serventes que haviam retirado a água — chamou o noivo ¹⁰e lhe disse: "Todo homem serve primeiro o vinho bom e, quando os convidados já estão embriagados serve o inferior. Tu guardaste o vinho bom até agora!" ¹¹Esse princípio dos sinais, Jesus o fez em Caná da Galiléia e manifestou a sua glória e os seus discípulos creram nele. ¹²Depois disso, desceram a Cafarnaum, ele, sua mãe, seus irmãos e seus discípulos, e ali ficaram apenas alguns dias.

§ 25 — Purificação do templo*

Mt 21,12-13	Mc 11,15-19	Lc 19,45-46	Jo 2,12-17
¹²Então Jesus entrou no Templo e expulsou todos os vendedores e compradores que lá estavam. Virou as mesas dos cambistas e as cadeiras dos que vendiam pombas. ¹³E disse-lhes: "Está escrito: *Minha casa será chamada casa de oração. Vós, porém, fazeis dela um covil de ladrões!"*	¹⁵Chegaram a Jerusalém. E entrando no Templo, ele começou a expulsar os vendedores e compradores que lá estavam: virou as mesas dos cambistas e as cadeiras dos que vendiam pombas, ¹⁶e não permitia que ninguém carregasse objetos através do Templo. ¹⁷E ensinava-lhes, dizendo: "Não está escrito: *Minha casa será chamada casa de oração para todos os povos? Vós, porém, fizestes dela um covil de ladrões!"* ¹⁸Os chefes dos sacerdotes	⁴⁵E, entrando no Templo, começou a expulsar os vendedores, ⁴⁶dizendo-lhes: "Está escrito: *Minha casa será uma casa de oração. Vós, porém, fizestes dela um covil de ladrões!"*	¹³Estando próxima a Páscoa dos judeus, Jesus subiu a Jerusalém. ¹⁴No Templo, encontrou os vendedores de bois, de ovelhas e de pombas e os cambistas sentados. ¹⁵Tendo feito um chicote de cordas, expulsou todos do Templo, com as ovelhas e com os bois; lançou ao chão o dinheiro dos cambistas e derrubou as mesas ¹⁶e disse aos que vendiam pombas: "Tirai tudo isto daqui; não façais da casa de meu Pai uma casa de comércio".

Mt	Mc	Lc	Jo
		e os escribas ouviram isso e procuravam como o matariam; eles o temiam, pois toda a multidão estava maravilhada com o seu ensinamento. ¹⁹Ao entardecer, ele se dirigiu para fora da cidade.	¹⁷Recordaram-se os discípulos do que está escrito: *O zelo por tua casa me devorará.*

§ 26 — Primeira profecia de Jesus

Mt	Mc	Lc	Jo 2,18-22
			¹⁸Os judeus interpelaram-no, então, dizendo: "Que sinal nos mostras para agires assim?" ¹⁹Respondeu-lhes Jesus: "Destruí este templo, e em três dias eu o levantarei". ²⁰Disseram-lhe, então, os judeus: "Quarenta e seis anos foram precisos para se construir este Templo, e tu o levantarás em três dias?" ²¹Ele, porém, falava do templo do seu corpo. ²²Assim, quando ele ressuscitou dos mortos seus discípulos lembraram-se de que dissera isso, e creram na Escritura e na palavra dita por Jesus.

§ 27 — Popularidade de Jesus em Jerusalém

Mt	Mc	Lc	Jo 2,23-25
			²³Enquanto estava em Jerusalém, para a festa da Páscoa, vendo os sinais que fazia, muitos creram em seu nome. ²⁴Mas Jesus não tinha confiança neles, porque os conhecia a todos ²⁵e não necessitava que lhe dessem testemunho sobre o homem, porque ele conhecia o que havia no homem.

§ 28 — Jesus e Nicodemos

Mt	Mc	Lc	Jo 3,1-12
			¹Havia, entre os fariseus, um homem chamado Nicodemos, um notável entre os judeus. ²À noite ele veio encontrar Jesus e lhe disse: "Rabi, sabemos que vens da parte de Deus como um mestre, pois ninguém pode fazer os sinais que fazes, se Deus não estiver com

§ 24 A resposta ríspida de Jesus é um eco de Lc 2,49 e antecipa Lc 11,28; Mc 3,33; 7,27 e Jo 4,48. A palavra "mulher" evoca Gn 3,15 e terá a sua explicação integral na "hora" (Jo 19,25-27). As bodas de Caná têm um paralelo misterioso em Mc 2,18-22.
§ 25 Em dependência de Mc, Mt e Lc colocam este episódio no fim da vida pública, tratando-se, segundo eles, da única e última visita de Jesus à cidade de Jerusalém. A cronologia de Jo mereceu a nossa preferência.

§§ 29-31 — 4,12-17; Mc 1,14-15; Lc 3,19-20; 4,14-15; Jo 3,13-21; 3,22-36; 4,1-3

Jo

ele". ³Jesus lhe respondeu: "Em verdade, em verdade, te digo: quem não nascer do alto não pode ver o Reino de Deus".

⁴Disse-lhe Nicodemos: "Como pode um homem nascer, sendo já velho? Poderá entrar uma segunda vez no seio de sua mãe e nascer?" ⁵Respondeu-lhe Jesus: "Em verdade, em verdade, te digo: quem não nascer da água e do Espírito não pode entrar no Reino de Deus. ⁶O que nasceu da carne é carne, o que nasceu do Espírito é espírito. ⁷Não te admires de eu te haver dito: deveis nascer do alto. ⁸O vento sopra onde quer e ouves o seu ruído, mas não sabes de onde vem nem para onde vai. Assim acontece com todo aquele que nasceu do Espírito". ⁹Perguntou-lhe Nicodemos: "Como isso pode acontecer?" ¹⁰Respondeu-lhe Jesus: "És mestre em Israel e ignoras essas coisas? ¹¹Em verdade, em verdade, te digo: falamos do que sabemos e damos testemunho do que vimos, porém não acolheis o nosso testemunho. ¹²Se não credes quando vos falo das coisas da terra, como ireis crer quando vos falar das coisas do céu?

§ 29 — *Reflexões do Evangelista*

Jo 3,13-21

¹³Ninguém subiu ao céu, a não ser aquele que desceu do céu, o Filho do Homem. ¹⁴Como Moisés levantou a serpente no deserto, assim é necessário que seja levantado o Filho do Homem, ¹⁵a fim de que todo aquele que crer tenha nele a vida eterna. ¹⁶Pois Deus amou tanto o mundo, que entregou o seu Filho único, para que todo o que nele crê não pereça, mas tenha a vida eterna. ¹⁷Pois Deus não enviou o seu Filho ao mundo para julgar o mundo, mas para que o mundo seja salvo por ele. ¹⁸Quem nele crê não é julgado; quem não crê, já está julgado, porque não creu no Nome do Filho único de Deus. ¹⁹Este é o julgamento: a luz veio ao mundo, mas os homens preferiram as trevas à luz, porque as suas obras eram más. ²⁰Pois quem faz o mal odeia a luz e não vem para a luz, para que suas obras não sejam demonstradas como culpáveis. ²¹Mas quem pratica a verdade vem para a luz, para que se manifeste que suas obras são feitas em Deus".

§ 30 — *Derradeiro testemunho de João Batista**

Jo 3,22-36

²²Depois disso, Jesus veio com os seus discípulos para o território da Judéia e permaneceu ali com eles e batizava. ²³João também batizava em Enon, perto de Salim, pois

lá as águas eram abundantes e muitos se apresentavam para serem batizados. ²⁴João ainda não fora encarcerado.

²⁵Originou-se uma discussão entre os discípulos de João e um certo judeu a respeito da purificação; ²⁶eles vieram encontrar João e lhe disseram: "Rabi, aquele que estava contigo do outro lado do Jordão, de quem deste testemunho, está batizando e todos vão a ele". ²⁷João respondeu: "Um homem nada pode receber a não ser que lhe tenha sido dado do céu. ²⁸Vós mesmos sois testemunhas de que eu disse: 'Não sou eu o Cristo, mas sou enviado adiante dele'. ²⁹Quem tem a esposa é o esposo; mas o amigo do esposo, que está presente e o ouve, é tomado de alegria à voz do esposo. Essa é a minha alegria e ela é completa! ³⁰É necessário que ele cresça e eu diminua. ³¹Aquele que vem do alto está acima de todos; o que é da terra é terrestre e fala como terrestre. Aquele que vem do céu ³²dá testemunho do que viu e ouviu, mas ninguém acolhe o seu testemunho. ³³Quem acolhe o seu testemunho certifica que Deus é verdadeiro. ³⁴Com efeito, aquele que Deus enviou fala as palavras de Deus, pois ele dá o Espírito sem medida. ³⁵O Pai ama o Filho e tudo entregou em sua mão. ³⁶Quem crê no Filho tem a vida eterna. Quem recusa crer no Filho não verá a vida. Pelo contrário, a ira de Deus permanece sobre ele".

§ 31 — Regresso à Galiléia*

Mt 4,12-17	Mc 1,14-15	Lc 3,19-20; 4,14-15	Jo 4,1-3
¹²Ao ouvir que João tinha sido preso, ele voltou para a Galiléia ¹³e, deixando Nazaré, foi morar em Cafarnaum, à beira-mar, nos confins de Zabulon e Neftali, ¹⁴para que se cumprisse o que foi dito pelo profeta Isaías: ¹⁵*Terra de Zabulon, terra de Neftali, caminho do mar, região além do Jordão, Galiléia das nações!* ¹⁶*O povo que jazia nas trevas viu uma grande luz; aos que jaziam na região sombria da morte, surgiu uma luz.*	¹⁴Depois que João foi preso, veio Jesus para a Galiléia proclamando o Evangelho de Deus:	¹⁹O tetrarca Herodes, admoestado por causa de Herodíades, mulher de seu irmão, e por causa de todas as más ações que havia cometido, ²⁰acrescentou a tudo ainda isto: pôs João na prisão.	¹Quando Jesus soube que os fariseus tinham ouvido dizer que ele fazia mais discípulos e batizava mais que João — ²ainda que, de fato, Jesus mesmo não batizasse, mas os seus discípulos — ³deixou a Judéia e retornou à Galiléia.

§ 30 No 4º Evangelho, a missão do Precursor consistia particularmente em "dar testemunho" (1,6-8.19-28.32-34; 5,33), ao passo que nos Sinóticos ele exerce uma função mais independente e pessoal.
§ 31 Em Jo, o motivo do regresso é diferente dos Sinóticos.

§§ 32-34 — 4,23-25; Mc 3,7-12; Lc 6,17-19; Jo 4,4-27; 4,28-42; 7,1

Mt	Mc	Lc	Jo
¹⁷A partir desse momento, começou Jesus a pregar e a dizer: "Arrependei-vos, porque está próximo o Reino dos Céus".	¹⁵"Cumpriu-se o tempo e o Reino de Deus está próximo. Arrependei-vos e crede no Evangelho".	¹⁴Jesus voltou então para a Galiléia, com a força do Espírito, e sua fama espalhou-se por toda a região circunvizinha. ¹⁵Ensinava em suas sinagogas e era glorificado por todos.	

§ 32 — Jesus e a samaritana

Jo 4,4-27

⁴Era preciso passar pela Samaria. ⁵Chegou, então, a uma cidade da Samaria, chamada Sicar, perto da região que Jacó tinha dado a seu filho José. ⁶Ali se achava a fonte de Jacó. Fatigado da caminhada, Jesus sentou-se junto à fonte. Era por volta da hora sexta. ⁷Uma mulher da Samaria chegou para tirar água. Jesus lhe disse: "Dá-me de beber!" ⁸Seus discípulos tinham ido à cidade comprar alimento. ⁹Diz-lhe, então, a samaritana: "Como, sendo judeu, tu me pedes de beber, a mim que sou samaritana?" (Os judeus, com efeito, não se dão com os samaritanos.) ¹⁰Jesus lhe respondeu: "Se conhecesses o dom de Deus e quem é que te diz: 'Dá-me de beber', tu é que lhe pedirias e ele te daria água viva!"
¹¹Ela lhe disse: "Senhor, nem sequer tens uma vasilha e o poço é profundo; de onde, pois, tiras essa água viva? ¹²És, porventura, maior que o nosso pai Jacó, que nos deu este poço, do qual ele mesmo bebeu, assim como seus filhos e seus animais?" ¹³Jesus lhe respondeu: "Aquele que bebe desta água terá sede novamente; ¹⁴mas quem beber da água que eu lhe darei, nunca mais terá sede. Pois a água que eu lhe der tornar-se-á nele uma fonte da água jorrando para a vida eterna".
¹⁵Disse-lhe a mulher: "Senhor, dá-me dessa água, para que eu não tenha mais sede, nem tenha de vir mais aqui para tirá-la!" ¹⁶Jesus disse: "Vai, chama teu marido e volta aqui". ¹⁷A mulher lhe respondeu: "Não tenho marido". Jesus lhe disse: "Falaste bem: 'não tenho marido', ¹⁸pois tiveste cinco maridos e o que agora tens não é teu marido; nisso falaste a verdade". ¹⁹Disse-lhe a mulher: "Senhor, vejo que és um profeta... ²⁰Nossos pais adoraram sobre esta montanha, mas vós dizeis: é em Jerusalém que está o lugar onde é preciso adorar". ²¹Jesus lhe disse: "Crê, mulher, vem a hora em que nem sobre esta montanha nem em Jerusalém adorareis o Pai. ²²Vós adorais o que não conheceis; nós adoramos o que conhecemos, porque a salvação vem dos judeus. ²³Mas vem a hora — e é agora — em que os verdadeiros adoradores adorarão o Pai em espírito e verdade,

Mt	Mc	Lc	

pois tais são os adoradores que o Pai procura. ²⁴Deus é espírito e aqueles que o adoram devem adorá-lo em espírito e verdade".
²⁵A mulher lhe disse: "Sei que vem um Messias (que se chama Cristo). Quando ele vier, nos anunciará tudo". ²⁶Disse-lhe Jesus: "Sou eu, que falo contigo".
²⁷Naquele instante, chegaram os seus discípulos e admiravam-se de que falasse com uma mulher; nenhum deles, porém, lhe perguntou: "Que procuras?" ou: "O que falas com ela?"

§ 33 — Jesus e os samaritanos

Jo 4,28-42

²⁸A mulher, então, deixou seu cântaro e correu à cidade, dizendo a todos: ²⁹"Vinde ver um homem que me disse tudo o que fiz. Não seria ele o Cristo?" ³⁰Eles saíram da cidade e foram ao seu encontro.
³¹Enquanto isso, os discípulos rogavam-lhe: "Rabi, come!" ³²Ele, porém, lhes disse: "Tenho para comer um alimento que não conheceis". ³³Os discípulos se perguntavam uns aos outros: "Por acaso alguém lhe teria trazido algo para comer?" ³⁴Jesus lhes disse: "Meu alimento é fazer a vontade daquele que me enviou e consumar a sua obra. ³⁵Não dizeis vós: 'Ainda quatro meses e chegará a colheita'? Pois bem, eu vos digo: Erguei vossos olhos e vede os campos: estão brancos para a vida eterna, para que o semeador se alegre juntamente com o ceifeiro. ³⁶O ceifeiro recebe seu salário e recolhe fruto para a vida eterna, para que o semeador se alegre juntamente com o ceifeiro. ³⁷Aqui, pois, se verifica o provérbio: 'um é o que semeia, outro o que ceifa'. ³⁸Eu vos enviei a ceifar onde não trabalhastes; outros trabalharam e vós entrastes no trabalho deles".
³⁹Muitos samaritanos daquela cidade creram nele, por causa da palavra da mulher que dava testemunho: "Ele me disse tudo o que fiz!" ⁴⁰Por isso, os samaritanos vieram até ele, pedindo-lhe que permanecesse com eles. E ele ficou ali dois dias. ⁴¹Bem mais numerosos foram os que creram por causa da palavra dele ⁴²e diziam à mulher: "Já não é por causa do que tu falaste que cremos. Nós próprios o ouvimos, e sabemos que esse é verdadeiramente o salvador do mundo".

§ 34 — Atividade galilaica

Mt 4,23-25	Mc 3,7-12	Lc 6,17-19	Jo 7,1
²³Jesus percorria toda a Galiléia, ensinando em suas sinagogas, pregando o Evangelho do Reino e	⁷Jesus retirou-se com os seus discípulos a caminho do mar, e uma grande multidão vinda da Galiléia	¹⁷Desceu com eles e parou num lugar plano, onde havia numeroso grupo de discípulos e imensa mul-	¹Depois disso, Jesus percorria a Galiléia, não podendo circular pela Judéia, porque os judeus o que-

§ 35 — 4,18-22; Mc 1,16-20; Lc 8,1; 5,1-11; Jo 21,1-6.15-17

Mt	Mc	Lc	Jo
curando toda e qualquer doença ou enfermidade do povo. ²⁴A sua fama espalhou-se por toda a Síria, de modo que lhe traziam todos os que eram acometidos por doenças diversas e atormentados por enfermidades, bem como endemoninhados, lunáticos e paralíticos. E ele os curava. ²⁵Seguiam-no multidões numerosas vindas da Galiléia, da Decápole, de Jerusalém, da Judéia e da região além do Jordão.	o seguiu. E da Judéia, ⁸de Jerusalém, da Idumeia, da Transjordânia, dos arredores de Tiro e de Sidônia, uma grande multidão, ao saber de tudo o que fazia, foi até ele. ⁹E ele disse a seus discípulos que deixassem um pequeno barco à sua disposição, para que o povo não o apertasse. ¹⁰Pois havia curado muita gente. E todos os que sofriam de alguma enfermidade lançavam-se sobre ele para tocá-lo. ¹¹E os espíritos impuros, assim que o viam, caíam a seus pés e gritavam: "Tu és o Filho de Deus!" ¹²E ele os conjurava severamente para que não o tornassem manifesto.	tidão de pessoas de toda a Judéia, de Jerusalém e do litoral de Tiro e Sidônia. ¹⁸Tinham vindo para ouvi-lo e ser curados de suas doenças. Os atormentados por espíritos impuros também eram curados. ¹⁹E toda a multidão procurava tocá-lo, porque dele saía uma força que a todos curava. Lc 8,1 ¹Depois disso, ele andava por cidades e povoados, pregando e anunciando a Boa Nova do Reino de Deus. Os Doze o acompanhavam.	riam matar.

A VIDA PÚBLICA

§ 35 — Chamado definitivo dos discípulos (cf. § 281)*

Mt 4,18-22	Mc 1,16-20	Lc 5,1-11	Jo 21,1-6.15-17
¹⁸Estando ele a caminhar junto ao mar da Galiléia, viu dois irmãos: Simão, chamado Pedro, e seu irmão André, que lançavam a rede ao mar, pois eram pescadores. ¹⁹Disse-lhes: "Segui-me e eu vos farei pescadores de homens". ²⁰Eles, deixando imediatamente as redes, o seguiram. ²¹Continuando a caminhar, viu outros dois irmãos: Tiago, filho de Zebedeu, e seu irmão João, no barco com o pai Zebedeu, a consertar as redes. E os chamou.	¹⁶Caminhando junto ao mar da Galiléia viu Simão e André, o irmão de Simão. Lançavam a rede ao mar, pois eram pescadores. ¹⁷Disse-lhes Jesus: "Vinde em meu seguimento e eu vos farei pescadores de homens". ¹⁸E imediatamente, deixando as redes, eles o seguiram. ¹⁹Um pouco adiante, viu Tiago, filho de Zebedeu, e João, seu irmão, eles também no barco, consertando as redes. ²⁰E logo os chamou.	¹Certa vez em que a multidão se comprimia ao redor dele para ouvir a palavra de Deus, à margem do lago de Genesaré, ²viu dois pequenos barcos parados à margem do lago; os pescadores haviam desembarcado e lavavam as redes. ³Subindo num dos barcos, o de Simão, pediu-lhe que se afastasse um pouco da terra; depois, sentando-se ensinava do barco às multidões. ⁴Quando acabou de falar, disse a Simão: "Faze-te ao largo; lançai vossas redes para a pesca". ⁵Simão respondeu: "Mestre, trabalhamos a noite inteira sem nada apanhar; mas, porque mandas, lançarei as redes". ⁶Fizeram isso e apanharam tamanha quantidade de peixes que suas redes se rompiam. ⁷Fizeram então sinais aos sócios do outro barco para virem em seu auxílio. Eles vieram e encheram os dois barcos, a ponto de quase afundarem. ⁸À vista disso, Simão Pedro atirou-	¹Depois disso, Jesus manifestou-se novamente aos discípulos, às margens do mar de Tiberíades. Manifestou-se assim: ²Estavam juntos Simão Pedro e Tomé, chamado Dídimo, Natanael, que era de Caná da Galiléia, os filhos de Zebedeu e dois outros de seus discípulos. ³Simão Pedro lhes disse: "Vou pescar". Eles lhes disseram: "Vamos nós também contigo". Saíram e subiram ao barco e, naquela noite, nada apanharam. ⁴Já amanhecera. Jesus estava de pé, na praia, mas os discípulos não sabiam que era Jesus. ⁵Então Jesus lhes disse: "Jovens, acaso tendes algum peixe?" Responderam-lhe: "Não!" ⁶Disse-lhes: "Lançai a rede à direita do barco e achareis". Lançaram, então, e já não tinham força para puxá-la, por causa da quantidade de peixes: ¹⁵Depois de comerem, Jesus disse a Simão Pedro: "Simão, filho de

§ 35 Em alguns casos de paralelismos, Lc combina mais com Jo do que com Mt e Mc.

§§ 36-37 — Mt 9,1-8; 12,30-32; Mc 2,1-12; 3,28-30; Lc 5,17-26; 12,10; Jo 5,1-9.14; 9,39-41

Mt	Mc	Lc	Jo
²²Eles, deixando o barco e o pai, o seguiram.	E eles, deixando o pai Zebedeu no barco com os empregados, partiram em seu seguimento.	se aos pés de Jesus, dizendo: "Afasta-te de mim, Senhor, porque sou um pecador!" ⁹O espanto, com efeito, se apoderara dele e de todos os que estavam em sua companhia, por causa da pesca que haviam acabado de fazer: ¹⁰e também de Tiago e João, filhos de Zebedeu, que eram companheiros de Simão. Jesus, porém, disse a Simão: "Não tenhas medo! Doravante serás pescador de homens". ¹¹Então, reconduzindo os barcos a terra e deixando tudo, eles o seguiram.	João, tu me amas mais do que estes"? Ele lhe respondeu: "Sim, Senhor, tu sabes que te amo". Jesus lhe disse: "Apascenta os meus cordeiros". ¹⁶Uma segunda vez lhe disse: "Simão, filho de João, tu me amas?" — "Sim, Senhor", disse ele, "tu sabes que te amo". Disse-lhe Jesus: "Apascenta as minhas ovelhas". ¹⁷Pela terceira vez disse-lhe: "Simão, filho de João, tu me amas?" Entristeceu-se Pedro porque pela terceira vez lhe perguntara "Tu me amas?" e lhe disse: "Senhor, tu sabes tudo, tu sabes que te amo". Jesus lhe disse: "Apascenta as minhas ovelhas".

§ 36 — O paralítico*

Mt 9,1-8	Mc 2,1-12	Lc 5,17-26	Jo 5,1-9.14
¹E entrando em um barco, ele atravessou e foi para a sua cidade. ²Aí lhe trouxeram um paralítico deitado numa cama. Jesus, vendo tão grande fé, disse ao	¹Entrando de novo em Cafarnaum, depois de alguns dias souberam que ele estava em casa. ²E tantos foram os que se aglomeraram, que já não havia lugar nem à porta. E anunciava-lhes a Palavra. ³Vieram trazer-lhe um paralítico, transportado por quatro homens. ⁴E como não pudessem aproximar-se por causa da multidão, abriram o teto à altura do lugar onde ele se encontrava e, tendo feito um buraco, baixaram o leito em que jazia o paralítico. ⁵Jesus, vendo sua fé,	¹⁷Certo dia, enquanto ensinava, achavam-se ali sentados fariseus e doutores da Lei, vindos de todos os povoados da Galiléia, da Judéia e de Jerusalém; e ele tinha um poder do Senhor para operar curas. ¹⁸Vieram então alguns homens carregando um paralítico numa maca; tentavam levá-lo para dentro e colocá-lo diante dele. ¹⁹E como não encontravam um jeito de introduzi-lo, por causa da multidão, subiram ao terraço e, através das telhas, desceram-no com a maca no meio dos	¹Depois disso, por ocasião de uma festa dos judeus, Jesus subiu a Jerusalém. ²Existe em Jerusalém, junto à Porta das Ovelhas, uma piscina que, em hebraico, se chama Betesda, com cinco pórticos. ³Sob esses pórticos, deitados pelo chão, numerosos doentes, cegos, coxos e paralíticos ficavam esperando o borbulhar da água. ⁴Porque o Anjo do Senhor descia, de vez em quando, à piscina e agitava a água; o primeiro, então, que aí entrasse, depois que a água fora agitada, fi-

Mt 12,30-32	Mc 3,28-30	Lc 12,10	Jo

Mt

paralítico: "Tem ânimo, meu filho; os teus pecados te são perdoados". ³Ao ver isso alguns dos escribas diziam consigo: "Está blasfemando". ⁴Mas Jesus, conhecendo os seus pensamentos, disse: "Por que tendes esses maus pensamentos em vossos corações? ⁵Com efeito, que é mais fácil dizer 'Teus pecados são perdoados', ou dizer 'Levanta-te e anda'? ⁶Pois bem, para que saibais que o Filho do Homem tem poder na terra de perdoar pecados…" disse então ao paralítico: "Levanta-te, toma tua cama e vai para casa". ⁷Ele se levantou e foi para casa. ⁸Vendo o ocorrido, as multidões ficaram com medo e glorificaram a Deus, que deu tal poder aos homens.

Mc

disse ao paralítico: "Filho, os teus pecados estão perdoados". ⁶Ora, alguns dos escribas que lá estavam sentados refletiam em seus corações: ⁷"Por que está falando assim? Ele blasfema! Quem pode perdoar pecados a não ser Deus?" ⁸Jesus imediatamente percebeu em seu espírito o que pensavam em seu íntimo, e disse: "Por que pensais assim em vossos corações? ⁹O que é mais fácil, dizer ao paralítico: 'Os teus pecados estão perdoados, ou dizer: 'Levanta-te, toma o teu leito e anda?' ¹⁰Pois bem, para que saibais que o Filho do Homem tem poder de perdoar pecados na terra, ¹¹eu te ordeno — disse ele ao paralítico — levanta-te, toma o teu leito e vai para tua casa". ¹²O paralítico levantou-se e, imediatamente, carregando o leito, saiu diante de todos, de sorte que ficaram admirados e glorificaram a Deus, dizendo: "Nunca vimos coisa igual!"

assistentes, diante de Jesus. ²⁰Vendo-lhes a fé, disse: "Homem, teus pecados estão perdoados".
²¹Os escribas e os fariseus começaram a raciocinar: "Quem é este que diz blasfêmias? Não é só Deus que pode perdoar pecados?" ²²Jesus, porém, percebeu seus raciocínios e respondeu-lhes: "Por que raciocinais em vossos corações? ²³Que é mais fácil dizer: Teus pecados estão perdoados, ou: Levanta-te e anda? ²⁴Pois bem! Para que saibais que o Filho do Homem tem o poder de perdoar pecados na terra, eu te ordeno — disse ao paralítico — levanta-te, toma tua maca e vai para tua casa". ²⁵E no mesmo instante, levantando-se diante deles, tomou a maca onde estivera deitado e foi para casa, glorificando a Deus. ²⁶O espanto apoderou-se de todos e glorificavam a Deus. Ficaram cheios de medo e diziam: "Hoje vivemos coisas estranhas!"

§ 37 — Os pecados contra o Espírito Santo

Mt 12,30-32

³⁰"Quem não está a meu favor, está contra mim, e quem não ajunta comigo, dispersa. ³¹Por isso vos digo: todo pecado e blasfêmia serão perdoados aos homens, mas a blas-

Mc 3,28-30

²⁸"Na verdade eu vos digo: tudo será perdoado aos filhos dos homens, os pecados e todas as blasfêmias que tiverem proferido. ²⁹Aquele, porém, que blasfemar

Lc 12,10

¹⁰"E a todo aquele que disser uma palavra contra o Filho do Homem, ser-lhe-á perdoado; mas ao que houver blasfemado contra o Espírito Santo, não lhe será perdoado".

Jo 9,39-41

³⁹Então disse Jesus: "Para um discernimento é que vim a este mundo: para que os que não vêem, vejam, e os que vêem, tornem-se cegos".

cava curado, qualquer que fosse a doença. ⁵Encontrava-se aí um homem, doente havia trinta e oito anos. ⁶Jesus, vendo-o deitado e sabendo que já estava assim havia muito tempo, perguntou-lhe: "Queres ficar curado?" ⁷Respondeu-lhe o enfermo: "Senhor, não tenho quem me jogue na piscina, quando a água é agitada; ao chegar, outro já desceu antes de mim". ⁸Disse-lhe Jesus: "Levanta-te, toma o teu leito e anda!" ⁹Imediatamente o homem ficou curado. Tomou o seu leito e se pôs a andar.
Ora, esse dia era um sábado. ¹⁴Depois disso, Jesus o encontrou no Templo e lhe disse. "Eis que estás curado; não peques mais, para que não te suceda algo ainda pior!"

§ 36 Os episódios do paralítico têm em comum o doente indefeso e o relacionamento com o pecado (Jo 5,14).

§ 38 — Mt 13,53-58; Mc 6,1-6; Lc 4,16-30; Jo 4,43-45

Mt	Mc	Lc	Jo
fêmia contra o Espírito não será perdoada. ³²Se alguém disser uma palavra contra o Filho do Homem, ser-lhe-á perdoado, mas se disser contra o Espírito Santo, não lhe será perdoado, nem neste mundo, nem no vindouro".	contra o Espírito Santo, não terá remissão para sempre. Pelo contrário, é culpado de um pecado eterno". ³⁰É porque eles diziam: "Ele está possuído por um espírito impuro".		⁴⁰Alguns fariseus, que se achavam com ele, ouviram isso e lhe disseram: "Acaso também nós somos cegos?" ⁴¹Respondeu-lhe Jesus: "Se fôsseis cegos, não teríeis pecado; mas dizei: 'Nós vemos!' Vosso pecado permanece".

§ 38 — Jesus em Nazaré. Os irmãos de Jesus

Mt 13,53-58	Mc 6,1-6	Lc 4,16-30	Jo 4,43-45
⁵³Quando Jesus acabou de proferir essas parábolas, partiu dali ⁵⁴e, dirigindo-se para a sua pátria, pôs-se a ensinar as pessoas que estavam na sinagoga, de tal sorte que elas se maravilhavam e diziam: "De onde lhe vêm essa sabedoria e esses milagres? ⁵⁵Não é ele o filho do carpinteiro? Não se chama a mãe dele Maria e os seus irmãos Tiago, José, Simão e Judas? ⁵⁶E as suas irmãs não vivem todas entre nós? Donde então lhe vêm todas essas coisas?" ⁵⁷E se escandalizavam dele. Mas Jesus lhes disse: "Não há profeta sem honra, exceto em sua pátria e em sua casa". ⁵⁸E não fez ali muitos milagres, por causa da incredulidade deles.	¹Saindo dali, foi para a sua pátria e os seus discípulos o seguiram. ²Vindo o sábado, começou ele a ensinar na sinagoga e numerosos ouvintes ficavam maravilhados, dizendo: "De onde lhe vem tudo isto? E que sabedoria é esta que lhe foi dada? E como se fazem tais milagres por sua mão? ³Não é este o carpinteiro, o filho de Maria, irmão de Tiago, Joset, Judas e Simão? E as suas irmãs não estão aqui entre nós?" E escandalizavam-se dele. ⁴E Jesus lhes dizia: "Um profeta só é desprezado em sua pátria, em sua parentela e em sua casa". ⁵E não podia realizar ali nenhum milagre, a não ser algumas curas de enfermos, impondo-lhes as mãos. ⁶E admirou-se da incredulidade deles.	¹⁶Ele foi a Nazara, onde fora criado, e, segundo seu costume, entrou em dia de sábado na sinagoga e levantou-se para fazer a leitura. ¹⁷Foi-lhe entregue o livro do profeta Isaías; abrindo-o, encontrou o lugar onde está escrito: ¹⁸O Espírito do Senhor está sobre mim, porque ele me ungiu para evangelizar os pobres; enviou-me para proclamar a remissão aos presos e aos cegos a recuperação da vista, para restituir a liberdade aos oprimidos ¹⁹e para proclamar um ano de graça do Senhor. ²⁰Enrolou o livro, entregou-o ao servente e sentou-se. Todos na sinagoga olhavam-no, atentos. ²¹Então começou a dizer-lhes: "Hoje se cumpriu aos vossos ouvidos essa passagem da Escritura". ²²Todos testemunhavam a seu respeito, e admiravam-se das palavras cheias de graça que saíam de sua boca.	⁴³Depois daqueles dois dias, ele partiu de lá para a Galiléia. ⁴⁴O próprio Jesus havia testemunhado que um profeta não é honrado em sua própria pátria. ⁴⁵Quando, pois, ele chegou à Galiléia, os galileus o receberam, tendo visto tudo o que ele fizera em Jerusalém, por ocasião da festa: pois também eles tinham ido à festa.

E diziam: "Não é o filho de José?" ²³Ele, porém, disse: "Certamente ireis citar-me o provérbio: Médico, cura-te a ti mesmo. Tudo o que ouvimos dizer que fizeste em Cafarnaum, faze-o também aqui em tua pátria". ²⁴Mas em seguida acrescentou: "Em verdade vos digo que nenhum profeta é bem recebido em sua pátria.

²⁵De fato, eu vos digo que havia em Israel muitas viúvas nos dias de Elias, quando por três anos e seis meses o céu permaneceu fechado e uma grande fome devastou toda a região; ²⁶Elias, no entanto, não foi enviado a nenhuma delas, exceto *a uma viúva, em Sarepta, na região de Sidônia*. ²⁷Havia igualmente muitos leprosos em Israel no tempo do profeta Eliseu; todavia, nenhum deles foi purificado, a não ser o sírio Naamã".

²⁸Diante dessas palavras, todos na sinagoga se enfureceram. ²⁹E, levantando-se, expulsaram-no para fora da cidade e o conduziram até um cimo da colina sobre a qual a cidade estava construída, com a intenção de precipitá-lo de lá. ³⁰Ele, porém, passando pelo meio deles, prosseguia seu caminho...

§§ 39-40 — Mt 14,13-21; 16,13-20; Mc 6,30-44; 8,27-30; Lc 9,10-17; 9,18-21; Jo 6,1-15; 6,67-69; 1,41-42

§ 39 — Primeira multiplicação dos pães e dos peixes

Mt 14,13-21	Mc 6,30-44	Lc 9,10-17	Jo 6,1-15
¹³Jesus, ouvindo isso, partiu dali, de barco, para um lugar deserto, afastado. Assim que as multidões o souberam, vieram das cidades, seguindo-o a pé. ¹⁴Assim que desembarcou, viu uma grande multidão e, tomado de compaixão, curou os seus doentes. ¹⁵Chegada a tarde, aproximavam-se dele os seus discípulos, dizendo: "O lugar é deserto e a hora já está avançada. Despede as multidões para que vão aos povoados comprar alimento para si". ¹⁶Mas Jesus lhes disse: "Não é preciso que vão embora. Dai-lhes vós mesmos de comer". ¹⁷Ao que os discípulos responderam: "Só temos aqui cinco pães e dois peixes". Disse Jesus: ¹⁸"Trazei-os aqui". ¹⁹E, tendo mandado que as multidões se acomodassem na grama,	³⁰Os apóstolos reuniram-se a Jesus e contaram-lhe tudo o que tinham feito e ensinado. ³¹Ele disse: "Vinde vós, sozinhos, a um lugar deserto e descansai um pouco". Com efeito, os que chegavam e os que partiam eram tantos que não tinham tempo nem de comer. ³²E foram de barco a um lugar deserto afastado. ³³Muitos, porém, os viram partir e, sabendo disso, de todas as cidades, correram para lá, a pé, e chegaram antes deles. ³⁴Assim que ele desembarcou, viu uma grande multidão e ficou tomado de compaixão por eles, pois *estavam como ovelhas sem pastor*. E começou a ensinar-lhes muitas coisas. ³⁵Sendo a hora já muito avançada, os discípulos aproximaram-se dele e disseram: "O lugar é deserto e a hora já muito avançada. ³⁶Despede-os para que vão aos campos e povoados vizinhos e comprem para si o que comer". ³⁷Jesus lhes respondeu: "Dai-lhes vós mesmos de comer". Disseram-lhe eles: "Iremos nós e compraremos duzentos denários de pão para dar-lhes de comer?" ³⁸Ele perguntou: "Quantos pães tendes? Ide ver". Tendo-se informado, responderam: "Cinco, e dois peixes". ³⁹Ordenou-lhes então que fizessem todos se acomodarem, em	¹⁰Ao voltarem, os apóstolos narraram-lhe tudo o que haviam feito. Tomou-os então consigo e retirou-se à parte, em direção a uma cidade chamada Betsaida. ¹¹As multidões, porém, percebendo isso, foram atrás dele. E, acolhendo-as, falou-lhes do Reino de Deus e aos necessitados de cura restituiu a saúde. ¹²O dia começava a declinar. Aproximaram-se os Doze e disseram-lhe: "Despede a multidão, para que vão aos povoados e campos vizinhos procurar pousada e alimento, pois estamos num lugar deserto". ¹³Ele, porém, lhes disse: "Dai-lhes vós mesmos de comer". Replicaram: "Não temos mais que cinco pães e dois peixes; a não ser que fôssemos comprar alimento para todo esse povo". ¹⁴Com efeito, eram quase cinco mil homens. Ele, porém, disse a seus discípulos: "Fazei-os acomodar-se por grupos de uns cinquenta". ¹⁵Assim fizeram, e todos se acomodaram.	¹Depois disso, passou Jesus para a outra margem do mar da Galiléia ou de Tiberíades. ²Uma grande multidão o seguia, porque tinha visto os sinais que ele realizava nos doentes. ³Subiu, então, Jesus à montanha e aí se sentou com os seus discípulos. ⁴Estava próxima a Páscoa, a festa dos judeus. ⁵Levantando Jesus os olhos e vendo a grande multidão que a ele acorria, disse a Filipe: "Onde compraremos pão para que eles comam?" ⁶Ele falava assim para pô-lo à prova, porque sabia o que iria fazer. ⁷Respondeu-lhe Filipe: "Duzentos denários de pão não seriam suficientes para que cada um recebesse um pedaço". ⁸Um de seus discípulos, André, o irmão de Simão Pedro, lhe disse: ⁹"Há aqui um menino, que tem cinco pães de cevada e dois peixinhos; mas que é isso para tantas pessoas?" ¹⁰Disse Jesus: "Fazei que se acomodem". Havia muita grama naquele lugar. Sentaram-se pois os homens, em número de cinco mil aproximadamente. ¹¹Tomou, então, Jesus os pães e, depois de dar graças, distribuiu-os aos presentes assim como os peixinhos, tanto quanto queriam. ¹²Quando se saciaram, disse Jesus

Mt	Mc	Lc	Jo
tomou os cinco pães e os dois peixes, elevou os olhos ao céu e abençoou. Em seguida, partindo os pães, deu-os aos discípulos, e os discípulos às multidões. ²⁰Todos comeram e ficaram saciados, e ainda recolheram doze cestos cheios dos pedaços que sobraram. ²¹Ora, os que comeram eram cerca de cinco mil homens, sem contar mulheres e crianças.	grupos de convivas, sobre a grama verde. ⁴⁰E sentaram-se no chão, repartindo-se em grupos de cem e de cinquenta. ⁴¹Tomando os cinco pães e os dois peixes, elevou ele os olhos ao céu, abençoou, partiu os pães e, deu-os aos discípulos para que lhes distribuíssem. E repartiu também os dois peixes entre todos. ⁴²Todos comeram e ficaram saciados. ⁴³E ainda recolheram doze cestos cheios dos pedaços de pão e de peixes. ⁴⁴E os que comeram dos pães eram cinco mil homens.	¹⁶E tomando os cinco pães e os dois peixes, ele elevou os olhos para o céu, os abençoou, partiu-os e deu aos discípulos para que os distribuíssem à multidão. ¹⁷Todos comeram e ficaram saciados, e foi recolhido o que sobrou dos pedaços: doze cestos!	a seus discípulos: "Recolhei os pedaços que sobraram para que nada se perca". ¹³Eles os recolheram e encheram doze cestos com os pedaços dos cinco pães de cevada deixados de sobra pelos que se alimentaram. ¹⁴Vendo o sinal que ele fizera, aqueles homens exclamavam: "Esse é verdadeiramente o profeta que deve vir ao mundo!" ¹⁵Jesus, porém, sabendo que viriam buscá-lo para fazê-lo rei, refugiou-se de novo, sozinho, na montanha.

§ 40 — Profissão e primado de Pedro

Mt 16,13-20	Mc 8,27-30	Lc 9,18-21	Jo 6,67-69
¹³Chegando Jesus ao território de Cesaréia de Filipe, perguntou aos discípulos: "Quem dizem os homens ser o Filho do Homem?" ¹⁴Disseram: "Uns afirmam que é João Batista, outros que é Elias, outros, ainda, que é Jeremias ou um dos profetas". ¹⁵Então lhes perguntou: "E vós, quem dizeis que eu sou?" ¹⁶Simão Pedro, respondendo, disse: "Tu és o Cristo, o filho do Deus vivo". ¹⁷Jesus respondeu-lhe: "Bem-aventurado és tu, Simão, filho de Jonas, porque não foi car-	²⁷Jesus partiu com seus discípulos para os povoados de Cesaréia de Filipe e, no caminho, perguntou a seus discípulos: "Quem dizem os homens que eu sou?" ²⁸Responderam-lhe: "João Batista; outros, Elias; outros ainda, um dos profetas". ²⁹"E vós, perguntou ele, quem dizeis que eu sou?" Pedro respondeu: "Tu és o Cristo?". ³⁰Então proibiu-os severamente de falar a alguém a seu respeito.	¹⁸Certo dia, ele orava em particular, cercado dos discípulos, aos quais perguntou: "Quem sou eu, no dizer das multidões?" ¹⁹"Eles responderam: "João Batista; outros, Elias; outros, porém, um dos antigos profetas que ressuscitou". ²⁰Ele replicou: "E vós, quem dizeis que eu sou?" Pedro então respondeu: "O Cristo de Deus". ²¹Ele, porém, proibiu-lhes severamente de anunciar isso a alguém.	⁶⁷Então, disse Jesus aos Doze: "Não quereis também vós partir?" ⁶⁸Simão Pedro respondeu-lhe: "Senhor, a quem iremos? Tens palavras de vida eterna e ⁶⁹nós cremos e reconhecemos que tu és o Santo de Deus".
			Jo 1,41-42
			⁴¹Encontrou primeiramente Simão e lhe disse: "Encontramos o Messias (que quer dizer Cristo)". ⁴²Ele o conduziu a Jesus. Fitando-o, disse-lhe Jesus: "Tu és Simão, o filho

Mt	Mc	Lc	Jo
ne ou sangue que te revelaram isso, e sim o meu Pai que está nos céus. ¹⁸Também eu te digo que tu és Pedro, e sobre esta pedra edificarei minha Igreja, e as portas do Inferno nunca prevalecerão contra ela. ¹⁹Eu te darei as chaves do Reino dos Céus e o que ligares na terra será ligado nos céus, e o que desligares na terra será desligado nos céus". ²⁰Em seguida, proibiu severamente aos discípulos de falarem a alguém que ele era o Cristo.			de João; chamar-te-ás Cefas" (que quer dizer Pedro).

§ 41 — A transfiguração de Jesus*

Mt 17,1-13

¹Seis dias depois, Jesus tomou Pedro, Tiago e seu irmão João, e os levou para um lugar à parte, sobre uma alta montanha. ²E ali foi transfigurado diante deles. O seu rosto resplandeceu como o sol e as suas vestes tornaram-se alvas como a luz. ³E eis que lhes apareceram Moisés e Elias conversando com ele. ⁴Então Pedro, tomando a palavra, disse a Jesus: "Senhor, é bom estarmos aqui. Se queres, levantarei aqui três tendas: uma para ti, outra para Moisés e outra para Elias".

Mc 9,2-13

²Seis dias depois, Jesus tomou consigo a Pedro, Tiago e João, e os levou, sozinhos, para um lugar retirado sobre uma alta montanha. Ali foi transfigurado diante deles. ³Suas vestes tornaram-se resplandecentes, extremamente brancas, de uma alvura tal como nenhum lavadeiro na terra as poderia alvejar. ⁴E lhes apareceram Elias com Moisés, conversando com Jesus. ⁵Então Pedro, tomando a palavra, diz a Jesus: "Rabi, é bom estarmos aqui. Façamos, pois, três tendas: uma para ti, outra para Moisés e outra para Elias". ⁶Pois não sabia o que dizer, porque estavam atemorizados.

Lc 9,28-36

²⁸Mais ou menos oito dias depois dessas palavras, tomando consigo a Pedro, João e Tiago, ele subiu à montanha para orar. ²⁹Enquanto orava, o aspecto de seu rosto se alterou, suas vestes tornaram-se de fulgurante brancura. ³⁰E eis que dois homens conversavam com ele: eram Moisés e Elias que, ³¹aparecendo envoltos em glória, falavam de sua partida que iria se consumar em Jerusalém. ³²Pedro e os companheiros estavam pesados de sono. Ao despertarem, viram sua glória e os dois homens que estavam com ele. ³³E quando estes iam se afastando, Pedro disse a Jesus: "Mestre, é bom estarmos aqui; fa-

Jo 12,28-36

²⁸"Pai, glorifica o teu nome". Veio, então, uma voz do céu: "Eu o glorifiquei e o glorificarei novamente!" ²⁹A multidão, que ali estava e ouvira, dizia ter sido um trovão. Outros diziam: "Um anjo falou-lhe". ³⁰Jesus respondeu: "Essa voz não ressoou para mim, mas para vós. ³¹É agora o julgamento deste mundo, agora o príncipe deste mundo será lançado fora", ³²e, quando eu for elevado da terra, atrairei todos a mim". ³³Assim falava para indicar de que morte deveria morrer. ³⁴Respondeu-lhe a multidão: "Sabemos, pela Lei, que o Cristo permanecerá para sempre. Como dizes: 'É preciso que o Filho do Homem

Mt	Mc	Lc	Jo
5Ainda falava, quando uma nuvem luminosa os cobriu com a sua sombra e uma voz, que saía da nuvem, disse: *Este é o meu Filho amado, em que me comprazo, ouvi-o!* 6Os discípulos, ouvindo a voz, muito assustados, caíram com o rosto no chão. 7Jesus chegou perto deles e, tocando-os disse: "Levantai-vos e não tenhais medo". 8Erguendo os olhos, não viram mais ninguém: Jesus estava sozinho. 9Ao descerem do monte, Jesus ordenou-lhes: "Não conteis a ninguém essa visão, até que o Filho do Homem ressuscite dos mortos". 10Os discípulos perguntaram-lhe:	7E uma nuvem desceu, cobrindo-os com sua sombra. E da nuvem saiu uma voz: "Este é o meu Filho amado; ouvi-o". 8E de repente, olhando ao redor, não viram mais ninguém: Jesus estava sozinho com eles. 9Ao descerem da montanha, ordenou-lhes que a ninguém contassem o que tinham visto, até quando o Filho do Homem tivesse ressuscitado dos mortos. 10Eles observaram a recomendação perguntando-se o que significaria "ressuscitar dos mortos". 11E perguntaram-lhe: "Por que motivo os escribas dizem que é preciso que Elias venha primeiro?" 12Ele respondeu: "*Elias certamente virá primeiro, para restaurar* tudo. Mas como está escrito	çamos, pois, três tendas, uma para ti, outra para Moisés e outra para Elias", mas sem saber o que dizia. 34Ainda falava, quando uma nuvem desceu e os cobriu com sua sombra; e ao entrarem eles na nuvem, os discípulos se atemorizaram. 35Da nuvem, porém, veio uma voz dizendo: "Este é o meu Filho, o Eleito; ouvi-o". 36Ao ressoar essa voz, Jesus ficou sozinho. Os discípulos mantiveram silêncio e, naqueles dias, a ninguém contaram coisa alguma do que tinham visto.	seja elevado'? Quem é esse Filho do Homem?" 35Jesus lhes disse: "Por pouco tempo a luz está entre vós. Caminhai enquanto tendes luz, para que as trevas não vos apreendam: quem caminha nas trevas não sabe para onde vai! 36Enquanto tendes a luz, crede na luz, para vos tornardes filhos da luz". Após ter dito isso, Jesus retirou-se e se ocultou deles.

§ 41 Em Lc, a Transfiguração é relacionada com a Paixão e a Morte, tal como o versículo de Jo. Este § é ainda um exemplo típico do estilo resumido de Mt.

§§ 42-46 — Mt 5,13; 5,14-16; 6,14-15; 7,1-2; 8,14; Mc 9,50; 4,21-23; 11,25; 4,24; 1,40-45; Lc 14,34-35; 8,16-17; 11,33; 6,36.37c; 6,36.38b; 5,12-16

Mt	Mc	Lc	Jo
"Por que razão os escribas dizem que é preciso que Elias venha primeiro?" ¹¹Respondeu-lhes Jesus: "Certamente *Elias* terá de vir *para restaurar tudo*. ¹²Eu vos digo, porém, que Elias já veio, mas não o reconheceram. Ao contrário, fizeram com ele tudo quanto quiseram. Assim também o Filho do Homem irá sofrer da parte deles". ¹³Então os discípulos entenderam que se referia a João Batista.	a respeito do Filho do Homem que deverá sofrer muito e ser desprezado?" ¹³Eu, porém, vos digo: Elias já veio, e fizeram com ele tudo o que quiseram, como dele está escrito".		

§ 42 — O sal da terra

Mt 5,13	Mc 9,50	Lc 14,34-35	Jo
¹³"Vós sois o sal da terra. Ora, se o sal se tornar insosso, com que o salgaremos? Para nada mais serve, senão para ser lançado fora e pisado pelos homens.	⁵⁰"O sal é bom. Mas se o sal se tornar insípido, como retemperá-lo? Tende sal em vós mesmos e vivei em paz uns com os outros".	³⁴"O sal, de fato, é bom. Porém, se até o sal se tornar insosso, com que se há de temperar? ³⁵Não presta para a terra, nem é útil para estrume: jogam-no fora. Quem tem ouvidos para ouvir, ouça!	

§ 43 — A luz do mundo

5,14-16	Mc 4,21-23	Lc 8,16-17	Jo
¹⁴Vós sois a luz do mundo. Não se pode esconder uma cidade situada sobre um monte. ¹⁵Nem se acende uma lâmpada e se coloca debaixo do alqueire, mas no candelabro, e assim ela brilha para todos os que estão na casa. ¹⁶Brilhe do mesmo modo a vossa luz diante dos homens, para que, vendo as vossas	²¹E dizia-lhes: "Quem traz uma lâmpada para colocá-la debaixo do alqueire ou debaixo da cama? Ao invés, não a traz para colocá-la no candelabro? ²²Pois nada há de oculto que não venha a ser manifesto, e nada em segredo que não venha à luz do dia. ²³Se alguém tem ouvidos para ouvir, ouça!	Ninguém acende uma lâmpada para a cobrir com um recipiente, nem para colocá-la debaixo da cama; ao contrário, coloca-a num candelabro, para que aqueles que entram vejam a luz. ¹⁷Pois nada há de oculto que não se torne manifesto, e nada em segredo que não seja conhecido e venha à luz do dia.	

Mt	Mc	Lc	Jo
boas obras, eles glorifiquem vosso Pai que está nos céus.		³³Ninguém acende uma lâmpada para colocá-la em lugar escondido ou debaixo do alqueire, e sim sobre o candelabro, a fim de que os que entram vejam a luz. Lc 11,33	

§ 44 — Perdão por perdão

Mt 6,14-15	Mc 11,25	Lc 6,36.37c	Jo
¹⁴Pois, se perdoardes aos homens os seus delitos, também o vosso Pai celeste vos perdoará; ¹⁵mas se não perdoardes aos homens, o vosso pai também não perdoará os vossos delitos.	²⁵"E quando estiverdes orando, se tiverdes alguma coisa contra alguém, perdoai-lhe, para que também o vosso Pai que está nos céus vos perdoe as vossas ofensas".	³⁶Sede misericordiosos como o vosso Pai é misericordioso, perdoai, e vos será perdoado.	

§ 45 — Não julgar o próximo

Mt 7,1-2	Mc 4,24	Lc 6,36.38b	Jo
¹Não julgueis para não serdes julgados. ²Pois com o julgamento com que julgais sereis julgados, e com a medida com que medis sereis medidos".	²⁴E dizia-lhes: "Cuidado com o que ouvis! Com a medida com que medis será medido para vós, e vos será acrescentado ainda mais".	³⁶Sede misericordiosos como o vosso Pai é misericordioso, uma boa medida, calcada, sacudida, transbordante, pois com a medida com que medirdes sereis medidos também".	

§ 46 — A cura do leproso (cf. § 189)*

Mt 8,1-4	Mc 1,40-45	Lc 5,12-16	Jo
¹Ao descer da montanha, seguiam-no multidões numerosas, ²quando	⁴⁰Um leproso foi até ele, implorando-lhe de joelhos: "Se queres, tens	¹²Estava ele numa cidade, quando apareceu um homem cheio de le-	

§ 46 Lc 17,11-19 tem todas as aparências de um desdobramento de 5,12-16; devido à presença dum samaritano, porém, pertence a uma categoria diversa e figura como próprio § . Cf. Lc 10,1-12 (§ 55).

§§ 47-48 — Mt 8,14-17; 8,23-27; Mc 1,29-34; 4,35-41; Lc 4,38-41; 8,22-25

Mt	Mc	Lc	Jo
de repente um leproso se aproximou e se prostrou diante dele, dizendo: "Senhor, se queres, tens poder para purificar-me". ³Ele estendeu a mão e, tocando-o, disse: "Eu quero, sê purificado". E imediatamente ele ficou livre da sua lepra. ⁴Jesus lhe disse: "Cuidado, não digas nada a ninguém, mas vai *mostrar-te ao sacerdote* e apresenta a oferta prescrita por Moisés, para que lhes sirva de prova".	o poder de purificar-me". ⁴¹Movido de compaixão, estendeu a mão, tocou-o e disse-lhe: "Eu quero, sê purificado". ⁴²E logo a lepra o deixou. E ficou purificado. ⁴³Advertindo-o severamente, despediu-o logo ⁴⁴dizendo-lhe: "Não digas nada a ninguém; mas vai *mostrar-te ao sacerdote* e oferece por tua purificação o que Moisés prescreveu, para que lhes sirva de prova". ⁴⁵Ele, porém, assim que partiu, começou a proclamar ainda mais e a divulgar a notícia, de modo que Jesus já não podia entrar publicamente numa cidade: permanecia fora, em lugares desertos. E de toda parte vinham procurá-lo.	pra. Vendo a Jesus, caiu com o rosto por terra e suplicou-lhe: "Senhor, se queres, tens poder para purificar-me". ¹³Ele estendeu a mão e, tocando-o, disse: "Eu quero. Sê purificado!" E imediatamente a lepra o deixou. ¹⁴E ordenou-lhe que a ninguém o dissesse: "Vai, porém, *mostrar-te ao sacerdote*, e oferece por tua purificação conforme prescreveu Moisés, para que lhes sirva de prova". ¹⁵A notícia a seu respeito, porém, difundia-se cada vez mais, e acorriam numerosas multidões para ouvi-lo e serem curadas de suas enfermidades. ¹⁶Ele, porém, permanecia retirado em lugares desertos e orava.	Jo

§ 47 — A sogra de Pedro. Curas em Cafarnaum

Mt 8,14-17	Mc 1,29-34	Lc 4,38-41	Jo
¹⁴Entrando Jesus na casa de Pedro, viu a sogra deste, que estava de cama e com febre. ¹⁵Logo tocou-lhe a mão e a febre a deixou. Ela se levantou e pôs-se a servi-lo.	²⁹E logo ao sair da sinagoga, foi à casa de Simão e de André, com Tiago e João. ³⁰A sogra de Simão estava de cama com febre, e eles imediatamente o mencionaram a Jesus. ³¹Aproximando-se, ele a tomou pela mão e a fez levantar-se. A febre a deixou e ela se pôs a servi-los.	³⁸Saindo da sinagoga, entrou na casa de Simão. A sogra de Simão estava com febre alta, e pediram-lhe por ela. ³⁹Ele se inclinou para ela, conjurou severamente a febre, e esta a deixou; imediatamente ela se levantou e se pôs a servi-los.	
¹⁶Ao entardecer, trouxeram-lhe muitos endemoninhados e ele, com uma palavra, expulsou os espíritos	³²Ao entardecer, quando o sol se pôs, trouxeram-lhe todos os que estavam enfermos e endemoninha-	⁴⁰Ao pôr-do-sol, todos os que tinham doentes atingidos de males diversos traziam-nos, e ele, impon-	

Mt 8,23-27	Mc 4,35-41	Lc 8,22-25	Sl 107,23-30

e curou todos os que estavam enfermos, ¹⁷a fim de se cumprir o que foi dito pelo profeta Isaías: *Levou nossas enfermidades e carregou nossas doenças*.

do as mãos sobre cada um curavam-se. ⁴¹De um grande número também saíam demônios gritando: "Tu és o Filho de Deus!" Em tom ameaçador, porém, ele os proibia de falar, pois sabiam que ele era o Cristo.

dos. ³³E a cidade inteira aglomerou-se à porta. ³⁴E ele curou muitos doentes de diversas enfermidades e expulsou muitos demônios. Não consentia, porém, que os demônios falassem, pois eles sabiam quem era ele.

§ 48 — A tempestade no lago (cf. § 77)

Mt 8,23-27	Mc 4,35-41	Lc 8,22-25	Sl 107,23-30
²³Depois disso, entrou no barco e os seus discípulos o acompanharam. ²⁴E, nisso, houve no mar uma grande agitação, de modo que o barco era varrido pelas ondas. Ele, entretanto, dormia. ²⁵Os discípulos então chegaram-se e o despertaram, dizendo: "Senhor, salva-nos, estamos perecendo!" ²⁶Disse-lhes ele: "Por que tendes medo, fracos na fé?" Depois, pondo-se de pé, conjurou severamente os ventos e o mar. E houve grande bonança. ²⁷Os homens ficaram espantados e diziam: "Quem é este a quem até os ventos e o mar obedecem?"	³⁵E disse-lhes naquele dia, ao cair da tarde: "Passemos para a outra margem". ³⁶Deixando a multidão, eles o levaram do modo que estava, no barco; e com ele havia outros barcos. ³⁷Sobreveio então uma tempestade de vento, e as ondas se jogavam para dentro do barco, e o barco já estava se enchendo. ³⁸Ele estava na popa, dormindo sobre o travesseiro. Eles o acordam e dizem: "Mestre, não te importa que pereçamos?" ³⁹Levantando-se, ele conjurou severamente o vento e disse ao mar: "Silêncio! Quieto!" Logo o vento serenou, e houve grande bonança. ⁴⁰Depois, ele perguntou: "Por que tendes medo? Ainda não tendes fé?" ⁴¹Então ficaram com muito medo e diziam uns aos outros: "Quem é este a quem até o vento e o mar obedecem?"	²²Certo dia, ele subiu a um barco com os discípulos e disse-lhes: "Passemos à outra margem do lago". E fizeram-se ao largo. ²³Enquanto navegavam, ele adormeceu. Desabou então uma tempestade de vento no lago; o barco se enchia de água e eles corriam perigo. ²⁴Aproximando-se dele, despertaram-no dizendo: "Mestre, mestre, estamos perecendo!" Ele, porém, levantando-se, conjurou severamente o vento e o tumulto das ondas; apaziguaram-se e houve bonança. ²⁵Disse-lhes então: "Onde está a vossa fé?" Com medo e espantados, eles diziam entre si: "Quem é esse, que manda até nos ventos e nas ondas, e eles lhe obedecem?"	²³Desciam em navios pelo mar, comerciando na imensidão das águas; ²⁴eles viram as obras de Iahweh, no alto mar, as suas maravilhas. ²⁵Ele disse, e levantou um vento tempestuoso que elevou as ondas do mar; ²⁶eles subiam ao céu e baixavam no abismo, sua vida se agitava na desgraça; ²⁷rodavam, balançando como um bêbado, sua habilidade toda foi tragada. ²⁸E gritaram a Iahweh na sua aflição: ele os livrou de suas angústias. ²⁹Transformou a tempestade em leve brisa. E as ondas emudeceram. ³⁰Ficaram alegres com a bonança, e ele os guiou ao porto desejado.

§§ 49-50 — Mt 8,28-34; 9,9-13; Mc 5,1-20; 2,13-17; Lc 8,26-39; 5,27-32

§ 49 — O(s) possesso(s) de Gerasa

Mt 8,28-34	Mc 5,1-20	Lc 8,26-39	Jo
²⁸Ao chegar ao outro lado, ao país dos gadarenos, vieram ao seu encontro dois endemoninhados, saindo dos túmulos. Eram tão ferozes que ninguém podia passar por aquele caminho. ²⁹E eis que se puseram a gritar: "Que queres de nós, Filho de Deus? Vieste aqui para nos atormentar antes do tempo?"	¹Chegaram do outro lado do mar, à região dos gerasenos. ²Logo que Jesus desceu do barco, caminhou ao seu encontro, vindo dos túmulos, um homem possuído por um espírito impuro: ³habitava no meio das tumbas e ninguém podia dominá-lo, nem mesmo com correntes. ⁴Muitas vezes já o haviam prendido com grilhões e algemas, mas ele arrebentava as correntes e estraçalhava os grilhões e ninguém conseguia subjugá-lo. ⁵E, sem descanso, noite e dia, perambulava pelas tumbas e pelas montanhas, dando gritos e ferindo-se com pedras. ⁶Ao ver Jesus, de longe, correu e prostrou-se diante dele, ⁷clamando em alta voz: "Que queres de mim, Jesus, filho do Deus altíssimo? Conjuro-te por Deus que não me atormentes!" ⁸Com efeito, Jesus lhe disse: "Sai deste homem, espírito impuro!" ⁹E perguntou-lhe: "Qual é o teu nome?" Respondeu: "Legião é o meu nome, porque somos muitos". ¹⁰E rogava-lhe insistentemente que não os mandasse para fora daquela região. ¹¹Ora, havia ali, pastando na montanha, uma grande manada de porcos. ¹²Rogava-lhe, então, dizendo: "Manda-nos para os porcos, para	²⁶Navegaram em direção à região dos gerasenos, que está do lado contrário da Galiléia. ²⁷Ao pisarem terra firme, veio ao seu encontro um homem da cidade, possesso de demônios. Havia muito que andava sem roupas e não habitava em casa alguma, mas em sepulturas. ²⁸Logo que viu a Jesus começou a gritar, caiu-lhe aos pés e disse em alta voz: "Que queres de mim, Jesus, filho do Deus Altíssimo? Peço-te que não me atormentes". ²⁹Jesus, com efeito, ordenava ao espírito impuro que saísse do homem, pois se apossava dele com freqüência. Para guardá-lo, prendiam-no com grilhões e algemas, mas ele arrebentava as correntes e era impelido pelo demônio para os lugares desertos. ³⁰Jesus perguntou-lhe: "Qual é o teu nome?" — "Legião", respondeu, porque muitos demônios haviam entrado nele. ³¹E rogavam-lhe que não os mandasse ir para o abismo.

³²Ora, havia ali, pastando na montanha, uma numerosa manada de porcos. Os demônios rogavam que Jesus lhes permitisse entrar nos porcos. E ele o permitiu. ³³Os de- | |
| ³⁰Ora, a certa distância deles havia uma manada de porcos que estava pastando. ³¹Os demônios lhe imploravam, dizendo: "Se nos expulsas, manda-nos para a manada de | | | |

Mt 9,9-13	Mc 2,13-17	Lc 5,27-32	Jo
porcos". ³²Jesus lhes disse: "Ide". Eles, saindo, foram para os porcos e logo toda a manada se precipitou no mar, do alto de um precipício, e pereceu nas águas. ³³Os que os apascentavam fugiram e, dirigindo-se à cidade, contaram tudo o que acontecera, inclusive o caso dos endemoninhados. ³⁴Diante disso, a cidade inteira saiu ao encontro de Jesus. Ao vê-lo, rogaram-lhe que se retirasse do seu território.	que entremos neles". ¹³Ele o permitiu. E os espíritos impuros saíram, entraram nos porcos e a manada — cerca de dois mil — se arrojou no mar, precipício abaixo, e eles se afogavam no mar. ¹⁴Os que apascentavam fugiram e contaram o fato na cidade e nos campos. E acorreram a ver o que havia acontecido. ¹⁵Foram até Jesus e viram o endemoninhado sentado, vestido e em são juízo, aquele mesmo que tivera a Legião. E ficaram com medo. ¹⁶As testemunhas contaram-lhes o que acontecera com o endemoninhado e o que houve com os porcos. ¹⁷Começaram então a rogar-lhe que se afastasse do seu território. ¹⁸Quando entrou no barco, aquele que fora endemoninhado rogou-lhe que o deixasse ficar com ele. ¹⁹Ele não deixou, e disse-lhe: "Vai para tua casa e para os teus e anuncia-lhes tudo o que fez por ti o Senhor na sua misericórdia". ²⁰Então partiu e começou a proclamar na Decápole o quanto Jesus fizera por ele. E todos ficaram espantados.	mônios então saíram do homem, entraram nos porcos e a manada se arrojou pelo precipício, dentro do lago, e se afogou. ³⁴Vendo o acontecido, os que apascentavam os porcos fugiram, contando o fato na cidade e pelos campos. ³⁵As pessoas então saíram para ver o que acontecera. Foram até Jesus e encontraram o homem, do qual haviam saído os demônios, sentado aos pés de Jesus, vestido e em são juízo. E ficaram com medo. ³⁶As testemunhas então contaram-lhes como fora salvo o endemoninhado. ³⁷E toda a população do território dos gerasenos pediu que Jesus se retirasse, porque estavam com muito medo. E ele, tomando o barco voltou. ³⁸O homem do qual haviam saído os demônios pediu para ficar com ele; Jesus, porém, o despediu, dizendo: ³⁹"Volta para tua casa e conta tudo o que Deus fez por ti". E ele se foi proclamando pela cidade inteira tudo o que Jesus havia feito em seu favor.	

§ 50 — Vocação de Mateus (Levi)

Mt 9,9-13	Mc 2,13-17	Lc 5,27-32	Jo
⁹Indo adiante, viu Jesus um homem chamado Mateus, sentado na coletoria de impostos, e disse-lhe:	¹³E tornou a sair para a beira-mar, e toda a multidão ia até ele; e ele os ensinava. ¹⁴Ao passar, viu Levi,	²⁷Depois disso, saiu, viu um publicano, chamado Levi, sentado na coletoria de impostos e disse-lhe: "Se-	

§§ 51-53 — Mt 9,14-15; 9,16-17; 9,18-26; Mc 2,18-20; 2,21-22; 5,21-43; Lc 5,33-35; 5,36-39; 8,40-56

Mt	Mc	Lc	Jo

"Segue-me". Este, levantando-se, o seguiu.

¹⁰Aconteceu que estando ele à mesa na casa, vieram muitos publicanos e pecadores e se assentaram à mesa com Jesus e seus discípulos. ¹¹Os fariseus, vendo isso, perguntaram aos discípulos: "Por que come o vosso Mestre com os publicanos e os pecadores?" ¹²Ele, ao ouvir o que diziam, respondeu: "Não são os que têm saúde que precisam de médico, mas sim os doentes. ¹³Ide, pois, e aprendei o que significa: *Misericórdia é que eu quero, e não sacrifício*. Com efeito, eu não vim chamar justos, mas pecadores".

o filho de Alfeu, sentado na coletoria, e disse-lhe: "Segue-me". Ele se levantou e o seguiu.

¹⁵Aconteceu que, estando à mesa, em casa de Levi, muitos publicanos e pecadores também estavam com Jesus e seus discípulos; pois eram muitos que o seguiam. ¹⁶Os escribas dos fariseus, vendo-o comer com os pecadores e os publicanos, diziam aos discípulos dele: "Quê? Ele come com os publicanos e pecadores?" ¹⁷Ouvindo isso, Jesus lhes disse: "Não são os que têm saúde que precisam de médico, mas os doentes. Eu não vim chamar justos, mas pecadores".

gue-me!" ²⁸E, levantando-se, ele deixou tudo e o seguia.

²⁹Levi ofereceu-lhe então uma grande festa em sua casa, e com eles estava à mesa numerosa multidão de publicanos e outras pessoas. ³⁰Os fariseus e seus escribas murmuravam e diziam aos discípulos dele: "Por que comeis e bebeis com os publicanos e com os pecadores?" ³¹Jesus, porém, tomando a palavra, disse-lhes: "Os sãos não têm necessidade de médico e sim os doentes; ³²não vim chamar os justos, mas sim os pecadores, ao arrependimento".

§ 51 — Questionando o jejum

Mt 9,14.15	Mc 2,18-20	Lc 5,33-35	Jo

¹⁴Por esse tempo, vieram procurá-lo os discípulos de João com esta pergunta: "Por que razão nós e os fariseus jejuamos, enquanto os teus discípulos não jejuam?" ¹⁵Jesus respondeu-lhes: "Por acaso podem os amigos do noivo estar de luto enquanto o noivo está com eles? Dias virão, quando o noivo lhes será tirado; então, sim, jejuarão.

¹⁸Os discípulos de João e os fariseus estavam jejuando, e vieram dizer-lhe: "Por que os discípulos de João e os discípulos dos fariseus jejuam, e teus discípulos não jejuam?" ¹⁹Jesus responde: "Podem os amigos do noivo jejuar enquanto o noivo está com eles? Enquanto o noivo estiver com eles, não podem jejuar. ²⁰Dias virão, porém, em que o noivo lhes será tirado; e então jejuarão naquele dia.

³³Disseram-lhe então: "Os discípulos de João jejuam freqüentemente e recitam orações, os dos fariseus também, ao passo que os teus comem e bebem!" ³⁴Jesus respondeu-lhes: "Acaso podeis fazer que os amigos do noivo jejuem enquanto o noivo está com eles? ³⁵Dias virão, porém, em que o noivo lhes será tirado; e naqueles dias jejuarão".

§ 52 — Coisas antigas e novas

Mt 9,16-17	Mc 2,21-22	Lc 5,36-39	Jo
¹⁶Ninguém põe remendo de pano novo em roupa velha, porque o remendo repuxa a roupa e o rasgo torna-se maior. ¹⁷Nem se põe vinho novo em odres velhos; caso contrário, estouram os odres, o vinho se entorna e os odres ficam inutilizados. Antes, o vinho novo se põe em odres novos; assim ambos se conservam".	²¹Ninguém faz remendo de pano novo em roupa velha; porque a peça nova repuxa o vestido velho e o rasgo aumenta. ²²Ninguém põe vinho novo em odres velhos; caso contrário, o vinho estourará os odres, e tanto o vinho como os odres ficam inutilizados. Mas, vinho novo em odres novos!"	³⁶Dizia-lhes ainda uma parábola: "Ninguém rasga um retalho de uma roupa nova para colocá-lo numa roupa velha; do contrário, rasgará a nova e o remendo tirado da nova ficará desajustado na roupa velha. ³⁷Ninguém põe vinho novo em odres velhos; caso contrário, o vinho novo estourará os odres, derramar-se-á, e os odres ficarão inutilizados. ³⁸Coloque-se, antes, vinho novo em odres novos. ³⁹Não há quem, após ter bebido vinho velho, queira do novo. Pois diz: O velho é que é bom!"	

§ 53 — A hemorroíssa e a filha de Jairo

Mt 9,18-26	Mc 5,21-43	Lc 8,40-56	Jo
¹⁸Enquanto Jesus lhes falava sobre essas coisas, veio um chefe e prostrou-se diante dele, dizendo: "Minha filha acaba de morrer. Mas vem, impõe-lhe a mão e ela viverá". ¹⁹Levantando, Jesus o seguia, juntamente com os seus discípulos.	²¹E de novo, Jesus atravessando de barco para o outro lado, uma numerosa multidão o cercou, e ele se deteve à beira-mar. ²²Aproximou-se um dos chefes da sinagoga, cujo nome era Jairo, e vendo-o, caiu a seus pés. ²³Rogou-lhe insistentemente, dizendo: "Minha filhinha está morrendo. Vem e impõe sobre ela as mãos, para que ela seja salva e viva". ²⁴Ele o acompanhou e numerosa multidão o seguia, apertando-o de todos os lados.	⁴⁰Ao voltar, Jesus foi acolhido pela multidão, pois todos o esperavam. ⁴¹Chegou então um homem chamado Jairo, chefe da sinagoga. Caindo aos pés de Jesus, rogava-lhe que entrasse em sua casa, ⁴²porque sua filha única, estava à morte. Enquanto ele se encaminhava para lá, as multidões se aglomeravam a ponto de sufocá-lo.	
²⁰Enquanto ia, certa mulher, que sofria de um fluxo de sangue fazia	²⁵Ora, certa mulher que havia doze anos tinha um fluxo de sangue	⁴³Certa mulher, porém, que sofria de um fluxo de sangue, fazia doze	

§ 54 — Mt 10,1-4; Mc 3,13-19; Lc 6,12-16
Jo

Mt	Mc	Lc
doze anos, aproximou-se dele por trás e tocou-lhe a orla da veste, ²¹pois dizia consigo: "Será bastante que eu toque a sua veste e ficarei curada". ²²Jesus, voltando-se e vendo-a, disse-lhe: "Ânimo, minha filha, a tua fé te salvou". Desde aquele momento, a mulher foi salva.	²⁶e que muito sofrera nas mãos de vários médicos, tendo gasto tudo o que possuía sem nenhum resultado, mas cada vez piorando mais, ²⁷tinha ouvido falar de Jesus. Aproximou-se dele, por detrás, no meio da multidão, e tocou-lhe a roupa. ²⁸Porque dizia: "Se ao menos tocar as suas roupas, serei salva". ²⁹E logo estancou a hemorragia. E ela sentiu no corpo que estava curada de sua enfermidade. ³⁰Imediatamente, Jesus, tendo consciência da força que dele saíra, voltou-se para a multidão e disse: "Quem tocou minhas roupas?" ³¹Os discípulos disseram-lhe: "Estás vendo a multidão que te comprime e perguntas 'Quem me tocou?'" ³²Jesus olhava em torno de si para ver quem havia feito aquilo. ³³Então a mulher, amedrontada e trêmula, sabendo o que lhe tinha sucedido, foi e caiu-lhe aos pés e contou-lhe toda a verdade. ³⁴E ele disse a ela: "Minha filha, a tua fé te salvou; vai em paz e estejas curada desse teu mal". ³⁵Ainda falava, quando chegaram alguns da casa do chefe da sinagoga, dizendo: "Tua filha morreu. Por que perturbas ainda o Mestre?" ³⁶Jesus, porém, tendo ouvido a palavra que acabava de ser pronunciada, disse ao chefe da sinagoga: "Não temas; crê somente". ³⁷E não	anos, e que ninguém pudera curar, ⁴⁴aproximou-se por detrás e tocou a extremidade de sua veste; no mesmo instante, o fluxo de sangue parou. ⁴⁵E Jesus perguntou: "Quem me tocou?" Como todos negassem, Pedro disse: "Mestre, a multidão te comprime e te esmaga". ⁴⁶Jesus insistiu: "Alguém me tocou; eu senti que uma força saía de mim". ⁴⁷A mulher, vendo que não podia se ocultar, veio tremendo, caiu-lhe aos pés e declarou diante de todos por que razão o tocara, e como ficara instantaneamente curada. ⁴⁸Ele disse: "Minha filha, tua fé te salvou; vai em paz". ⁴⁹Ele ainda falava, quando chegou alguém da casa do chefe da sinagoga e lhe disse: "Tua filha morreu; não perturbes mais o Mestre". ⁵⁰Mas Jesus, que havia escutado, disse-lhe: "Não temas; crê somente, e ela será salva". ⁵¹Ao chegar à casa, não deixou que entrassem

Mt	Mc	Lc	Jo
23Jesus, ao entrar na casa do chefe e ver os flautistas e a multidão em alvoroço, disse: 24"Retirai-vos todos daqui, porque a menina não morreu; está dormindo". E caçoavam dele. 25Mas assim que a multidão foi removida para fora, ele entrou, tomou-a pela mão e ela se levantou. 26A notícia do que aconteceu espalhou-se por toda aquela região.	permitiu que ninguém o acompanhasse exceto Pedro, Tiago e João, o irmão de Tiago. 38Chegaram à casa do chefe da sinagoga, e ele viu um alvoroço. Muita gente chorando e clamando em voz alta. 39Entrando, disse: "Por que este alvoroço e este pranto? A criança não morreu; está dormindo". 40E caçoavam dele. Ele, porém, ordenou que saíssem todos, exceto o pai e a mãe da criança e os que acompanhavam, e com eles entrou onde estava a criança. 41Tomando a mão da criança, disse-lhe: *"Talitha kum"* — o que significa: "Menina, eu te digo, levanta-te". 42No mesmo instante, a menina se levantou, e andava, pois já tinha doze anos. E ficaram extremamente espantados. 43Recomendou-lhes então expressamente que ninguém viesse a saber o que tinham visto. E mandou que dessem de comer à menina.	consigo senão Pedro, João e Tiago, assim como o pai e a mãe da menina. 52Todos choravam e batiam no peito por causa dela. Ele disse: "Não choreis! Ela não morreu; está dormindo". 53E caçoavam dele, pois sabiam que ela estava morta. 54Ele, porém, tomando-lhe a mão, chamou-a dizendo: "Criança, levanta-te!" 55O espírito dela voltou e, no mesmo instante, ela ficou de pé. E ele mandou que lhe dessem de comer. 56Seus pais ficaram espantados. Ele, porém, ordenou-lhes que a ninguém contassem o que acontecera.	

§ 54 — A escolha dos doze Apóstolos

Mt 10,1-4	Mc 3,13-19	Lc 6,12-16	Jo
1Chamou os doze discípulos e deu-lhes autoridade de expulsar os espíritos imundos e de curar toda a sorte de males e enfermidades. 2Estes são os nomes dos doze apóstolos: primeiro, Simão, tam-	13Depois subiu à montanha, e chamou a si os que ele queria, e eles foram até ele. 14E constituiu Doze, para que ficassem com ele, para enviá-los a pregar, 15e terem autoridade para expulsar os demônios. 16Ele constituiu, pois, os Doze, e impôs a Simão o nome de Pedro;	12Naqueles dias, ele foi à montanha para orar e passou a noite inteira em oração a Deus. 13Depois que amanheceu, chamou os discípulos e dentre eles escolheu doze, aos quais deu o nome de apóstolos: 14Simão a quem impôs o nome de	

§ 55 — Mt 10,5-15; Mc 6,7-13; Lc 9,1-6; 10,1-12.16

Mt	Mc	Lc	Jo
bém chamado Pedro, e André, seu irmão; Tiago, filho de Zebedeu, e João, seu irmão; ³Filipe e Bartolomeu; Tomé e Mateus, o publicano; Tiago, o filho de Alfeu, e Tadeu; ⁴Simão, o Zelota, e Judas Iscariotes, aquele que o traiu.	¹⁷a Tiago, o filho de Zebedeu, e a João, o irmão de Tiago, impôs o nome de Boanerges, isto é, filhos do trovão, ¹⁸depois André, Filipe, Bartolomeu, Mateus, Tomé, Tiago, o filho de Alfeu, Tadeu, Simão o zelota, ¹⁹e Judas Iscariot, aquele que o traiu.	Pedro, seu irmão André, Tiago, João, Filipe, Bartolomeu, ¹⁵Mateus, Tomé, Tiago, filho de Alfeu, Simão, chamado Zelota, ¹⁶Judas, filho de Tiago, e Judas Iscariot, que se tornou um traidor.	

§ 55 — *Poderes e missão dos Apóstolos**

Mt 10,5-15	Mc 6,7-13	Lc 9,1-6; 10,1-12.16	Jo
⁵Jesus enviou esses Doze com estas recomendações: "Não tomeis o caminho dos gentios, nem entreis em cidade de samaritanos. ⁶Dirigi-vos, antes, às ovelhas perdidas da casa de Israel. ⁷Dirigindo-vos a elas, proclamai que o Reino dos Céus está próximo. ⁸Curai os doentes, ressuscitai os mortos, purificai os leprosos, expulsai os demônios. De graça recebestes, de graça dai. ⁹Não leveis ouro, nem prata, nem cobre nos vossos cintos, ¹⁰nem alforje para o caminho, nem duas túnicas, nem sandálias, nem cajado, pois o ᵇoperário é digno do seu sustento. ¹¹Quando entrardes numa cidade ou num povoado, procurai saber de alguém que seja digno e permanecei ali até vos retirardes do lugar. ¹²Ao entrardes na casa, saudai-a.	⁷Chamou a si os Doze e começou a enviá-los dois a dois. E deu-lhes autoridade sobre os espíritos impuros. ⁸Recomendou-lhes que nada levassem para o caminho, a não ser um cajado apenas; nem pão, nem alforje, nem dinheiro no cinto. ⁹Mas que andassem calçados com sandálias e não levassem duas túnicas. ¹⁰E dizia-lhes: "Onde quer que entreis numa casa, nela permanecei até vos retirardes do lugar. ¹¹E se algum lugar não vos receber nem vos quiser ouvir, ao partirdes de lá,	¹Convocando os Doze, deu-lhes poder e autoridade sobre todos os demônios, bem como para curar doenças, ²e enviou-os a proclamar o Reino de Deus e a curar. ³E disse-lhes: "Não leveis para a viagem, nem bastão, nem alforje, nem pão, nem dinheiro; tampouco tenhais duas túnicas. ⁴Em qualquer casa em que entrardes, permanecei ali até vos retirardes do lugar. ⁵Quanto àqueles que não vos acolherem, ao sairdes da cidade sacudi a poeira de vossos pés em teste-	

Mt	Mc	Lc 10,1-12.16	Jo
¹³E se for digna, desça a vossa paz sobre ela. Se não for digna, volte a vós a vossa paz. ¹⁴Mas se alguém não vos recebe e não dá ouvidos às vossas palavras, saí daquela casa ou daquela cidade e sacudi o pó de vossos pés. ¹⁵Em verdade vos digo: no Dia do Julgamento haverá menos rigor para Sodoma e Gomorra do que para aquela cidade. sacudi o pó de debaixo dos vossos pés em testemunho contra eles".	¹²Partindo, eles pregavam que todos se arrependessem. ¹³E expulsavam muitos demônios, e curavam muitos enfermos, ungindo-os com óleo. munho contra eles". ⁶Eles então partiram, indo de povoado em povoado, anunciando a Boa Nova e operando curas por toda a parte.	¹Depois disso, o Senhor designou outros setenta e dois, e os enviou dois a dois à sua frente a toda a cidade e lugar aonde ele próprio devia ir. ²E dizia-lhes: "A colheita é grande, mas os operários são poucos. Pedi, pois, ao Senhor da colheita que envie operários para sua colheita. ³Ide! Eis que eu vos envio como cordeiros entre lobos. ⁴Não leveis bolsa, nem alforje, nem sandálias, e a ninguém saudeis pelo caminho. ⁵Em qualquer casa em que entrardes, dizei primeiro: 'Paz a esta casa!' ⁶E se lá houver um filho de paz, a vossa paz irá repousar sobre ele; senão, voltará a vós. ⁷Permanecei nessa casa, comei e bebei do que tiverem, pois o operário é digno do seu salário. Não passeis de casa em casa. ⁸Em qualquer cidade em que entrardes e fordes recebidos, comei o que vos servirem; ⁹curai os enfermos que nela houver e dizei ao povo: "O Reino de Deus está próximo de vós'. ¹⁰Mas em qualquer cidade em que entrardes e não fordes recebidos, saí para as praças e dizei: ¹¹Até a poeira da vossa cidade que se grudou aos nossos pés, nós a sacudimos para deixá-la para vós. Sabei, no entanto, que o Reino de Deus está próximo'. ¹²Digo-vos que, naquele Dia, haverá menos rigor para Sodoma do que para aquela cidade. ¹⁶Quem vos ouve a mim ouve, quem vos despreza a mim despreza, e quem me despreza, despreza aquele que me enviou".	

§ 55 Este § é compilado de vários lógions.

§§ 56-57 — *Mt 10,16-23; 12,1-8; 12,9-15a; Mc 13,9-13; 2,23-28; 3,1-6; Lc 21,12-19; 12,12-19; 12,11.12; 6,1-5; 6,6-11*

§ 56 — **Perseguições futuras** (cf. §§ 109,226)

Mt 10,16-23	Mc 13,9-13	Lc 21,12-19	Jo
¹⁶Eis que eu vos envio como ovelhas entre lobos. Por isso, sede prudentes como as serpentes e sem malícia como as pombas. ¹⁷Guardai-vos dos homens: eles vos entregarão aos sinédrios e vos flagelarão em suas sinagogas. ¹⁸E, por causa de mim, sereis conduzidos à presença de governadores e de reis, para dar testemunho perante eles e perante as nações. ¹⁹Quando vos entregarem, não fiqueis preocupados em saber como ou o que haveis de falar. Naquele momento vos será indicado o que deveis falar, ²⁰porque não sereis vós que estareis falando, mas o Espírito de vosso Pai é que falará em vós. ²¹O irmão entregará o irmão à morte, e o pai entregará o filho. Os filhos se levantarão contra os pais e os farão morrer. ²²E sereis odiados por todos por causa do meu nome. Aquele, porém, que perseverar até o fim, esse será salvo. ²³Quando vos perseguirem numa cidade, fugi para outra. E se vos perseguirem nesta, tornai a fugir para uma terceira. Em verdade vos digo que não acabareis de percorrer as cidades de Israel até que venha o Filho do Homem".	⁹Ficai de sobreaviso. Entregar-vos-ão aos sinédrios e às sinagogas, e sereis açoitados, e vos conduzirão perante governadores e reis por minha causa, para dardes testemunho perante eles. ¹⁰É necessário que primeiro o Evangelho seja proclamado a todas as nações. ¹¹Quando, pois, vos levarem para vos entregar, não vos preocupeis com o que haveis de dizer; mas, o que vos foi indicado naquela hora, isso falareis; pois não sereis vós que falareis, mas o Espírito Santo. ¹²O irmão entregará o irmão à morte, e o pai entregará o filho. *Os filhos se levantarão contra os pais* e os farão morrer. ¹³E sereis odiados por todos por causa do meu nome. Aquele, porém, que perseverar até o fim, esse será salvo".	¹²Antes de tudo isso, porém, hão de vos prender, de vos perseguir, de vos entregar às sinagogas e às prisões, de vos conduzir a reis e governadores por causa do meu nome, ¹³e isso vos será ocasião de testemunho. ¹⁴Tende presente em vossos corações não premeditar vossa defesa; ¹⁵pois eu vos darei eloqüência e sabedoria, às quais nenhum de vossos adversários poderá resistir, nem contradizer. ¹⁶Sereis traídos até por vosso pai e mãe, irmãos, parentes, amigos, e farão morrer pessoas do vosso meio, ¹⁷e sereis odiados de todos por causa de meu nome. ¹⁸Mas nem um só cabelo de vossa cabeça se perderá. ¹⁹E pela perseverança que mantereis vossas vidas!

Lc 12,11.12

¹¹Quando vos conduzirem às sinagogas, perante os principados e perante as autoridades, não fiqueis preocupados como ou com o que vos defender, nem com o que dizer: ¹²pois o Espírito Santo vos ensinará naquele momento o que deveis dizer". | |

§ 57 — Colhendo espigas em dia de sábado

Mt 12,1-8	Mc 2,23-28	Lc 6,1-5	Jo
¹Por esse tempo, Jesus passou, num sábado, pelas plantações. Os seus discípulos, que estavam com fome, puseram-se a arrancar espigas e a comê-las. ²Os fariseus, vendo isso, disseram: "Olha só! Os teus discípulos a fazerem o que não é lícito fazer num sábado!" ³Mas ele respondeu-lhes: "Não lestes o que fez Davi e seus companheiros quando tiveram fome? ⁴Como entrou na Casa de Deus e como eles comeram *os pães da proposição*, que não era lícito comer, nem a ele, nem aos que estavam com ele, mas exclusivamente aos sacerdotes? ⁵Ou não lestes na Lei que os seus deveres sabáticos os sacerdotes no Templo violam o sábado e ficam sem culpa? ⁶Digo-vos que aqui está algo maior do que o Templo. ⁷Se soubésseis o que significa: *Misericórdia é que eu quero e não sacrifício*, não condenaríeis os que não têm culpa. ⁸Pois o Filho do Homem é senhor do sábado".	²³Aconteceu que, ao passar num sábado pelas plantações, seus discípulos começaram a abrir caminhos arrancados as espigas. ²⁴Os fariseus disseram-lhe: Vê! Como fazem eles o que não é permitido fazer no sábado?" ²⁵Ele respondeu: "Nunca lestes o que fez Davi e seus companheiros quando necessitavam e tiveram fome, ²⁶e como entrou na casa de Deus, no tempo do Sumo Sacerdote Abiatar, e comeu *dos pães da proposição*, que só os sacerdotes podem comer, e deu também aos companheiros?" ²⁷Então lhes dizia: "O sábado foi feito para o homem, e não o homem para o sábado; ²⁸de modo que o Filho do Homem é senhor até do sábado".	¹Certo sábado, ao passarem pelas plantações, seus discípulos arrancavam espigas e as comiam, debulhando-as com as mãos. ²Alguns fariseus disseram: "Por que fazeis o que não é permitido em dia de sábado?" ³Jesus respondeu-lhes: "Não lestes o que fez Davi, ele e seus companheiros, quando tiveram fome? ⁴Entrou na casa de Deus, tomou *os pães da proposição*, comeu-os e deu-os aos companheiros — esses pães dos quais só os sacerdotes podem comer". ⁵E dizia-lhes: "O Filho do Homem é senhor do sábado!"	

§ 58 — A mão atrofiada

Mt 12,9-15a	Mc 3,1-6	Lc 6,6-11	Jo
⁹Partindo dali, entrou na sinagoga deles. ¹⁰Ora, ali estava um homem	¹E entrou de novo na sinagoga e estava ali um homem com uma das	⁶Em outro sábado, entrou ele na sinagoga e começou a ensinar. Es-	

§§ 59-60 — Mt 12,22-29; 12,46-50; Mc 3,22-27; 3,20.21.31-35; Lc 11,14-23; 8,19-21

Mt	Mc	Lc	Jo
com a mão atrofiada. Então perguntaram-lhe, a fim de acusá-lo: "É lícito curar aos sábados?" ¹¹Jesus respondeu: "Quem haverá dentre vós que, tendo uma ovelha e caindo ela numa cova em dia de sábado, não vai apanhá-la e tirá-la dali? ¹²Ora, um homem vale muito mais do que uma ovelha! Logo, é lícito fazer o bem aos sábados". ¹³Em seguida, disse ao homem: "Estende a mão". Ele a estendeu e ela ficou sã, como a outra. ¹⁴Então os fariseus, saindo dali, tramaram contra ele, sobre como acabariam com ele. ¹⁵Ao saber disso, Jesus afastou-se dali.	mãos atrofiada. ²E o observavam para ver se o curaria no sábado, para o acusarem. ³Ele disse ao homem da mão atrofiada: "Levanta-te e vem aqui para o meio". ⁴E perguntou-lhes: "É permitido, no sábado, fazer o bem ou fazer o mal? Salvar a vida ou matar?" Eles, porém, se calavam. ⁵Repassando então sobre eles um olhar de indignação, e entristecido pela dureza do coração deles, disse ao homem: "Estende a mão". Ele a estendeu, e sua mão estava curada. ⁶Ao se retirarem, os fariseus com os herodianos imediatamente conspiraram contra ele sobre como o destruiriam.	tava ali um homem com a mão direita atrofiada. ⁷Os escribas e os fariseus observavam-no para ver se ele o curaria no sábado, e assim encontrar com que o acusar. ⁸Ele porém, percebeu seus pensamentos e disse ao homem da mão atrofiada: "Levanta-te e fica de pé no meio de todos". Ele se levantou e ficou de pé. ⁹Jesus lhes disse: "Eu vos pergunto se, no sábado, é permitido fazer o bem ou o mal, salvar uma vida ou arruiná-la". ¹⁰Correndo os olhos por todos eles, disse ao homem: "Estende a mão". Ele o fez, e a mão voltou ao estado normal. ¹¹Eles, porém, se enfureceram e combinavam o que fariam a Jesus.	

§ 59 — Cristo e Belzebu

Mt 12,22-29	Mc 3,22-27	Lc 11,14-23	Jo
²²Então trouxeram-lhe um endemoninhado cego e mudo. E ele o curou, de modo que o mudo podia falar e ver. ²³Toda a multidão ficou espantada e pôs-se a dizer: "Não será este o Filho de Davi?" ²⁴Mas os fariseus, ouvindo isso, disseram: "Ele não expulsa demônios, senão por Beelzebu, príncipe dos demônios". ²⁵Conhecendo os seus pensamentos, Jesus lhes disse: "Todo reino di-	²²E os escribas que haviam descido de Jerusalém diziam: "Está possuído por Beelzebu", e também: "É pelo príncipe dos demônios que ele expulsa os demônios". ²³Chamando-os para junto de si, falou-lhes por parábolas: "Como pode Satanás expulsar Satanás? ²⁴Se um reino se dividir contra si mesmo, tal reino não poderá subsistir. ²⁵E se uma casa se dividir contra si mesma, tal casa não poderá manter-se.	¹⁴Ele expulsava um demônio que era mudo. Ora, quando o demônio saiu, o mudo falou e as multidões ficaram admiradas. ¹⁵Alguns dentre eles, porém, disseram: "É por Beelzebu, o príncipe dos demônios, que ele expulsa os demônios". ¹⁶Outros, para pô-lo à prova, pediam-lhe um sinal vindo do céu. ¹⁷Ele, porém, conhecendo-lhe os pensamentos, disse: "Todo reino dividido contra si mesmo acaba em	

Mt	Mc	Lc
vidido contra si mesmo acaba em ruína e nenhuma cidade ou casa dividida contra si mesma poderá subsistir. ²⁶Ora, se Satanás expulsa a Satanás, está dividido contra si mesmo. Como, então, poderá subsistir seu reinado? ²⁷Se eu expulso os demônios por Beelzebu, por quem os expulsam os vossos adeptos? Por isso, eles mesmos serão os vossos juízes. ²⁸Mas se é pelo Espírito de Deus que eu expulso os demônios, então o Reino de Deus já chegou a vós. ²⁹Ou como pode alguém entrar na casa de um homem forte e roubar os seus pertences, se primeiro não amarrar o homem forte? Só então poderá roubar a sua casa".	²⁶Ora, se Satanás se atira contra si próprio e se divide, não poderá subsistir, mas acabará. ²⁷Ninguém pode entrar na casa de um homem forte e roubar os seus pertences, se primeiro não amarrar o homem forte; só então poderá roubar a sua casa".	ruínas, e uma casa cai sobre outra. ¹⁸Ora, até mesmo Satanás, se estiver dividido contra si mesmo, como subsistirá seu reinado?... Vós dizeis que é por Beelzebu que eu expulso os demônios; ¹⁹Ora, se é por Beelzebu que eu expulso os demônios, por quem os expulsam vossos filhos? Assim, eles mesmos serão os vossos juízes. ²⁰Contudo, se é pelo dedo de Deus que eu expulso os demônios, então o Reino de Deus já chegou a vós. ²¹Quando um homem forte e bem armado guarda sua moradia, seus bens ficarão a seguro; ²²todavia, se um mais forte o assalta e vence, tira-lhe a armadura, na qual confiava, e distribui seus despojos. ²³Quem não está a meu favor está contra mim, e quem não ajunta comigo, dispersa".

§ 60 — Mãe e irmãos de Jesus. A família espiritual*

Mt 12,46-50	Mc 3,20.21.31-35	Lc 8,19-21	Jo
⁴⁶Estando ainda a falar às multidões, sua mãe e seus irmãos estavam fora, procurando falar-lhe [⁴⁷].	²⁰E voltou para casa. E de novo a multidão se apinhou, de tal modo que eles não podiam se alimentar. ²¹E quando os seus tomaram conhecimento disso, saíram para detê-lo, porque diziam: "Enlouqueceu!" ³¹Chegaram então sua mãe e seus irmãos e, ficando do lado de fora,	¹⁹Sua mãe e seus irmãos chegaram até ele, mas não podiam abordá-lo por causa da multidão. ²⁰Avisaram-no então: "Tua mãe e teus irmãos estão lá fora, querendo te ver".	

§ 60 Em Mc aparece o motivo do comparecimento dos parentes de Jesus.

§§ 61-62 — Mt 13,1-9; 13,18-23; Mc 4,1-9; 4,13-20; Lc 8,4-8; 8,9-15

Mt	Mc	Lc	Jo
⁴⁸Jesus respondeu àquele que o avisou: "Quem é minha mãe e quem são meus irmãos?" ⁴⁹E apontando para os discípulos com a mão, disse: "Aqui estão a minha mãe e os meus irmãos, ⁵⁰porque aquele que fizer a vontade de meu Pai que está nos Céus, esse é meu irmão, irmã e mãe".	mandaram chamá-lo. ³²Havia uma multidão sentada em torno dele. Disseram-lhe: "Eis que tua mãe, teus irmãos e tuas irmãs estão lá fora e te procuram". ³³Ele perguntou: "Quem é minha mãe e meus irmãos?" ³⁴E, repassando com o olhar os que estavam sentados ao seu redor, disse: "Eis a minha mãe e os meus irmãos. ³⁵Quem fizer a vontade de Deus, esse é meu irmão, irmã e mãe".	²¹Mas ele respondeu: "Minha mãe e meus irmãos são aqueles que ouvem a palavra de Deus e a põem em prática".	

§ 61 — O semeador*

Mt 13,1-9	Mc 4,1-9	Lc 8,4-8	Jo
¹Naquele dia, saindo Jesus de casa, sentou-se à beira-mar. ²Em torno dele reuniu-se uma grande multidão. Por isso, entrou num barco e sentou-se, enquanto a multidão estava em pé na praia. ³E dizia-lhes muitas coisas em parábolas: ⁴"Eis que o semeador saiu para semear. E ao semear, uma parte da semente caiu à beira do caminho e as aves vieram e a comeram. ⁵Outra parte caiu em lugares pedregosos, onde não havia muita terra. Logo brotou, porque a terra era pouco profunda. ⁶Mas, ao surgir o sol, queimou-se e, por não ter raiz, secou. ⁷Outra ainda caiu entre os	¹E começou de novo a ensinar junto ao mar. Veio até ele multidão muito numerosa, de modo que ele subiu e sentou-se num barco que estava no mar. E todo o povo estava na terra, junto ao mar. ²E ensinava-lhes muitas coisas por meio de parábolas. E dizia-lhes no seu ensinamento: ³"Escutai: Eis que o semeador saiu a semear. ⁴E ao semear, uma parte da semente caiu à beira do caminho, e vieram as aves e a comeram. ⁵Outra parte caiu em solo pedregoso e, não havendo terra bastante, nasceu logo, porque não havia terra profunda, ⁶mas, ao surgir o sol, queimou-se e, por não ter raiz, secou. ⁷Outra parte caiu	⁴Reunindo-se uma numerosa multidão que de cada cidade vinha até ele, Jesus falou em parábola: ⁵"O semeador saiu a semear sua semente. Ao semeá-la, uma parte da semente caiu ao longo do caminho, foi pisada e as aves do céu a comeram. ⁶Outra parte caiu sobre a pedra e, tendo germinado, secou por falta de umidade. ⁷Outra caiu no meio dos espinhos, e os espinhos, nascendo com ela, abafaram-na. ⁸Outra parte, finalmente, caiu	

espinhos. Os espinhos cresceram e a abafaram. 8Outra parte, finalmente, caiu em terra boa e produziu fruto, uma cem, outra sessenta e outra trinta. 9Quem tem ouvidos, ouça!	entre os espinhos; os espinhos cresceram e a sufocaram, e não deu fruto. 8Outras caíram em terra boa e produziram fruto, subindo e se desenvolvendo, e uma produziu trinta, outra sessenta e outra cem". 9E dizia: "Quem tem ouvidos para ouvir, ouça".	em terra fértil, germinou e deu fruto ao cêntuplo". E, dizendo isso, exclamava: "Quem tem ouvidos para ouvir, ouça!"	

§ 62 — Explicação

Mt 13,18-23	Mc 4,13-20	Lc 8,9-15	Jo
18Ouvi, portanto, a parábola do semeador. 19Todo aquele que ouve a Palavra do Reino e não a entende, vem o Maligno e arrebata o que foi semeado no seu coração. Esse é o que foi semeado à beira do caminho. 20O que foi semeado em lugares pedregosos é aquele que ouve a Palavra e a recebe imediatamente com alegria, 21mas não tem raiz em si mesmo, é de momento: quando surge uma tribulação ou uma perseguição por causa da Palavra, logo sucumbe. 22O que foi semeado entre os espinhos é aquele que ouve a Palavra, mas os cuidados do mundo e a sedução da riqueza sufocam a Palavra e ela se torna infrutífera. 23O que foi semeado em terra boa é aquele que ouve a Palavra e a en-	13E disse-lhes: "Se não compreendeis essa parábola, como podereis entender todas as parábolas? 14O semeador semeia a Palavra. 15Os que estão à beira do caminho onde a Palavra foi semeada são aqueles que ouvem, mas logo vem Satanás e arrebata a Palavra que neles foi semeada. 16Assim também as que foram semeadas em solo pedregoso: são aqueles que, ao ouvirem a Palavra, imediatamente a recebem com alegria, 17mas não têm raízes em si mesmos, são homens de momento: caso venha uma tribulação ou uma perseguição por causa da Palavra, imediatamente sucumbem. 18E outras são as que foram semeadas entre os espinhos: estes são os que ouviram a Palavra, 19mas os cuidados do mundo, a sedução da riqueza e as ambições de	9Seus discípulos perguntavam-lhe o que significaria tal parábola. 10Ele respondeu: "A vós foi dado conhecer os mistérios do Reino de Deus; aos outros, porém, em parábolas, a fim de que *vejam sem ver e ouçam sem entender*. 11Eis, pois, o que significa essa parábola: A semente é a palavra de Deus. 12Os que estão ao longo do caminho são os que ouvem, mas depois vem o diabo e arrebata-lhes a Palavra do coração, para que não creiam e não sejam salvos. 13Os que estão sobre a pedra são os que, ao ouvirem, acolhem a Palavra com alegria, mas não têm raízes, pois crêem apenas por um momento e na hora da tentação desistem. 14Aquilo que caiu nos espinhos são os que ouviram, mas, caminhando sob o peso dos cuidados, da rique-	

§ 61 Em Mt e Mc a parábola é interrompida por outro lógion (§ 83).

§§ 63-66 — Mt 13,31-32; 14,1-5; 16,1-4; 16,5-12; Mc 4,30-32; 6,14-16; 8,11-13; 8,14-21; Lc 13,18-19; 9,7-9; 12,54-57; 12,1

Mt	Mc	Lc	Jo
tende. Esse dá fruto, produzindo à razão de cem, de sessenta e de trinta".	outras coisas que penetram, sufocam a Palavra e a tornam infrutífera. ²⁰Mas há as que foram semeadas em terra boa: estes escutam a Palavra, acolhem-na e dão fruto, um trinta, outro sessenta, outro cem".	za e dos prazeres da vida, ficam sufocados e não chegam à maturidade. ¹⁵O que está em terra boa são os que, tendo ouvido a Palavra com coração nobre e generoso, conservam-na e produzem fruto pela perseverança".	

§ 63 — O grão de mostarda

Mt 13,31-32	Mc 4,30-32	Lc 13,18-19	Jo
³¹Propôs-lhes outra parábola, dizendo: "O Reino dos Céus é semelhante a um grão de mostarda que um homem tomou e semeou no seu campo. ³²Embora seja a menor de todas as sementes, quando cresce é maior das hortaliças e torna-se árvore, a tal ponto que *as aves do céu se abrigam nos seus ramos*".	³⁰E dizia: "Com que compararemos o Reino de Deus? Ou com que parábola o apresentaremos? ³¹É como um grão de mostarda, o qual, quando é semeado na terra — sendo a menor de todas as sementes da terra —, ³²quando é semeado, cresce e torna-se maior que todas as hortaliças, e deita grandes ramos, a tal ponto que *as aves do céu se abrigam à sua sombra*".	¹⁸Dizia, portanto: "A que é semelhante o Reino de Deus e a que hei de comparà-lo? ¹⁹É semelhante a um grão de mostarda que um homem tomou e lançou em sua horta; ele cresce, torna-se árvore, e *as aves do céu se abrigam em seus ramos*".	

§ 64 — Apreensões de Herodes Antipas

Mt 14,1-5	Mc 6,14-16	Lc 9,7-9	Jo
¹Naquele tempo, Herodes, o tetrarca, veio a conhecer a fama de Jesus ²e disse aos seus servidores: "Certamente se trata de João Batista: ele foi ressuscitado dos mortos e é por isso que os poderes operam através dele!"	¹⁴E o rei Herodes ouviu falar dele. Com efeito, seu nome se tornara célebre, e diziam: "João Batista foi ressuscitado dos mortos, e por isso os poderes operam através dele". ¹⁵Já outros diziam: "É Elias". E outros ainda: "É um profeta como	⁷O tetrarca Herodes, porém, ouviu tudo o que se passava, e ficou muito perplexo por alguns dizerem: "É João que foi ressuscitado dos mortos", e outros: "É Elias que reapareceu"; ⁸e outros ainda: "É um dos antigos profetas que ressuscitou".	

Mt	Mc	Lc	Jo
³Herodes, com efeito, havia mandado prender João. E o mandara prender, acorrentar e lançar no cárcere, por causa de Herodíades, a mulher de seu irmão Filipe, ⁴pois João lhe dizia: "Não te é permitido tê-la por mulher". ⁵Queria matá-lo, mas tinha medo da multidão, porque esta o considerava um profeta.		um dos profetas". ¹⁶Herodes, ouvindo essas coisas, dizia: "João, que eu mandei decapitar, foi ressuscitado".	⁹Herodes, porém, disse: "A João, eu o mandei decapitar. Quem é esse, portanto, de quem ouço tais coisas?" E queria vê-lo.

§ 65 — Os sinais do tempo (cf. § 119)

Mt 16,1-4	Mc 8,11-13	Lc 12,54-57	Jo
¹Os fariseus e os saduceus vieram até ele e pediram-lhe, para pô-lo à prova, que lhes mostrasse um sinal vindo do céu. ²Mas Jesus lhes respondeu: "Ao entardecer dizeis: Vai fazer bom tempo, porque o céu está avermelhado; ³e de manhã: Hoje teremos tempestade, porque o céu está de um vermelho sombrio. O aspecto do céu, sabeis interpretar, mas os sinais dos tempos, não podeis! ⁴Uma geração má e adúltera exige um sinal, mas nenhum sinal lhe será dado, senão o sinal de Jonas". E, deixando-os, foi-se embora.	¹¹Saíram os fariseus e começaram a discutir com ele. Para pô-lo à prova, pediam-lhe um sinal vindo do céu. ¹²Suspirando profundamente em seu espírito, ele disse: "Por que esta geração procura um sinal? Em verdade vos digo que a esta geração nenhum sinal será dado". ¹³E deixando-os, embarcou de novo e foi para a outra margem.	⁵⁴Dizia ainda às multidões: "Quando vedes levantar-se uma nuvem no poente, logo dizeis: 'Vem chuva', e assim acontece. ⁵⁵E quando sopra o vento do sul, dizeis: 'Vai fazer calor', e isso sucede. ⁵⁶Hipócritas, sabeis discernir o aspecto da terra e do céu; e por que não discernis o tempo presente? ⁵⁷Por que não julgais por vós mesmos o que é justo?"	

§ 66 — O fermento dos fariseus

Mt 16,5-12	Mc 8,14-21	Lc 12,1	Jo
⁵Ao passarem para a outra margem do lago, os discípulos esquece-	¹⁴Eles haviam se esquecido de levar pães e tinham apenas um pão no	¹Neste ínterim, havendo a multidão afluído aos milhares, a ponto	

§§ 67-68 — Mt 16,21-23; 16,24-28; Mc 8,31-33; 8,34-38; Lc 9,22; 9,23-27

Mt	Mc	Lc	Jo
ram-se de levar pães. ⁶Como Jesus lhes dissesse: "Cuidado, acautelai-vos do fermento dos fariseus e dos saduceus!", ⁷puseram-se a refletir entre si: "Ele disse isso porque não trouxemos pães". ⁸Jesus, percebendo, disse: "Homens fracos na fé! Por que refletir entre vós por não terdes pães? ⁹Ainda não entendeis, nem vos lembrais dos cinco pães para cinco mil homens e de quantos cestos recolhestes? ¹⁰Nem dos sete pães para quatro mil homens e de quantos cestos recolhestes? ¹¹Como não entendeis que eu não estava falando de pães, quando vos disse: 'Acautelai-vos do fermento dos fariseus e dos saduceus'?" ¹²Então compreenderam que não dissera: Acautelai-vos do fermento do pão, mas sim do ensinamento dos fariseus e dos saduceus".	barco. ¹⁵Ele recomendou então: "Cuidado! Guardai-vos do fermento dos fariseus e do fermento de Herodes". ¹⁶Eles, no entanto, refletiam entre si, porque não tinham pães. ¹⁷Mas, percebendo, ele disse: "Por que pensais que é por não terdes pães? Ainda não entendeis e nem compreendeis? Tendes o coração endurecido? ¹⁸Tendes *olhos e não vedes, ouvidos e não ouvis?* Não vos lembrais ¹⁹de quando parti os cinco pães para cinco mil homens, quantos cestos cheios de pedaços recolhestes?" Disseram-lhe: "Doze". — ²⁰"E dos sete pães para quatro mil, quantos cestos de pedaços recolhestes?" Disseram: "Sete". ²¹Então lhes disse: "Nem assim compreendeis?"	de se esmagarem uns aos outros, ele começou a dizer, em primeiro lugar a seus discípulos: "Acautelai-vos do fermento — isto é, da hipocrisia — dos fariseus".	

§ 67 — Primeira predição da morte (cf. §§ 71, 75, 232)*

Mt 16,21-23	Mc 8,31-33	Lc 9,22	Jo
²¹A partir dessa época, Jesus começou a mostrar aos seus discípulos que era necessário que fosse a Jerusalém e sofresse muito por parte dos anciãos, dos chefes dos sacerdotes e dos escribas, e que fosse morto e ressurgisse ao terceiro dia. ²²Pedro, tomando-o à parte, começou a repreendê-lo, dizendo: "Deus	³¹E começou a ensinar-lhes: "O Filho do Homem deve sofrer muito, ser rejeitado pelos anciãos, pelos chefes dos sacerdotes e pelos escribas, ser morto e, depois de três dias, ressuscitar". ³²Dizia isso abertamente. Pedro, chamando-o de lado, começou a	²²E disse: "É necessário que o Filho do Homem sofra muito, seja rejeitado pelos anciãos, chefes dos sacerdotes e escribas, seja morto e ressuscite ao terceiro dia".	

§ 68 — Renúncia cristã (cf. §§ 80, 110, 112)

Mt 16,24-28	Mc 8,34-38	Lc 9,23-27	Jo
²⁴Então disse Jesus aos seus discípulos: "Se alguém quer vir após mim, negue-se a si mesmo, tome a sua cruz e siga-me.	³⁴Chamando a multidão, juntamente com seus discípulos, disse-lhes: "Se alguém quiser vir após mim, negue-se a si mesmo, tome a sua cruz e siga-me.	²³Dizia ele a todos: "Se alguém quer vir após mim, renuncie a si mesmo, tome a sua cruz cada dia e siga-me.	
²⁵Pois aquele que quiser salvar a sua vida, vai perdê-la, mas o que perder a sua vida por causa de mim, vai encontrá-la. ²⁶De fato, que aproveitará ao homem se ganhar o mundo inteiro mas arruinar a sua vida? Ou que poderá o homem dar em troca de sua vida?	³⁵Pois aquele que quiser salvar a sua vida, irá perdê-la; mas, o que perder a sua vida por causa de mim e do Evangelho, irá salvá-la. ³⁶De fato, que aproveita ao homem ganhar o mundo inteiro e arruinar a sua vida? ³⁷Pois o que daria o homem em troca da sua vida?	²⁴Pois aquele que quiser salvar a sua vida vai perdê-la, mas o que perder a sua vida por causa de mim, esse a salvará. ²⁵Com efeito, que aproveita ao homem ganhar o mundo inteiro, se ele se perder ou arruinar a si mesmo?	
²⁷Pois o Filho do Homem há de vir na glória do seu Pai, com os seus anjos, e então *retribuirá a cada um de acordo com o seu comportamento.*	³⁸De fato, aquele que, nesta geração adúltera e pecadora, se envergonhar de mim e de minhas palavras, também o Filho do Homem se envergonhará dele quando vier na glória do seu Pai com os santos anjos".	²⁶Pois quem se envergonhar de mim e de minhas palavras, o Filho do Homem dele se envergonhará, quando vier em sua glória e na do Pai e dos santos anjos.	

§ 67 Lc omite delicadamente a reprimenda lançada sobre Pedro.

§§ 69-70 — Mt 17,14-21; 17,20; Mc 9,1; 9,14-29; 11,20-24; Lc 9,37-43a; 17,5-6

Mt	Mc 9,1	Lc	Jo
²⁸Em verdade vos digo que alguns dos que aqui estão não provarão a morte até que vejam o Filho do Homem vindo em seu Reino."	¹E dizia ainda: "Em verdade vos digo que estão aqui presentes alguns que não provarão a morte até que vejam o Reino de Deus chegando com poder".	²⁷Eu vos digo, verdadeiramente, que alguns dos que aqui estão presentes não provarão a morte até que vejam o Reino de Deus".	

§ 69 — O menino possesso

Mt 17,14-21	Mc 9,14-29	Lc 9,37-43a	Jo
¹⁴Ao chegarem junto da multidão, aproximou-se dele um homem que, de joelhos, lhe pedia: ¹⁵"Senhor, tem compaixão de meu filho, porque é lunático e sofre muito com isso. Muitas vezes cai no fogo e outras muitas na água. ¹⁶Eu o trouxe aos teus discípulos, mas eles não foram capazes de curá-lo". ¹⁷Ao que Jesus replicou: "Ó geração incrédula e perversa, até quando estarei convosco? Até quando vos suportarei? Trazei-o aqui". ¹⁸Jesus o conjurou severamente e o demônio saiu dele. E o menino ficou curado a partir desse momento.	¹⁴E, chegando junto aos outros discípulos, viram uma grande multidão em torno deles e os escribas discutindo com eles. ¹⁵E logo que toda a multidão o viu, ficou admirada e correu para saudá-lo. ¹⁶Ele perguntou-lhes: "Que discutíeis com eles?" ¹⁷Alguém da multidão respondeu: "Mestre, eu te trouxe meu filho que tem um espírito mudo. ¹⁸Quando ele o toma, atira-o pelo chão. E ele espuma, range os dentes e fica ressequido. Pedi a teus discípulos que o expulsassem, mas não conseguiram". ¹⁹Ele, porém, respondeu: "Ó geração incrédula! Até quando estarei convosco? Até quando vos suportarei? Trazei-o a mim". ²⁰Levaram-no até ele. O espírito, vendo a Jesus, imediatamente agitou com violência o menino que, caindo por terra, rolava espumando. ²¹Jesus perguntou ao pai: "Há quanto tempo lhe sucede isto?" — "Desde pequenino, respondeu; ²²e muitas vezes o atira ao fogo ou na água pa-	³⁷No dia seguinte, ao descerem da montanha veio ao seu encontro uma grande multidão. ³⁸E eis que um homem da multidão gritou: "Mestre, rogo-te que venhas ver o meu filho, porque é meu filho único. ³⁹Eis que um espírito o toma e subitamente grita, sacode-o com violência e o faz espumar, é com grande dificuldade que o abandona, deixando-o dilacerado. ⁴⁰Pedi a teus discípulos que o expulsassem, mas eles não puderam". ⁴¹Jesus respondeu: "Ó geração incrédula e perversa, até quando estarei convosco e vos suportarei? Traze aqui teu filho". ⁴¹Estava ainda a se aproximando, quando o demônio o jogou por terra e agitou-o com violência. Jesus, porém, conjurou severamente o espírito impuro, curou a criança e a devolveu ao pai.	

	Mc	Lc	Jo
	ra fazê-lo morrer. Mas, se tu podes, ajuda-nos, tem compaixão de nós". ²³Então Jesus lhe disse: "Se tu podes! ... Tudo é possível àquele que crê!" ²⁴Imediatamente, o pai do menino gritou: "Eu creio! Ajuda a minha incredulidade!" ²⁵Vendo Jesus que a multidão afluía, conjurou severamente o espírito impuro, dizendo-lhe: "Espírito mudo e surdo, eu te ordeno: deixa-o e nunca mais entre nele!" ²⁶E, gritando e agitando-o violentamente, saiu. E o menino ficou como se estivesse morto, de modo que muitos diziam que ele tinha morrido. ²⁷Jesus, porém, tomando-o pela mão, ergueu-o, e ele se levantou. ²⁸Ao entrar em casa, perguntaram-lhe os seus discípulos, a sós: "Por que não pudemos expulsá-lo?" ²⁹Ele respondeu: "Essa espécie não pode sair a não ser com oração".	⁴³E todos se maravilharam com a grandeza de Deus.	

§ 70 — O poder da fé (cf. § 212)

Mt 17,20	Mc 11,20-24	Lc 17,5-6	Jo
²⁰Jesus respondeu-lhes: "Por causa da fraqueza da vossa fé pois em verdade vos digo: se tiverdes fé como um grão de mostarda, direis a esta montanha: transporta-te daqui para lá, e ela se transportará, e nada vos será impossível". [²¹]	²⁰Passando por ali de manhã, viram a figueira seca até as raízes. ²¹Pedro se lembrou e disse-lhe: "Rabi, olha a figueira que amaldiçoaste: secou". ²²Jesus respondeu-lhes: "Tende fé em Deus. ²³Em verdade vos digo, se alguém disser a esta montanha: ergue-te e lança-te ao mar, e não duvidar no coração,	⁵Os apóstolos disseram ao Senhor: "Aumenta-nos a fé!" ⁶O Senhor respondeu: "Se tivésseis fé como um grão de mostarda, diríeis a esta amoreira: 'Arranca-te e replanta-	

§§ 71-73 — Mt 17,22-23; 18,1-10; 19,13-15; Mc 9,1; 9,30-32; 18,13-16; 9,33-37.42-48; Lc 9,43b-45; 9,46-48; 17,1-2; 18,15-17

Mt	Mc	Lc	Jo
para lá, e ela se transportará, e nada vos será impossível".	mas crer que o que diz se realiza, assim lhe acontecerá. ²⁴Por isso vos digo: tudo quanto suplicardes e pedirdes, crede que recebestes, e assim será para vós".	te no mar', e ela vos obedeceria".	

§ 71 — Segunda predição da morte

Mt 17,22-23	Mc 9,30-32	Lc 9,43b-45	Jo
²²Estando eles reunidos na Galiléia, Jesus lhes disse: "O Filho do Homem vai ser entregue às mãos dos homens ²³e eles o matarão, mas no terceiro dia ressuscitará". E eles ficaram muito tristes.	³⁰Tendo partido dali, caminhava através da Galiléia, mas não queria que ninguém soubesse, ³¹pois ensinava aos seus discípulos e dizia-lhes: "O Filho do Homem será entregue às mãos dos homens e eles o matarão e, morto, depois de três dias ele ressuscitará". ³²Eles, porém, não compreendiam essa palavra e tinham medo de interrogá-lo.	Enquanto todos se admiravam de tudo o que ele fazia, disse aos discípulos: ⁴⁴"Quanto a vós, abri bem os ouvidos às seguintes palavras: o Filho do Homem vai ser entregue às mãos dos homens". ⁴⁵Eles, porém, não compreendiam tal palavra; era-lhes velada para que não a entendessem; e tinham medo de interrogá-lo sobre isso.	

§ 72 — As crianças e o escândalo (cf. § 76)

Mt 18,1-10	Mc 9,33-37.42-48	Lc 9,46-48	Jo
¹Nessa ocasião, os discípulos aproximaram-se de Jesus e lhe perguntaram: "Quem é o maior no Reino dos Céus?" ²Ele chamou perto de si uma criança, colocou-a no meio deles ³e disse: "Em verdade vos digo que, se não vos converterdes e não vos tornardes como as crianças, de modo algum entrareis no Reino dos Céus. ⁴Aquele, portanto, que se tornar pequenino co-	³³E chegaram a Cafarnaum. Em casa, ele lhes perguntou: "Sobre o que discutíeis no caminho?" ³⁴Ficaram em silêncio, porque pelo caminho vinham discutindo sobre qual era o maior. ³⁵Então ele, sentando-se, chamou os Doze e disse: "Se alguém quiser ser o primeiro, seja o último de todos e o servo de todos". ³⁶Depois tomou uma criança, colocou-a no meio deles e,	⁴⁶Houve entre eles uma discussão: qual deles seria o maior? ⁴⁷Jesus, porém, conhecendo o pensamento de seus corações, tomou uma criança, colocou-a a seu lado ⁴⁸e disse-lhes: "Aquele que receber uma criança como esta por causa do meu nome, recebe a mim, e aquele que me receber recebe aquele que me enviou; com efeito, aquele que no vosso meio for o menor, esse se-	

mo esta criança, esse é o maior no Reino dos Céus. ⁵E aquele que receber uma criança como esta por causa do meu nome, recebe a mim.

⁶Caso alguém escandalize um destes pequeninos que crêem em mim, melhor será que lhe pendurem ao pescoço uma pesada mó e seja precipitado nas profundezas do mar. ⁷Ai do mundo por causa dos escândalos! É necessário que haja escândalos, mas ai do homem pelo qual o escândalo vem!

⁸Se a tua mão ou o teu pé te escandalizam, corta-os e atira-os para longe de ti. Melhor é que entres mutilado ou manco para a Vida do que, tendo duas mãos ou dois pés, seres atirado no fogo eterno. ⁹E, se o teu olho te escandaliza, arranca-o e atira-o para longe de ti. Melhor é que entres com um olho só para a Vida do que, tendo dois olhos, seres atirado na geena de fogo. ¹⁰Não desprezeis nenhum desses pequeninos, porque eu vos digo que os seus anjos nos céus vêem continuamente a face de meu Pai que está nos céus".

pegando-a nos braços, disse-lhes: ³⁷"Aquele que receber uma destas crianças por causa do meu nome, a mim recebe; e aquele que me recebe, não é a mim que recebe, mas sim aquele que me enviou.

⁴²Se alguém escandalizar um destes pequeninos que crêem, melhor seria que lhe prendessem ao pescoço a mó que os jumentos movem e o atirassem ao mar. ⁴³E se a tua mão te escandalizar, corta-a: melhor é entrares mutilado para a Vida do que, tendo as duas mãos, ires para a geena, para o fogo inextinguível. [⁴⁴] ⁴⁵E se teu pé te escandalizar, corta-o: melhor é entrares com um só pé para a Vida do que, tendo os dois pés, seres atirado na geena. [⁴⁶] ⁴⁷E se teu olho te escandalizar, arranca-o: melhor é entrares com um só olho no Reino de Deus do que, tendo os dois olhos, seres atirado na geena, ⁴⁸onde o *verme não morre* e onde *o fogo não se extingue*. ⁴⁹Pois todos serão salgados com fogo".

rá grande".

17,1,2

¹Depois, disse a seus discípulos: "É inevitável que haja escândalos, mas ai daquele que os causar! ²Melhor lhe fora ser lançado ao mar com uma pedra de moinho enfiada no pescoço do que escandalizar um só destes pequeninos".

§ 73 — Jesus abençoa as crianças

Mt 19,13-15	Mc 10,13-16	Lc 18,15-17	Jo
¹³Naquele momento, foram-lhe trazidas crianças para que lhes impusesse as mãos e fizesse uma ora-	¹³Traziam-lhe crianças para que as tocasse, mas os discípulos as repreendiam. ¹⁴Vendo isso, Jesus fi-	¹⁵Traziam-lhe até mesmo as criancinhas para que as tocasse; vendo isso, os discípulos as repreendiam.	

§ 74 — Mt 19,16-29; Mc 10,17-31; Lc 18,18-30

Mt	Mc	Lc	Jo
ção. Os discípulos, porém, as repreendiam. ¹⁴Jesus, todavia, disse: "Deixai as crianças de virem a mim, pois delas é o Reino dos Céus". ¹⁵Em seguida impôs-lhes as mãos e partiu dali.	cou indignado e disse: "Deixai as crianças virem a mim. Não as impeçais, pois delas é o Reino de Deus. ¹⁵Em verdade vos digo: aquele que não receber o Reino de Deus como uma criança, não entrará nele". ¹⁶Então, abraçando-as, impondo as mãos sobre elas.	¹⁶Jesus, porém chamou-as, dizendo: "Deixai as criancinhas virem a mim e não as impeçais, pois delas é o Reino de Deus. ¹⁷Em verdade vos digo, aquele que não receber o Reino de Deus como uma criancinha, não entrará nele".	

§ 74 — *Prêmio e perigo das riquezas (cf. § 99)*

Mt 19,16-29	Mc 10,17-31	Lc 18,18-30	Jo
¹⁶Aí alguém se aproximou dele e disse: "Mestre, que farei de bom para ter a vida eterna?" ¹⁷Respondeu: "Por que me perguntas sobre o que é bom? O Bom é um só. Mas se queres entrar para a Vida, guarda os mandamentos". ¹⁸Ele perguntou-lhe: "Quais?" Jesus respondeu: "Estes: *Não matarás, não adulterarás, não roubarás, não levantarás falso testemunho,* ¹⁹*honra pai e mãe, e amarás o teu próximo como a ti mesmo*". ²⁰Disse-lhe então o moço: "Tudo isso tenho guardado. Que me falta ainda?" ²¹Jesus lhe respondeu: "Se queres ser perfeito, vai, vende os teus bens e dá aos pobres, e terás um tesouro no céu. Depois, vem e segue-me". ²²O moço, ouvindo essa palavra, saiu pesaroso, pois era possuidor de muitos bens.	¹⁷Ao retomar o seu caminho, alguém correu e ajoelhou-se diante dele, perguntando: "Bom Mestre, que farei para herdar a vida eterna?" ¹⁸Jesus respondeu: "Por que me chamas bom? Ninguém é bom senão só Deus. ¹⁹Tu conheces os mandamentos: *Não mates, não cometas adultério, não roubes, não levantes falso testemunho, não defraudes ninguém, honra teu pai e tua mãe*". ²⁰Então ele replicou: "Mestre, tudo isso eu tenho guardado desde minha juventude". ²¹Fitando-o, Jesus o amou e disse: "Uma só coisa te falta: vai, vende o que tens, dá aos pobres e terás um tesouro no céu. Depois, vem e segue-me". ²²Ele, porém, contristado com essa palavra, saiu pesaroso, pois era possuidor de muitos bens.	¹⁸Certo homem de posição lhe perguntou: "Bom Mestre, que devo fazer para herdar a vida eterna?" ¹⁹Jesus respondeu: "Por que me chamas bom? Ninguém é bom, senão só Deus! ²⁰Conheces os mandamentos: *Não cometas adultério, não mates, não roubes, não levantes falso testemunho; honra teu pai e tua mãe*". ²¹Ele disse: "Tudo isso tenho guardado desde a minha juventude". ²²Ouvindo, Jesus disse-lhe: "Uma coisa ainda te falta. Vende tudo o que tens, distribui aos pobres e terás um tesouro nos céus; depois vem e segue-me". ²³Ele, porém, ouvindo isso, ficou cheio de tristeza, pois era muito rico.	

²³Então Jesus disse aos seus discípulos: "Em verdade vos digo que um rico dificilmente entrará no Reino dos Céus. ²⁴E vos digo ainda: é mais fácil um camelo entrar pelo buraco de uma agulha do que um rico entrar no Reino de Deus". ²⁵Ao ouvirem isso, os discípulos ficaram muito espantados e disseram: "Quem poderá então salvar-se?" ²⁶Jesus, fitando-os disse: "Ao homem isso é impossível, mas a Deus tudo é possível".

²⁷Pedro, tomando então a palavra, disse: "Eis que nós deixamos tudo e te seguimos. O que é que vamos receber?" ²⁸Disse-lhe Jesus: "Em verdade vos digo que, quando as coisas forem renovadas, e o Filho do Homem se assentar no seu trono de glória, também vós, que me seguistes, vos sentareis em doze tronos para julgar as doze tribos de Israel. ²⁹E todo aquele que tiver deixado casas, ou irmãos, ou irmãs, ou pai, ou mãe, ou filhos, ou terras, por causa do meu nome, receberá muito mais e herdará a vida eterna".

²³Então Jesus, olhando em torno, disse a seus discípulos: "Como é difícil a quem tem riquezas entrar no Reino de Deus!" ²⁴Os discípulos ficaram admirados com essas palavras. Jesus, porém, continuou a dizer: "Filhos, como é difícil entrar no Reino de Deus! ²⁵É mais fácil um camelo passar pelo fundo da agulha do que um rico entrar no Reino de Deus!" ²⁶Eles ficaram muito espantados e disseram uns aos outros: "Então, quem pode ser salvo?". ²⁷Jesus, fitando-os, disse: "Aos homens é impossível, mas não a Deus, pois *para Deus tudo é possível*".

²⁸Pedro começou a dizer-lhe: "Eis que nós deixamos tudo e te seguimos". ²⁹Jesus declarou: "Em verdade vos digo que não há quem tenha deixado casa, irmãos, irmãs, mãe, pai, filhos ou terras por minha causa ou por causa do Evangelho, ³⁰que não receba cem vezes mais desde agora, neste tempo, casas, irmãos e irmãs, mãe e filhos e terras, com perseguições; e, no mundo futuro, a vida eterna. ³¹Muitos dos primeiros serão últimos, e os últimos serão primeiros".

²⁴Vendo-o assim, Jesus disse: "Como é difícil aos que têm riquezas entrar no Reino de Deus! ²⁵Com efeito, é mais fácil um camelo entrar pelo buraco de uma agulha do que um rico entrar no Reino de Deus!" ²⁶Os ouvintes disseram: "Mas então, quem poderá salvar-se?" ²⁷Jesus respondeu: "As coisas impossíveis aos homens são possíveis a Deus".

²⁸Disse, então, Pedro: "Eis que deixamos nossos bens e te seguimos!" ²⁹Jesus lhes disse: "Em verdade eu vos digo, não há quem tenha deixado casa, mulher, irmãos, pais ou filhos por causa do Reino de Deus, ³⁰sem que receba muito mais neste tempo e, no mundo futuro, a vida eterna".

§§ 75-77 — Mt 20,17-19; 20,24-28; 14,22-23; Mc 6,45-52; 10,32-34; 10,41-45; Lc 18,31-34; 22,24-27; Jo 6,16-21; 21,4-7.12

§ 75 — Terceira predição da morte

Mt 20,17-19	Mc 10,32-34	Lc 18,31-34	Jo
¹⁷Quando estavam para subir a Jerusalém, ele tomou os Doze a sós e lhes disse, enquanto caminhavam: ¹⁸"Eis que estamos subindo a Jerusalém e o Filho do Homem será entregue aos chefes dos sacerdotes e escribas. Eles o condenarão à morte ¹⁹e o entregarão aos gentios para ser escarnecido, açoitado e crucificado. Mas no terceiro dia ressuscitará".	³²Estavam no caminho, subindo para Jerusalém. Jesus ia à frente deles. Estavam assustados e acompanhavam-no com medo. Tomando os Doze novamente consigo, começou a dizer o que estava para lhe acontecer: ³³"Eis que estamos subindo para Jerusalém, e o Filho do Homem será entregue aos chefes dos sacerdotes e aos escribas; eles o condenarão à morte e entregarão aos gentios, ³⁴zombarão dele e cuspirão nele, o açoitarão e o matarão, e três dias depois ele ressuscitará".	³¹Tomando consigo os Doze, disse-lhes: "Eis que estamos subindo a Jerusalém e vai cumprir-se tudo o que foi escrito pelos Profetas a respeito do Filho do Homem. ³²De fato, ele será entregue aos gentios, escarnecido, ultrajado, coberto de escarros; ³³depois de o açoitar, eles o matarão. E no terceiro dia ressuscitará". ³⁴Mas eles não entenderam nada. Essa palavra era obscura para eles e não compreendiam o que ele dizia.	

§ 76 — Quem é o maior?

Mt 20,24-28	Mc 10,41-45	Lc 22,24-27	Jo
²⁴Ouvindo isso, os dez ficaram indignados com os dois irmãos. ²⁵Mas Jesus, chamando-os disse: "Sabeis que os governadores das nações as dominam e os grandes as tiranizam. ²⁶Entre vós não deverá ser assim. Ao contrário, aquele que quiser tornar-se grande entre vós seja aquele que serve, ²⁷e o que quiser ser o primeiro dentre vós, seja	⁴¹Ouvindo isso, os dez começaram a indignar-se contra Tiago e João. ⁴²Chamando-os, Jesus lhes disse: "Sabeis que aqueles que vemos governar as nações as dominam, e os seus grandes as tiranizam. ⁴³Entre vós não será assim: ao contrário, aquele que dentre vós quiser ser grande, seja o vosso servidor, ⁴⁴e aquele que quiser ser o primeiro	²⁴Houve também uma discussão entre eles: qual seria o maior? ²⁵Jesus lhes disse: "Os reis das nações as dominam, e os que as tiranizam são chamados Benfeitores. ²⁶Quanto a vós, não deverá ser assim; pelo contrário, o maior dentre vós torne-se como o mais jovem, e o que governa como aquele que serve. ²⁷Pois, qual é o maior: o que	

Mt	Mc	Lc	Jo
o vosso servo. ²⁸Desse modo, o Filho do Homem não veio para ser servido, mas para servir e dar a sua vida em resgate por muitos".	dentre vós, seja o servo de todos. ⁴⁵Pois o Filho do Homem não veio para ser servido, mas para servir e dar a sua vida em resgate por muitos".	está à mesa, ou aquele que serve? Não é aquele que está à mesa? Eu, porém, estou no meio de vós como aquele que serve!	

§ 77 — *Jesus anda por cima das ondas (cf. §§ 48 e 281)**

Mt 14,22-33	Mc 6,45-52	Lc	Jo 6,16-21
²²Logo em seguida, forçou os discípulos a embarcar e aguardá-lo na outra margem, até que ele despedisse as multidões. ²³Tendo-as despedido, subiu ao monte, a fim de orar a sós. Ao chegar a tarde, estava ali, sozinho. ²⁴O barco, porém, já estava a uma distância de muitos estádios da terra, agitado pelas ondas, pois o vento era contrário. ²⁵Na quarta vigília da noite, ele dirigiu-se a eles, caminhando sobre o mar. ²⁶Os discípulos, porém, vendo que caminhava sobre o mar, ficaram atemorizados e diziam: "É um fantasma!" E gritaram de medo. ²⁷Mas Jesus lhes disse logo: "Tende confiança, sou eu, não tenhais medo". ²⁸Pedro, interpelando-o, disse: "Senhor, se és tu, manda que eu vá ao teu encontro sobre as águas". ²⁹E Jesus respondeu: "Vem". Descendo do barco, Pedro caminhou sobre as águas e foi ao encontro de Jesus. ³⁰Mas, sentindo	⁴⁵Logo em seguida, forçou seus discípulos a embarcarem e seguirem antes dele para Betsaida, enquanto ele despedia a multidão. ⁴⁶E, deixando-os, ele foi à montanha para orar. ⁴⁷Ao cair da tarde, o barco estava no meio do mar e ele sozinho em terra. ⁴⁸Vendo que se fatigavam a remar, pois o vento lhes era contrário, pela quarta vigília da noite dirigiu-se a eles, caminhando sobre o mar. E queria passar adiante deles. ⁴⁹Vendo-o caminhar sobre o mar, julgaram que fosse um fantasma e começaram a gritar, ⁵⁰pois todos o viram e ficaram apavorados. Ele, porém, logo falou com eles, dizendo: "Tende confiança. Sou eu. Não tenhais medo". ⁵¹E subiu para junto deles no barco. E o vento amainou. Eles, porém, no seu íntimo estavam cheios de espanto, ⁵²pois não tinham entendido nada a respeito dos pães, mas o seu coração estava endurecido.		¹⁶Ao entardecer, seus discípulos desceram ao mar ¹⁷e, subindo num barco, dirigiram-se a Cafarnaum, do outro lado do mar. Já estava escuro e Jesus ainda não viera encontrá-los. ¹⁸Além disso, soprava um vento forte e o mar ia se encrespando. ¹⁹Tinham remado cerca de vinte e cinco ou trinta estádios, quando viram Jesus aproximar-se do barco, caminhado sobre o mar. Ficaram com medo. ²⁰Jesus, porém, lhes disse: "Sou eu. Não temais". ²¹Quiseram, então, recolhê-lo no barco, mas ele imediatamente chegou a terra para onde iam. Jo 21,4-7.12 ⁴Já amanhecera. Jesus estava de pé, na praia, mas os discípulos não sabiam que era Jesus. ⁵Então Jesus lhes disse: "Jovens, acaso tendes algum peixe?" "Responderam-lhe: "Não!" ⁶Disse-lhes: "Lançai a rede à direita do barco e achareis".

§ 77 Instrutivo, o confronto entre Mt 14,22-23 e Jo 21,4-7.12. Em Jo temos a realidade, em Mt (e Mc) a dramatização feita por razões catequéticas.

§§ 78-81 — Mt 7,28-29; 10,24-25; 10,39; 8,5-10.13; Mc 1,22; Lc 6,40; 17,33; 7,1-10; Jo 7,45-46; 13,16; 15,20; 12,25; 4,46-54

Mt	Mc	Lc	Jo

Mt

o vento, ficou com medo e, começando a afundar, gritou: "Senhor, salva-me!" ³¹Jesus estendeu a mão prontamente e o segurou, repreendendo-o: "Homem fraco na fé, por que duvidaste?" ³²Assim que subiram ao barco, o vento amainou. ³³Os que estavam no barco prostraram-se diante dele dizendo: "Verdadeiramente, tu és o Filho de Deus!"

Jo

Lançaram, então, e já não tinham força para puxá-la, por causa da quantidade de peixes. ⁷Aquele discípulo que Jesus amava disse então a Pedro: "É o Senhor!" Simão Pedro, ouvindo dizer "É o Senhor!", vestiu sua roupa — porque estava nu — e atirou-se ao mar. ¹²Disse-lhes Jesus: "Vinde comer!" Nenhum dos discípulos ousava perguntar-lhe: Quem és tu", porque sabiam que era o Senhor.

§ 78 — Autonomia de Jesus

Mc 1,22

²²Estavam espantados com o seu ensinamento, pois ele os ensinava como quem tem autoridade e não como os escribas.

Jo 7,45-46

⁴⁵Os guardas, então, voltaram aos chefes dos sacerdotes e aos fariseus e estes lhes perguntaram: "Por que não o trouxestes?" ⁴⁶Responderam os guardas: "Jamais um homem falou assim!"

§ 79 — O discípulo não é maior do que o mestre

Mt 10,24-25

²⁴"Não existe discípulo superior ao mestre, nem servo superior ao seu senhor. ²⁵Basta que o discípulo se torne como o mestre e o servo como o seu senhor. Se chamaram Beelzebu ao chefe da casa, quanto mais chamarão assim aos seus familiares!

Lc 6,40

⁴⁰Não existe discípulo superior ao mestre; todo o discípulo perfeito deverá ser como o mestre.

Jo 13,16

¹⁶"Em verdade, em verdade, vos digo: o servo não é maior do que o seu senhor, nem o enviado maior do que quem o enviou.

Jo 15,20

²⁰Lembrai-vos da palavra que vos disse: O servo não é maior que seu

Mt	Mc	Lc	Jo
Mt 10,39		Lc 17,33	Jo 12,25
³⁹Aquele que acha a sua vida, vai perdê-la, mas quem perde a sua vida por causa de mim vai achá-la".		³³Quem procurar ganhar sua vida, vai perdê-la, e quem a perder vai conservá-la".	²⁵Quem ama a sua vida a perde e quem odeia a sua vida neste mundo do guardá-la-á para a vida eterna".

§ 80 — Salvar-se é perder-se

§ 81 — Uma cura a distância

Mt 8,5-10.13	Mc	Lc 7,1-10	Jo 4,46-54
⁵Ao entrar em Cafarnaum, chegou-se a ele um centurião que lhe implorava e dizia: ⁶"Senhor, o meu criado está deitado em casa paralítico, sofrendo dores atrozes". ⁷Jesus lhe disse: "Eu irei curá-lo". ⁸Mas o centurião respondeu-lhe: "Senhor, não sou digno de receber-te sob o meu teto; basta que digas uma palavra e o meu criado ficará são. ⁹Com efeito, também eu estou debaixo de ordens e tenho soldados sob o meu comando, e quando digo a um 'Vai!', ele vai, e a outro 'Vem!', ele vem; e quando digo ao meu servo: 'Faze isto', ele o faz". ¹⁰Ouvindo isso, Jesus ficou admirado e disse aos que o seguiam: "Em verdade vos digo que, em Israel, não achei ninguém que tivesse tal fé.		¹Quando acabou de transmitir aos ouvidos do povo todas essas palavras, entrou em Cafarnaum. ²Ora, um centurião tinha um servo a quem prezava e que estava doente, à morte. ³Tendo ouvido falar de Jesus, enviou-lhe alguns dos anciãos dos judeus para pedir-lhe que fosse salvar o servo. ⁴Estes, chegando a Jesus, rogavam-lhe insistentemente: "Ele é digno de que lhe concedas isso, ⁵pois ama nossa nação, e até nos construiu a sinagoga". ⁶Jesus foi com eles. Não estava longe da casa, quando o centurião mandou alguns amigos lhe dizerem: "Senhor, não te incomodes, porque não sou digno de que entres em minha casa; ⁷nem mesmo me achei digno de ir ao teu encontro. Dize, porém, uma	⁴⁶Ele voltou novamente a Caná da Galiléia, onde transformara água em vinho. Havia um funcionário real, cujo filho se achava doente em Cafarnaum. ⁴⁷Ouvindo dizer que Jesus viera da Judéia para a Galiléia, foi procurá-lo, e pedia-lhe que descesse e curasse seu filho, que estava à morte. ⁴⁸Disse-lhe Jesus: "Se não virdes sinais e prodígios, não crereis". ⁴⁹O funcionário real lhe disse: "Senhor, desce, antes que meu filho morra!" ⁵⁰Disse-lhe Jesus: "Vai, o teu filho vive". O homem creu na palavra que Jesus lhe havia dito e partiu. ⁵¹Ele já descia, quando os seus servos vieram-lhe ao encontro, dizendo que o seu filho vivia. ⁵²Perguntou, então, a que horas ele se sentira melhor. Eles lhe disseram: "Ontem, à hora séti-

(continuação da primeira linha, coluna Mt 10,39): senhor. Se eles me perseguiram, também vos perseguirão; se guardaram minha palavra, também guardarão a vossa.

§§ 82-84 — Mt 10,40-42; 13,10-15.34-35; 14,6-12; Mc 9,41; 4,10-12.33-34; 6,17-29

Mt	Mc	Lc	Jo
¹³Em seguida, disse ao centurião: "Vai! Como creste, assim te seja feito!" Naquela mesma hora o criado ficou são.		palavra, para que o meu criado seja curado. ⁸Pois também eu estou sob uma autoridade, e tenho soldado às minhas ordens; e a um digo 'Vai!' e ele vai; e a outro 'Vem!' e ele vem; e a meu servo 'Faze isto!' e ele o faz". ⁹Ao ouvir tais palavras, Jesus ficou admirado e, voltando-se para a multidão que o seguia, disse: "Eu vos digo que nem mesmo em Israel encontrei tamanha fé". ¹⁰E, ao voltarem para casa, os enviados encontraram o servo em perfeita saúde.	ma, a febre o deixou". ⁵³Então o pai reconheceu ser precisamente aquela a hora em que Jesus lhe dissera: "O teu filho vive"; e creu, ele e todos os da sua casa. ⁵⁴Foi esse o segundo sinal que Jesus fez, ao voltar da Judéia para a Galiléia.

§ 82 — Jesus identifica-se com os Apóstolos

Mt	Mc	Lc	Jo
Mt 10,40-42	Mc 9,41	Lc	Jo
⁴⁰"Quem vos recebe, a mim me recebe, e quem me recebe, recebe ao que me enviou. ⁴¹Quem recebe um profeta na qualidade de profeta, receberá recompensa de profeta. E quem recebe um justo na qualidade de justo, receberá recompensa de justo. ⁴²E quem der, nem que seja um copo d'água fria a um destes pequeninos, por ser meu discípulo, em verdade vos digo que não perderá sua recompensa".	⁴¹"De fato, quem vos der a beber um copo d'água por serdes de Cristo, em verdade vos digo que não perderá a sua recompensa".		

§ 83 — Razão de ser das parábolas

Mt	Mc	Lc	Jo
Mt 13,10-15.34-35	Mc 4,10-12.33-34	Lc	Jo
¹⁰Aproximando-se os discípulos, perguntaram-lhe: "Por que lhes falas em parábolas?" ¹¹Jesus respondeu: "Porque a vós foi dado conhecer os mistérios do	¹⁰Quando ficaram sozinhos, os que estavam junto dele com os Doze o interrogaram sobre as parábolas. ¹¹Dizia-lhes: "A vós foi dado o mistério do Reino de		

Mt	Mc	Lc	Jo

Mt 14,6-12

Reino dos Céus, mas a eles não. ¹²Pois àquele que tem, lhe será dado e lhe será dado em abundância, mas ao que não tem, mesmo o que tem lhe será tirado. ¹²É por isso que lhes falo em parábolas: porque vêem sem ver e ouvem sem ouvir nem entender. ¹⁴É neles que se cumpre a profecia de Isaías, que diz: *Certamente haveis de ouvir, e jamais entendereis. Certamente haveis de enxergar, e jamais vereis. E eles ouviram de má vontade, e fecharam os olhos, para não acontecer que vejam com os olhos, e ouçam com os ouvidos, e entendam com o coração, e se convertam, e assim eu os cure*".

³⁴Jesus falou tudo isso às multidões por parábolas. E sem parábolas nada lhes falava, ³⁵para que se cumprisse o que foi dito pelo profeta.

⁶Ora, por ocasião do aniversário de Herodes, a filha de Herodíades dançou ali e agradou a Herodes. ⁷Por essa razão prometeu, sob juramento, dar-lhe qualquer coisa que pedisse.

Mc 6,17-29

Deus; aos de fora, porém, tudo acontece em parábolas, ¹²a fim de que *vendo, vejam e não percebam; e ouvindo, ouçam e não entendam; para que não se convertam e não sejam perdoados*".

³³Anunciava-lhes a Palavra por meio de muitas parábolas como essas, conforme podiam entender; ³⁴e nada lhes falava a não ser em parábolas. A seus discípulos, porém, explicava tudo em particular.

§ 84 — Morte de João Batista (cf. § 64)

¹⁷Herodes, com efeito, mandara prender João e acorrentá-lo no cárcere, por causa de Herodíades, a mulher de seu irmão Filipe, pois ele a desposara ¹⁸e, na ocasião, João dissera a Herodes: "Não te é lícito possuir a mulher de teu irmão". ¹⁹Herodíades então se voltou contra ele e queria matá-lo, mas não podia, ²⁰pois Herodes tinha medo de João e, sabendo que ele era um homem justo e santo, o protegia. E quando o ouvia, ficava muito confuso e o escutava com prazer. ²¹Ora, chegou um dia propício: Herodes, por ocasião do seu aniversário, ofereceu um banquete aos seus magnatas, aos oficiais e às grandes personalidades da Galiléia. ²²E a filha de Herodíades entrou e dançou. E agradou a Herodes e aos convivas. Então o rei disse

§§ 85-86 — Mt 14,34-36; 15,1-9; Mc 6,53-56; 7,1-13

Mt	Mc	Lc	Jo
8Ela instruída por sua mãe, disse: "Dá-me, aqui num prato, a cabeça de João Batista". 9O rei se entristeceu. Entretanto, por causa do seu juramento e dos convivas presentes, ordenou que lha dessem. 10E mandou decapitar João no cárcere. 11A cabeça foi trazida num prato e entregue à moça, que a levou à sua mãe. 12Vieram então os discípulos de João, pegaram o seu corpo e o sepultaram. Em seguida, foram anunciar a Jesus.	à moça: "Pede-me o que bem quiseres, e te darei". 23E fez um juramento: "Qualquer coisa que me pedires eu te darei, *até a metade do meu reino!*" 24Ela saiu e perguntou à mãe: "O que é que eu peço?" E ela respondeu: "A cabeça de João Batista". 25Voltando logo, apressadamente, à presença do rei, fez o pedido: "Quero que, agora mesmo, me dês num prato a cabeça de João Batista". 26O rei ficou profundamente triste. Mas, por causa do juramento que fizera e dos convivas, não quis deixar de atendê-la. 27E imediatamente o rei enviou um executor, com ordens de trazer a cabeça de João. 28E saindo, ele o decapitou na prisão. E trouxe a sua cabeça num prato. Deu-a à moça, e esta a entregou a sua mãe. 29Os discípulos de João souberam disso, foram lá, pegaram o corpo e o colocaram num túmulo.		

§ 85 — Na região de Genesaré

Mt 14,34-36	Mc 6,53-56	Lc	Jo
34Terminada a travessia, alcançaram terra em Genesaré. 35Quando os habitantes daquele lugar o reconheceram, espalharam a notícia de sua chegada por toda a região. E lhe trouxeram todos os doentes, 36rogando-lhe tão-somente tocar a orla da sua veste. E todos os que a tocaram foram salvos.	53Terminada a travessia, alcançaram terra em Genesaré e aportaram. 54Mal desceram do barco, os habitantes logo o reconheceram. 55Percorreram toda aquela região e começaram a transportar os doentes em seus leitos, onde quer que descobrissem que ele estava. 56Em todos os lugares onde entrava, nos povoados, nas cidades ou nos campos, colocavam os doentes nas praças rogando que lhes permitisse ao menos tocar na orla de sua veste. E todos os que o tocavam eram salvos.		

§ 86 — Tradições humanas e preceitos divinos

Mt 15,1-9	Mc 7,1-13	Lc	Jo
¹Nesse tempo, chegaram-se a Jesus fariseus e escribas vindos de Jerusalém e disseram: ²"Por que teus discípulos violam a tradição dos antigos? Pois que não lavam as mãos quando comem". ³Ele respondeu-lhes: "E vós, por que violais os mandamentos de Deus por causa da vossa tradição? ⁴Com efeito, Deus disse: *Honra pai e mãe* e *Aquele que maldisser pai ou mãe certamente deve morrer.* ⁵Vós, porém, dizeis: Aquele que disser ao pai ou à mãe 'Aquilo que de mim poderias receber foi consagrado a Deus', ⁶esse não está obrigado a honrar pai ou mãe. E assim invalidastes a Palavra de Deus por causa da vossa tradição. ⁷Hipócritas! Bem profetizou Isaías a vosso respeito, quando disse: ⁸*Este povo me honra com os lábios, mas o coração está longe de mim.* ⁹*Em vão me prestam culto, pois o que ensinam são mandamentos humanos.*"	¹Ora, os fariseus e alguns escribas vindos de Jerusalém se reúnem em volta dele. ²Vendo que alguns dos seus discípulos comiam os pães com mãos impuras, isto é, sem lavá-las — ³os fariseus, com efeito, e todos os judeus, conforme a tradição dos antigos não comem sem lavar o braço até o cotovelo, ⁴e, ao voltarem da praça pública, não comem sem antes se aspergir; e muitos outros costumes que observam por tradição; lavagem de copos, de jarros, de vasos de metal — ⁵os fariseus e os escribas o interrogaram: "Por que não se comportam os teus discípulos segundo a tradição dos antigos, mas comem o pão com mãos impuras?" ⁶Ele, então, disse-lhes: "Bem profetizou Isaías a respeito de vós, hipócritas, como está escrito: *Este povo honra-me com os lábios, mas o seu coração está longe de mim.* ⁷*Em vão me prestam culto; as doutrinas que ensinam são mandamentos humanos.* ⁸Abandonais o mandamento de Deus, apegando-vos à tradição dos homens". ⁹E dizia-lhes: "Sabeis muito bem desprezar o mandamento de Deus para observar a vossa tradição. ¹⁰Com efeito, Moisés disse: *Honra teu pai e tua mãe,* e: *Aquele que maldisser pai ou mãe certamente deve morrer.* ¹¹Vós, porém, dizeis: Se alguém disser a seu pai ou a sua mãe: os bens com que eu poderia te ajudar são *Corban,* — isto é, oferta sagrada — ¹²vós não os deixareis fazer mais nada por seu pai ou por sua mãe. ¹³Assim, invalidais a Palavra de Deus pela tradição que transmitistes. E fazeis muitas outras coisas desse gênero".		

§§ 87-89 — Mt 15,10-13.15-20; 15,21-28; 15,29-39; Mc 7,14-23; 7,24-30; 8,1-10

§ 87 — Pureza externa e interna

Mt 15,10-13.15-20

¹⁰Em seguida, chamando para junto de si a multidão, disse-lhes: "Ouvi e entendei! Não é o que entra pela boca que torna o homem impuro, mas o que sai da boca, isto sim o torna impuro".
¹²Então os discípulos, acercando-se dele, disseram-lhe: "Sabes que os fariseus, ao ouvirem o que disseste, ficaram escandalizados?" ¹³Ele respondeu-lhes: "Toda planta que não foi plantada por meu Pai celeste será arrancada".
¹⁵Pedro, interpelando-o, pediu-lhe: "Explica-nos a parábola". ¹⁶Disse Jesus: "Nem mesmo vós tendes inteligência? ¹⁷Não entendeis que tudo o que entra pela boca vai para o ventre e daí para a fossa? ¹⁸Mas o que sai da boca procede do coração e é isto que torna o homem impuro. ¹⁹Com efeito, é do coração que procedem as más intenções, assassínios, adultérios, prostituições, roubos, falsos testemunhos e difamações. ²⁰São essas coisas que tornam o homem impuro, mas o comer sem lavar as mãos não o torna impuro".

Mc 7,14-23

¹⁴E, chamando de novo para junto de si a multidão, disse-lhes: "Ouvi-me todos, e entendei! ¹⁵Nada há no exterior do homem que, penetrando nele, o possa tornar impuro; mas o que sai do homem, isso é o que o torna impuro." ¹⁶E quando, ao deixar a multidão, entrou numa casa, seus discípulos o interrogaram sobre a parábola. ¹⁸E ele disse-lhes: Então, nem vós tendes inteligência? Não entendeis que tudo o que vem de fora, entrando no homem, não pode torná-lo impuro, ¹⁹porque nada disso entra no coração, mas no ventre, e vai para a fossa?" (Assim, ele declarava puros todos os alimentos.) ²⁰Ele dizia: "O que sai do homem, é isso que o torna impuro. ²¹Com efeito, é de dentro, do coração dos homens que saem as intenções malignas: prostituições, roubos, assassínios, ²²adultérios, ambições desmedidas, maldades, malícia, devassidão, inveja, difamação, arrogância, insensatez. ²³Todas essas coisas más saem de dentro do homem e o tornam impuro".

Lc

Jo

§ 88 — A força da oração

Mt 15,21-28

²¹Jesus, partindo dali, retirou-se para a região de Tiro e de Sidônia. ²²E eis que uma mulher cananéia, daquela região, veio gritando: "Senhor, filho de Davi, tem compaixão de mim; a minha filha está horrivelmente endemoninhada". ²³Ele, porém, nada lhe respondeu. Então os seus discípulos se chegaram a ele e pediram-lhe: "Despede-a, porque vem gritando atrás de nós". ²⁴Jesus respondeu: "Eu não fui enviado senão às ovelhas perdidas da casa de Israel". ²⁵Mas ela, aproximando-se, prostrou-se diante dele e pôs-se a ro-

Mc 7,24-30

²⁴Saindo dali, foi para o território de Tiro. Entrou numa casa e não queria que ninguém soubesse, mas não conseguiu permanecer oculto. ²⁵Pois logo em seguida, uma mulher cuja filha tinha um espírito impuro ouviu falar dele, veio e atirou-se a seus pés. ²⁶A mulher era grega, siro-fenícia de nascimento, e lhe rogava que expulsasse o demônio de sua filha. ²⁷Ele dizia: "Deixa que primeiro os filhos se saciem porque não é bom tirar o pão dos filhos e atirá-lo aos cachorrinhos". ²⁸Ela, porém, lhe respondeu: "É verdade, Senhor, mas

Lc

Jo

gar: "Senhor, socorre-me!" ²⁶Ele tornou a responder: "Não fica bem tirar o pão dos filhos e atirá-lo aos cachorrinhos". ²⁷Ela insistiu: "Isso é verdade, Senhor, mas também os cachorrinhos comem das migalhas que caem da mesa dos seus donos!" ²⁸Diante disso, Jesus lhe disse: "Mulher, grande é a tua fé! Seja feito como queres!" E a partir daquele momento sua filha ficou curada.

também os cachorrinhos comem, debaixo da mesa, as migalhas das crianças!" ²⁹E ele disse-lhe: "Pelo que disseste, vai: o demônio saiu da tua filha". ³⁰Ela voltou para casa e encontrou a criança atirada sobre a cama. E o demônio tinha ido embora.

§ 89 — Multiplicação de pães e de peixes (cf. § 39)

Mt 15,29-39

²⁹Jesus, partindo dali, foi para as cercanias do mar da Galiléia e, subindo a uma montanha, sentou-se. ³⁰Logo vieram até ele numerosas multidões trazendo coxos cegos, aleijados, mudos e muitos outros, e os puseram aos seus pés e ele os curou, ³¹de sorte que as multidões ficaram espantadas ao ver os mudos falando, os aleijados sãos, os coxos andando e os cegos a ver. E renderam glória ao Deus de Israel. ³²Jesus, chamando os discípulos, disse: "Tenho compaixão da multidão, porque já faz três dias que está comigo e não tem o que comer. Não quero despedi-la em jejum, de medo que possa desfalecer pelo caminho". ³³Os discípulos lhe disseram: "De onde tiraríamos, num deserto, tantos pães para saciar uma tal multidão?" ³⁴Jesus lhes disse: "Quantos pães tendes?" Responderam: "Sete e alguns peixinhos". ³⁵Então, mandando que a multidão se assentasse pelo chão,

³⁶tomou os sete pães e os peixes e, depois de dar graças, partiu-os e dava-os aos discípulos, e os discípulos à multidão.

³⁷Todos comeram e ficaram saciados, e ainda recolheram sete cestos cheios dos pedaços que sobraram.

Mc 8,1-10

¹Naqueles dias, novamente uma grande multidão se ajuntou e não tinha o que comer, por isso ele chamou os discípulos e disse-lhes: ²"Tenho compaixão da multidão, porque já faz três dias que está comigo e não tem o que comer. ³Se eu os mandar em jejum para casa, desfalecerão pelo caminho, pois muitos vieram de longe". ⁴Seus discípulos lhe responderam: "Como poderia alguém, aqui num deserto, saciar com pão a tanta gente?" ⁵Ele perguntou: "Quantos pães tendes?" Responderam: "Sete". ⁶Mandou que a multidão se assentasse pelo chão e,

tomando os sete pães, deu graças, partiu-os e deu-os aos seus discípulos para que eles os distribuíssem. E eles os distribuíram à multidão. ⁷Tinham ainda alguns peixinhos. Depois de os ter abençoado, mandou, que os distribuíssem também.

⁸Eles comeram e ficaram saciados. Dos pedaços que sobraram, recolheram sete cestos. ⁹E eram cerca de

§§ 90-92 — Mt 19,1-9; 20,20-33; 5,1-12; Mc 10,1-12; 10,35-40; Lc 6,20-23

Mt	Mc	Lc	Jo
³⁸Ora, os que comeram eram quatro mil homens, sem contar mulheres e crianças. ³⁹Tendo despedido as multidões, entrou no barco e foi para o território de Magadã.	quatro mil. E então os despediu. ¹⁰Imediatamente, subindo para o barco com seus discípulos, partiu para a região de Dalmanuta.		

§ 90 — O problema do divórcio (cf. § 95)

Mt 19,1-9	Mc 10,1-12	Dt 24,1-4	Rm 7,2-3
¹Quando Jesus terminou essas palavras, partiu da Galiléia e foi para o território da Judéia, além do Jordão. ²Acompanharam-no grandes multidões e ali as curou. ³Alguns fariseus se aproximaram dele, querendo pô-lo à prova. E perguntaram: "É lícito repudiar a própria mulher por qualquer motivo que seja?" ⁴Ele respondeu: "Não lestes que desde o princípio o Criador *os fez homem e mulher?* ⁵e que disse: *Por isso o homem deixará pai e mãe e se unirá à sua mulher e os dois serão uma só carne?* ⁶De modo que já não são dois, mas uma só carne. Portanto, o que Deus uniu, o homem não deve separar". ⁷Eles, porém, objetaram: "Por que, então, ordenou Moisés que se desse carta de divórcio e depois se repudiasse?" ⁸Ele disse: "Moisés, por causa da dureza dos vossos corações, vos permitiu repudiar vossas mulheres, mas desde o princípio não era assim. ⁹E eu vos digo que todo aquele que repudiar a sua mulher — exceto por motivo de 'fornicação' —	¹Partindo dali, ele foi para o território da Judéia e além do Jordão, e outra vez as multidões se reuniram em torno dele. E, como de costume, de novo as ensinava. ²Alguns fariseus aproximaram-se dele e, para pô-lo à prova, perguntaram-lhe: "É lícito a um marido repudiar sua mulher?" ³Ele respondeu: "Que vos ordenou Moisés?" ⁴Eles disseram: "Moisés permitiu *escrever carta de divórcio e depois repudiar*". ⁵Jesus, então, lhes disse: "Por causa da dureza dos vossos corações ele escreveu para vós esse mandamento. ⁶Mas desde o princípio da criação ele *os fez homem e mulher. ⁷Por isso o homem deixará o seu pai e a sua mãe, e os dois serão uma só carne.* ⁸De modo que já não são dois, mas uma só carne. ⁹Portanto, o que Deus uniu o homem não separe". ¹⁰E, em casa, os discípulos voltaram a interrogá-lo sobre esse ponto. ¹¹E ele disse: "Todo aquele que repudiar a sua mulher e desposar outra, comete adultério contra a primeira; ¹²se es-	¹Quando um homem tiver tomado uma mulher e consumado o matrimônio, mas esta logo depois não encontra mais graça a seus olhos, porque viu nela algo de inconveniente, ele lhe escreverá então uma ata de divórcio e a entregará, deixando-a sair de si e a casa em liberdade. ²Tendo saído de sua casa, se ela começa a pertencer a um outro, ³e se também este a repudia, e lhe escreve e entrega em mãos uma ata de divórcio, e a deixa ir de sua casa em liberdade (ou se este outro homem que a tinha esposado vem a morrer), ⁴o primeiro marido que a tinha repudiado não poderá retomá-la como esposa, após ela ter-se tornado impura: isso seria um ato abominável diante de Iahweh. E tu não deverias fazer pecar a terra que Iahweh teu Deus te dará como herança.	²Assim, a mulher casada está ligada por lei ao marido enquanto ele vive; se o marido vier a falecer, ela ficará livre da lei do marido. ³Por isso, estando vivo o marido, ela será chamada adúltera se for viver com outro homem. Se, porém, o marido morrer, ela ficará livre da lei, de sorte que, passando a ser de outro homem, não será adúltera.
			1Cor 7,2-3
			²Todavia, para evitar a fornicação, tenha cada homem a sua mulher e cada mulher o seu marido. ³O marido cumpra o dever conjugal para com a esposa; e a mulher faça o mesmo em relação ao marido.

Mt	Mc	Lc	Jo
e desposar outra, comete adultério".	sa repudiar o seu marido e desposar outro, comete adultério".		

§ 91 — O pedido dos filhos de Zebedeu

Mt 20,20-23	Mc 10,35-40	Lc	Jo
²⁰Então a mãe dos filhos de Zebedeu, juntamente com os seus filhos, dirigiu-se a ele, prostrando-se, para fazer-lhe um pedido. ²¹Ele perguntou: "Que queres?" Ao que ela respondeu: "Dize que estes meus dois filhos se assentem um à tua direita e o outro à tua esquerda, no teu Reino". ²²Jesus, respondendo, disse: "Não sabeis o que estais pedindo. Podeis beber o cálice que eu estou para beber?" Eles responderam: "Podemos". ²³Então lhes disse: "Sim, bebereis de meu cálice. Todavia, sentar à minha direita e à minha esquerda, não cabe a mim concedê-lo; mas é para aqueles aos quais meu Pai o preparou".	³⁵Tiago e João, os filhos de Zebedeu, foram até ele e disseram-lhe: "Mestre, queremos que nos faças o que vamos te pedir". ³⁶Ele perguntou: "Que quereis que vos faça?" ³⁷Disseram: "Concede-nos, na tua glória, sentarmo-nos um à tua direita, outro à tua esquerda". ³⁸Jesus lhes respondeu: "Não sabeis o que estais pedindo. Podeis beber o cálice que eu vou beber e ser batizados com o batismo com que serei batizado?" ³⁹Eles disseram-lhe: "Podemos". Jesus replicou-lhes: "Do cálice que eu beber, vós bebereis, e com o batismo com que eu for batizado, sereis batizados. ⁴⁰Todavia, o assentar-se à minha direita ou à minha esquerda não cabe a mim concedê-lo, mas é para aqueles a quem está preparado".		

§ 92 — As bem-aventuranças*

Mt 5,1-12	Mc	Lc 6,20-23	Jo
¹Vendo ele as multidões, subiu à montanha. Ao sentar-se, aproximaram-se dele os seus discípulos. ²E pôs-se a falar e os ensinava, dizendo:		²⁰Erguendo então os olhos para os seus discípulos, dizia:	
³"Bem-aventurados os pobres em espírito, porque deles é o Reino dos Céus.		"Bem-aventurados vós, *os pobres*, porque vosso é o Reino de Deus.	
⁴Bem-aventurados *os mansos*, porque *herdarão a terra*.			
⁵Bem-aventurados *os aflitos*, porque serão consolados.		²¹ᵇBem-aventurados vós, que agora chorais, porque haveis de rir.	
⁶Bem-aventurados os que têm fome e sede de justiça, porque serão saciados.		²¹ᵃBem-aventurados vós que agora tendes fome, porque sereis saciados.	

§ 92 A partir deste § constata-se a correspondência material entre o Sermão da Montanha (Mt) e o Sermão da Planície (Lc). Lc é mais rico em sentenças avulsas.

§§ 93-97 — Mt 5,17-19; 5,25-26; 5,31-32; 5,38-42; 5,43-48; Lc 16,17; 12,58-59; 16,18; 6,29-30; 6,27-28.32-35

Mt	Mc	Lc	Jo
⁷Bem-aventurados os misericordiosos, porque alcançarão misericórdia. ⁸Bem-aventurados *os puros de coração*, porque verão a Deus. ⁹Bem-aventurados os que promovem a paz, porque serão chamados filhos de Deus. ¹⁰Bem-aventurados os que são perseguidos por causa da justiça, porque deles é o Reino dos Céus. ¹¹Bem-aventurados sois, quando vos injuriarem e vos perseguirem e, mentindo, disserem todo o mal contra vós por causa de mim. ¹²Alegrai-vos e regozijai-vos, porque será grande a vossa recompensa nos céus, pois foi assim que perseguiram os profetas, que vieram antes de vós.		²²Bem-aventurados sereis quando os homens vos odiarem, quando vos rejeitarem, insultarem e proscreverem vosso nome como infame, por causa do Filho do Homem. ²³Alegrai-vos naquele dia e exultai, porque no céu será grande a vossa recompensa; pois do mesmo modo seus pais tratavam os profetas."	

§ 93 — O cumprimento perfeito da lei

Mt 5,17-19	Mc	Lc 16,17	Jo
¹⁷Não penseis que vim revogar a Lei e os Profetas. Não vim revogá-los, mas dar-lhes pleno cumprimento, ¹⁸porque em verdade vos digo que, até que passem o céu e a terra, não será omitido nem um só *i*, uma só vírgula da Lei, sem que tudo seja realizado. ¹⁹Aquele, portanto, que violar um só desses menores mandamentos e ensinar os homens a fazerem o mesmo, será chamado o menor no Reino dos Céus. Aquele, porém, que os praticar e os ensinar, esse será chamado grande no Reino dos Céus.		¹⁷"É mais fácil passar céu e terra do que uma só vírgula cair da lei.	

§ 94 — O espírito de reconciliação

Mt 5,25-26	Mc	Lc 12,58-59	Jo
²⁵Assume logo uma atitude conciliadora com o teu adversário, enquanto estás com ele no caminho, para		⁵⁸Com efeito, enquanto te diriges com teu adversário em busca do magistrado, esforça-te por entrar em acor-	

Mt	Mc	Lc	Jo
não acontecer que o adversário te entregue ao juiz e o juiz ao oficial de justiça e, assim, sejas lançado na prisão. ²⁶Em verdade te digo: dali não sairás, enquanto não pagares o último centavo.		do com ele no caminho, para que ele não te arraste perante o juiz, o juiz te entregue ao executor, e o executor te ponha na prisão. ⁵⁹Eu te digo, não sairás de lá antes de pagares o último centavo.	

§ 95 — O problema do divórcio (cf. § 90)*

Mt 5,31-32	Mc	Lc 16,18	Jo
³¹Foi dito: *Aquele que repudiar a sua mulher, dê-lhe uma carta de divórcio.* ³²Eu, porém, vos digo: todo aquele que repudia sua mulher, a não ser por motivo de 'fornicação', faz com que ela adultere; e aquele que se casa com a repudiada comete adultério.		¹⁸Todo aquele que repudiar sua mulher e desposar outra comete adultério, e quem desposar uma repudiada por seu marido comete adultério.	

§ 96 — O espírito de mansidão

Mt 5,38-42	Mc	Lc 6,29-30	Jo
³⁸Ouvistes que foi dito: *Olho por olho e dente por dente.* ³⁹Eu, porém, vos digo: não resistais ao homem mau; antes, àquele que te fere na face direita oferece-lhe também a esquerda; ⁴⁰e àquele que quer pleitear contigo, para tomar-te a túnica, deixa-lhe também a veste; ⁴¹e se alguém te obriga a andar u'a milha, caminha com ele duas. ⁴²Dá ao que te pede e não voltes as costas ao que te pede emprestado.		²⁹A quem te ferir numa face, oferece a outra; a quem te arrebatar a capa, não recuses a túnica. ³⁰Dá a quem te pedir e não reclames de quem tomar o que é teu.	

§ 97 — Amar os inimigos

Mt 5,43-48	Mc	Lc 6,27-28.32-35	Jo
⁴³Ouvistes que foi dito: *Amarás o teu próximo e odiarás o teu inimigo.* ⁴⁴Eu, porém, vos digo: amai os vossos inimigos e orai pelos que vos perseguem; ⁴⁵desse modo vos tornareis filhos do vosso Pai que está nos		²⁷Eu, porém, vos digo a vós que me escutais: Amai os vossos inimigos, fazei o bem aos que vos odeiam, ²⁸bendizei os que vos amaldiçoam, orai por aqueles que vos difamam. ³²Se amais os que vos amam, que	

§ 95 A separação do § 90 destaca melhor o caráter individual do lógion avulso.

§§ 98-99 — Mt 6,7-13; 6,19-23; Mc 11,25; Lc 11,1-4; 11,34-36; 12,32-34

Mt	Mc	Lc	Jo
céus, porque ele faz nascer o seu sol igualmente sobre maus e bons e cair a chuva sobre justos e injustos. ⁴⁶Com efeito, se amais aos que vos amam, que recompensa tendes? Não fazem também os publicanos a mesma coisa? ⁴⁷E se saudais apenas os vossos irmãos, que fazeis de mais? Não fazem também os gentios a mesma coisa? ⁴⁸Portanto, deveis ser perfeitos como o vosso Pai celeste é perfeito.		graça alcançais? Pois até mesmo os pecadores amam aqueles que os amam. ³³E se fazeis o bem aos que vo-lo fazem, que graça alcançais? Até mesmo os pecadores agem assim! ³⁴E se emprestais àqueles de quem esperais receber, que graça alcançais? Até mesmo os pecadores emprestam aos pecadores para receberem o equivalente. ³⁵Muito pelo contrário, amai vossos inimigos, fazei o bem e emprestai sem esperar coisa alguma em troca. Será grande a vossa recompensa, e sereis filhos do Altíssimo, pois ele é bom para com os ingratos e com os maus".	

§ 98 — O Pai-nosso*

Mt 6,7-13	(cf. Mc 11,25)	Lc 11,1-4	Jo
⁷Nas vossas orações não useis de vãs repetições, como os gentios, que imaginam que é pelo palavreado excessivo que serão ouvidos. ⁸Não sejais como eles, porque o vosso Pai sabe do que tendes necessidade antes de lho pedirdes. Portanto, orai desta maneira:	²⁵E quando estiverdes orando,	¹Estando num certo lugar, orando, ao terminar, um de seus discípulos pediu-lhe: "Senhor, ensina-nos a orar, como João ensinou a seus discípulos". Respondeu-lhes: "Quando orardes, dizei:	
Pai nosso que estás nos céus, santificado seja o teu Nome, ¹⁰venha o teu Reino, seja feita a tua vontade na terra como no céu.		Pai, santificado seja o teu Nome; venha o teu Reino;	

Mt	Mc	Lc	Jo
¹¹O pão nosso de cada dia dá-nos hoje. ¹²E perdoa-nos as nossas dívidas como também nós perdoamos aos nossos devedores. ¹³E não nos exponhas à tentação, mas livra-nos do Maligno.	se tiverdes alguma coisa contra alguém, perdoai-lhe, para que também vosso Pai que está nos céus perdoe as vossas ofensas.	³o pão nosso cotidiano dá-nos a cada dia; ⁴perdoa-nos os nossos pecados, pois também nós perdoamos aos nossos devedores; e não nos deixes cair em tentação.	

§ 99 — O desapego dos bens materiais (cf. § 74)

Mt 6,19-23	Mc	Lc 11,34-36	Jo
¹⁹Não ajunteis para vós tesouros na terra, onde a traça e o caruncho os corroem e onde os ladrões arrombam e roubam, ²⁰mas ajuntai para vós tesouros nos céus, onde nem a traça, nem o caruncho corroem e onde os ladrões não arrombam nem roubam; ²¹pois onde está o teu tesouro aí estará também teu coração. ²²A lâmpada do corpo é o olho. Portanto, se o teu olho estiver são, todo o teu corpo ficará iluminado; ²³mas se o teu corpo estiver doente, todo o teu corpo ficará escuro. Pois se a luz que há em ti são trevas, quão grandes serão as trevas!		³⁴A lâmpada do corpo é o teu olho. Se teu olho estiver são, todo o teu corpo ficará também iluminado; mas se ele for mau, teu corpo também ficará escuro. ³⁵Por isso, vê bem se a luz que há em ti não é treva. ³⁶Portanto, se todo o teu corpo está iluminado, sem parte alguma tenebrosa, estará todo iluminado como a lâmpada, quando te ilumina com seu fulgor. **Lc 12,32-34** ³²Não tenhais medo, pequenino rebanho, pois foi do agrado do vosso Pai dar-vos o Reino! ³³Vendei vossos bens e dai esmola. Fazei bolsas que não fiquem velhas, um tesouro inesgotável nos céus, onde o ladrão não chega nem a traça rói. ³⁴Pois onde está o vosso tesouro, aí estará também o vosso coração.	

§ 98 Lc é mais original, Mt mais desenvolvido, devido ao uso litúrgico da oração.

§§ 100-103 — Mt 6,24-34; 7,3-5; 7,7-11; 7,12; Lc 16,13; 12,22-31; 6,41-42; 11,9-13; 6,31; Jo 15,16; 16,26

§ 100 — A providência divina

Mt 6,24-34	Mc	Lc 16,13; 12,22-31	Jo
²⁴Ninguém pode servir a dois senhores. Com efeito, ou odiará um e amará o outro, ou se apegará ao primeiro e desprezará o segundo. Não podeis servir a Deus e ao Dinheiro. ²⁵Por isso digo: não vos preocupeis com a vossa vida quanto ao que haveis de comer, nem com o vosso corpo quanto ao que haveis de vestir. Não é a vida mais do que o alimento e o corpo mais do que a roupa? ²⁶Olhai as aves do céu: não semeiam, nem colhem, nem ajuntam em celeiros. E, no entanto, vosso Pai celeste as alimenta. Ora, não valeis vós mais do que elas? ²⁷Quem dentre vós, com as suas preocupações, pode acrescentar um só côvado à duração da sua vida? ²⁸E com a roupa, por que andais preocupados? Aprendei dos lírios do campo, como crescem, e não trabalham e nem fiam. ²⁹E, no entanto, eu vos asseguro que nem Salomão, em toda sua glória, se vestiu como um deles. ³⁰Ora, se Deus veste assim a erva do campo, que existe hoje e amanhã será lançada ao forno, não fará ele muito mais por vós, homens fracos na fé? ³¹Por isso, não andeis preocupados, dizendo: Que iremos comer? Ou, que iremos beber? Ou, que iremos vestir? ³²De fato, são os gentios que estão à procura de tudo isso: o vosso Pai celeste sabe que tendes necessidade de todas essas coisas. ³³Buscai, em primeiro lugar, o Reino de Deus e a sua justiça, e todas essas coisas vos serão acrescentadas. ³⁴Não vos preocupeis, portanto, com o dia de amanhã, pois o dia de amanhã se preocupará consigo mesmo. A cada dia basta o seu mal.		¹³Ninguém pode servir a dois senhores: com efeito, ou odiará um e amará o outro, ou se apegará a um e desprezará o outro. Não podeis servir a Deus e ao Dinheiro". ²²Depois disse a seus discípulos: "Por isso vos digo: Não vos preocupeis com a vida, quanto ao que haveis de comer, nem com o corpo, quanto ao que haveis de vestir. ²³Pois a vida é mais do que o alimento e o corpo mais do que a roupa. ²⁴Olhai os corvos; eles não semeiam nem colhem, não têm celeiro nem depósito; mas Deus os alimenta. Quanto mais valeis vós do que as aves! ²⁵Quem dentre vós, com as suas preocupações, pode prolongar por um pouco a duração de sua vida? ²⁶Portanto, se até as coisas mínimas ultrapassam o vosso poder, por que preocupar-vos com as outras? ²⁷Considerai os lírios, como não fiam, nem tecem. Contudo, eu vos asseguro que nem Salomão, com todo o seu esplendor, se vestiu como um deles. ²⁸Ora, se Deus veste assim a erva do campo, que existe hoje e amanhã será lançada no forno, quanto mais a vós, homens fracos na fé! ²⁹Não busqueis o que comer ou beber; e não vos inquieteis! ³⁰Pois são os gentios deste mundo que estão à procura de tudo isso: vosso Pai sabe que tendes necessidade disso. ³¹Pelo contrário, buscai o seu Reino, e essas coisas vos serão acrescentadas.	

§ 101 — A hipocrisia

Mt 7,3-5	Mc	Lc 6,41-42	Jo
³Por que reparas no cisco que está no olho do teu irmão, quando não percebes a trave que está no teu? ⁴Ou como poderás dizer ao teu irmão: 'Deixa-me tirar o cisco do teu olho', quando tu mesmo tens uma trave no teu? ⁵Hipócrita, tira primeiro a trave do teu olho, e então verás bem para tirar o cisco do olho do teu irmão.		⁴¹Por que olhas o cisco no olho de teu irmão, e não percebes a trave que há no teu? ⁴²Como podes dizer a teu irmão: 'Irmão, deixa-me tirar o cisco do teu olho', quando não vês a trave em teu próprio olho? Hipócrita, tira primeiro a trave de teu olho, e então verás bem para tirar o cisco do olho de teu irmão.	

§ 102 — A eficácia da oração (§ 88)

Mt 7,7-11	Mc	Lc 11,9-13	(cf. Jo 15,16; 16,26)
⁷Pedi e vos será dado; buscai e achareis; batei e vos será aberto; ⁸pois todo o que pede recebe; o que busca acha e ao que bate se lhe abrirá. ⁹Quem dentre vós dará uma pedra a seu filho, se este lhe pedir pão? ¹⁰Ora, se este lhe pedir peixe? ¹¹Ora, se vós que sois maus sabeis dar boas dádivas aos vossos filhos, quanto mais o vosso Pai que está nos céus dará coisas boas aos que lhe pedem!		⁹Também eu vos digo: Pedi e vos será dado; buscai e achareis; batei e vos será aberto. ¹⁰Pois todo o que pede, recebe; o que busca, acha; e ao que bate, se abrirá. ¹¹Quem de vós, sendo pai, se o filho lhe pedir um peixe, em vez do peixe lhe dará uma serpente? ¹²Ou ainda, se pedir um ovo, lhe dará um escorpião? ¹³Ora, se vós, que sois maus, sabeis dar coisas boas aos vossos filhos, quanto mais o Pai do Céu dará o Espírito Santo aos que o pedirem!	¹⁶Não fosteis vós que me escolhestes, mas fui eu que vos escolhi e vos designei para irdes e produzirdes fruto e para que o vosso fruto permaneça, a fim de que tudo o que pedirdes ao Pai em meu nome eles vos dê. ²⁶Nesse dia, pedireis em meu nome e não vos digo que intervirei junto ao Pai por vós.

§ 103 — A lei áurea

Mt 7,12	Mc	Lc 6,31	Tb 4,15a
¹²Tudo aquilo, portanto, que quereis que os homens vos façam, fazei-o vós a eles, pois esta é a Lei e os Profetas		³¹Como quereis que os outros vos façam, fazei também a eles".	¹⁵Não faças a ninguém o que não queres que te façam.

§§ 104-108 — *Mt 7,13-14; 7,21-23; 7,24-27; 8,11-13a; 8,18-22; Lc 13,22-24; 6,46; 6,47-49; 13,28-29; 9,57-62*

§ 104 — *Os dois caminhos e a porta estreita (cf. § 128)*

Mt 7,13-14	Mc	Lc 13,22-24	Jo
¹³Entrai pela porta estreita, porque largo e espaçoso é o caminho que conduz à perdição. E muitos são os que entram por ele. ¹⁴Estreita, porém, é a porta e apertado o caminho que conduz à Vida. E poucos são os que o encontram.		²²Jesus atravessava cidades e povoados, ensinando e encaminhando-se para Jerusalém. ²³E alguém lhe perguntou: "Senhor, é pequeno o número dos que se salvam?" Ele respondeu: ²⁴"Esforçai-vos por entrar pela porta estreita, pois eu vos digo que muitos procurarão entrar e não conseguirão.	

§ 105 — *Os presunçosos (cf. § 128)*

Mt 7,21-23	Mc	Lc 6,46	Jo
²¹Nem todo aquele que me diz 'Senhor, Senhor' entrará no Reino dos Céus, mas sim aquele que pratica a vontade de meu Pai que está nos céus. ²²Muitos me dirão naquele dia: 'Senhor, Senhor, não foi *em teu nome que profetizamos* e em teu nome que expulsamos demônios e em teu nome que fizemos muitos milagres?' ²³Então eu lhes declararei: 'Nunca vos conheci. *Apartai-vos de mim, vós que praticais a iniqüidade'.*		⁴⁶Por que me chamais 'Senhor! Senhor!', mas não fazeis o que eu digo? Lc 13,25-27 ²⁵Uma vez que o dono da casa houver se levantado e tiver fechado a porta e vós, de fora, começardes a bater à porta, dizendo: 'Senhor, abre-nos', ele vos responderá: 'Não sei de onde sois'. ²⁶Então começareis a dizer: 'Nós comíamos e bebíamos em tua presença, e tu ensinaste em nossas praças'. ²⁷Ele, porém, vos responderá: Não sei de onde sois; *afastai-vos de mim, vós todos, que cometeis injustiça!'*	

§ 106 — *A casa construída sobre a rocha (cf. § 40)*

Mt 7,24-27	Mc	Lc 6,47-49	Jo
²⁴Assim, todo aquele que ouve essas minhas palavras e as põe em prática será comparado a um homem sensato que construiu a sua casa sobre a rocha. ²⁵Caiu a chuva, vieram as enxurradas, sopraram os ventos e deram contra aquela casa, mas ela não caiu, porque estava alicerçada na rocha. ²⁶Por outro lado, todo		⁴⁷Vou mostrar-vos a quem é comparável todo o que vem a mim, escuta as minhas palavras e as põe em prática. ⁴⁸Assemelha-se a um homem que, ao construir uma casa, cavou, aprofundou e lançou o alicerce sobre a rocha. Veio a enchente, a torrente deu contra essa casa, mas não a pôde abalar, porque estava bem	

Mt	Mc	Lc	Jo
aquele que ouve essas minhas palavras, mas não as pratica, será comparado a um homem insensato que construiu a sua casa sobre a areia. ²⁷Caiu a chuva, vieram as enxurradas, sopraram os ventos e deram contra aquela casa, e ela caiu. E foi grande sua ruína!		construída. ⁴⁹Aquele, porém, que escutou e não pôs em prática é semelhante a um homem que construiu sua casa ao rés do chão, sem alicerce. A torrente deu contra ela, e imediatamente desabou; e foi grande a sua ruína!	

§ 107 — Virão do Oriente e do Ocidente

Mt 8,11-13a	Mc	Lc 13,28-29	Jo
¹¹Mas eu vos digo que *virão* muitos *do oriente e do ocidente* e se assentarão à mesa no Reino dos Céus, com Abraão, Isaac e Jacó, ¹²enquanto os filhos do Reino serão postos fora, nas trevas, onde haverá choro e ranger de dentes". ¹³Em seguida, disse ao centurião: "Vai! Como creste, assim te seja feito!" Naquela mesma hora o criado ficou são.		²⁸Lá haverá choro e ranger de dentes, quando virdes Abraão, Isaac, Jacó e todos os profetas no Reino de Deus, e vós, porém, lançados fora. ²⁹Eles virão *do oriente e do ocidente*, do norte e do sul, e tomarão lugar à mesa do Reino de Deus".	

§ 108 — Chamamentos malogrados (cf. § 183)

Mt 8,18-22	Mc	Lc 9,57-62	Jo
¹⁸Vendo Jesus que estava cercado de grandes multidões, ordenou que partissem para a outra margem do lago. ¹⁹Então chegou-se a ele um escriba e disse: "Mestre, eu te seguirei para onde quer que vás". ²⁰Ao que Jesus respondeu: "As raposas têm tocas e as aves do céu, ninhos; mas o Filho do Homem não tem onde reclinar a cabeça". ²¹Outro dos discípulos lhe disse: "Senhor, permite-me ir primeiro enterrar meu pai". ²²Mas Jesus lhe respondeu: "Segue-me e deixa que os mortos enterrem seus mortos".		⁵⁷Enquanto prosseguiam viagem, alguém lhe disse na estrada: "Eu te seguirei para onde quer que vás". ⁵⁸Ao que Jesus respondeu: "As raposas têm tocas e as aves do céu, ninhos; mas o Filho do Homem não tem onde reclinar a cabeça". ⁵⁹Disse a outro: "Segue-me". Este respondeu: "Permite-me ir primeiro enterrar meu pai". ⁶⁰Ele replicou: "Deixa que os mortos enterrem os seus mortos; quanto a ti, vai anunciar o Reino de Deus".	

§§ 109-113 — Mt 9,35-38; 10,26-33; 10,34-36; 10,37-38; 11,1-11,13; Lc 10,2; 12,2-9; 12,51-53; 14,26.27; 7,18-29

Mt	Mc	Lc	Jo
		⁶¹Outro disse-lhe ainda: "Eu te seguirei, Senhor, mas permite-me primeiro despedir-me dos que estão em minha casa". ⁶²Jesus, porém, lhe respondeu: "Quem põe a mão no arado e olha para trás não é apto para o Reino de Deus".	

§ 109 — A messe é grande! (cf. Jo 4,35-38)

Mt	Mc	Lc	Jo
Mt 9,35-38		Lc 10,2	
³⁵Jesus percorria todas as cidades e povoados ensinando em suas sinagogas e pregando o Evangelho do Reino, enquanto curava toda sorte de doenças e enfermidades. ³⁶Ao ver a multidão teve compaixão dela, porque estava cansada e abatida *como ovelhas sem pastor*. Então disse aos seus discípulos. ³⁷"A colheita é grande, mas poucos os operários! ³⁸Pedi, pois, ao Senhor da colheita que envie operários para a sua colheita.		²E dizia-lhes: "A colheita é grande, mas os operários são poucos. Pedi, pois, ao Senhor da colheita que envie operários para sua colheita.	

§ 110 — Morte do corpo, morte da alma

Mt	Mc	Lc	Jo
Mt 10,26-33		Lc 12,2-9	
²⁶Não tenhais medo deles, portanto. Pois nada há de encoberto que não venha a ser descoberto, nem de oculto que não venha a ser revelado. ²⁷O que vos digo às escuras, dizei-o à luz do dia: o que vos é dito aos ouvidos, proclamai sobre os telhados. ²⁸Não temais os que matam o corpo, mas não podem matar a alma. Temei antes aquele que pode destruir a alma e o corpo na geena. ²⁹Não se vendem dois pardais por um asse? E, no entanto, nenhum deles cai em terra sem o consentimento do vosso Pai! ³⁰Quanto a		²Nada há de encoberto que não venha a ser revelado, nem de oculto que não venha a ser conhecido. ³Portanto, tudo o que tiverdes dito às escuras, será ouvido à luz do dia, e o que houverdes falado ao ouvidos nos quartos, será proclamado sobre os telhados. ⁴Meus amigos, eu vos digo: não tenhais medo dos que matam o corpo e depois disso nada mais podem fazer. ⁵Vou mostrar-vos a quem deveis temer: temei Aquele que depois de matar tem o poder de lançar na geena; sim, eu vos digo, a Este temei. ⁶Não se vendem	

Mt	Mc	Lc	Jo

vós, até mesmo o vossos cabelos foram todos contados. ³¹Não tenhais medo, pois valeis mais do que muitos pardais. ³²Todo aquele, portanto, que se declarar por mim diante dos homens, também eu me declararei por ele diante de meu Pai que está nos Céus. ³³Aquele, porém, que me renegar diante dos homens, também o renegarei diante de meu Pai que está nos Céus.

cinco pardais por dois asses? E, no entanto, nenhum deles é esquecido diante de Deus! ⁷Até mesmo os cabelos da vossa cabeça estão todos contados. Não tenhais medo: pois valeis mais do que muitos pardais... ⁸Eu vos digo: todo aquele que se declarar por mim diante dos homens", o Filho do Homem também se declarará por ele diante dos anjos de Deus; ⁹Aquele, porém, que me houver renegado diante dos homens, será renegado diante dos anjos de Deus.

§ 111 — A divisão no seio da família (cf. § 68)

Mt 10,34-36	Mc	Lc 12,51-53	Jo

³⁴Não penseis que vim trazer paz à terra. Não vim trazer paz, mas espada. ³⁵Com efeito, vim contrapor *o homem ao seu pai, a filha à sua mãe e a nora à sua sogra*. ³⁶*Em suma: os inimigos do homem serão os seus próprios familiares*.

⁵¹Pensais que vim para estabelecer a paz sobre a terra? Não, eu vos digo, mas a divisão. ⁵²Pois doravante, numa casa com cinco pessoas, estarão divididas três contra duas e duas contra três; ⁵³ficarão divididos: pai contra filho e *filho contra pai*, mãe contra filha e *filha contra mãe*, sogra contra nora e *nora contra sogra*.

§ 112 — O Cristo acima dos pais

Mt 10,37-38	Mc	Lc 14,26.27	Jo

³⁷Aquele que ama pai ou mãe mais do que a mim não é digno de mim. E aquele que ama filho ou filha mais do que a mim não é digno de mim. ³⁸Aquele que não toma a sua cruz e me segue não é digno de mim".

²⁶Se alguém vem a mim e não odeia seu próprio pai e mãe, mulher, filhos, irmãos, irmãs e até a própria vida, não pode ser meu discípulo. ²⁷Quem não carrega a sua cruz e não vem após mim, não pode ser meu discípulo".

§ 113 — Elogiando o Precursor encarcerado

Mt 11,1-11.13	Mc	Lc 7,18-28	Jo

¹Quando Jesus acabou de dar instruções a seus doze discípulos, partiu dali para ensinar e pregar nas cidades deles.

¹⁸Os discípulos de João informaram-no de tudo isso.

§§ 114-116 — Mt 11,12-15; 11,16-19; 11,20-24; Lc 16,16; 7,29-35; 10,13-15

Mt	Mc	Lc	Jo

²João, ouvindo falar, na prisão, a respeito das obras de Cristo, enviou a ele alguns dos seus discípulos para lhe perguntarem: ³"És tu aquele que há de vir, ou devemos esperar outro?" ⁴Jesus respondeu-lhes: "Ide contar a João o que estais ouvindo e vendo: ⁵*os cegos recuperam a vista*, os coxos andam, os leprosos são purificados e os surdos ouvem, os mortos ressuscitam e os *pobres são evangelizados*. ⁶E bem-aventurado aquele que não ficar escandalizado por causa de mim!"

⁷Ao partirem eles, começou Jesus a falar a respeito de João às multidões: "Que fostes ver no deserto? Um caniço agitado pelo vento? ⁸Mas que fostes ver? Um homem vestido de roupas finas? Mas os que vestem roupas finas vivem nos palácios dos reis. ⁹Então, que fostes ver? Um profeta? Eu vos afirmo que sim, e mais do que um profeta. ¹⁰E dele que está escrito: *Eis que envio o meu mensageiro à tua frente; ele preparará o teu caminho diante de ti*. ¹¹Em verdade vos digo que, entre os nascidos de mulher, não surgiu nenhum maior do que João, o Batista, e, no entanto, o menor no Reino dos Céus é maior do que ele. ¹³Porque todos os profetas bem como a Lei profetizaram até João.

Mt 11,12-15

¹²Desde os dias de João Batista até agora, o Reino dos Céus sofre violência, e violentos se apoderam dele. ¹³Porque todos os profetas bem como a Lei profetizaram até João. ¹⁴E, se quiserdes dar crédito, ele é o Elias que deve vir. ¹⁵Quem tem ouvidos, ouça!

¹⁹enviou-os ao Senhor, perguntando: "És tu aquele que há de vir ou devemos esperar um outro?" ²⁰Os homens, chegando junto dele, disseram: "João Batista nos mandou perguntar: 'És aquele que há de vir, ou devemos esperar um outro?'" ²¹Nesse momento, ele curou a muitos de doenças, de enfermidades, de espíritos malignos, e restituiu a vista a muitos cegos. ²²Então lhes respondeu: "Ide contar a João o que estais vendo e ouvindo: *os cegos recuperam a vista*, os coxos andam, os surdos ouvem, os leprosos são purificados, os mortos ressuscitam e *aos pobres é anunciado o Evangelho*; ²³e feliz aquele que não ficar escandalizado por causa de mim!"

²⁴Tendo partido os enviados de João, Jesus começou a falar às multidões a respeito de João: "Que fostes ver no deserto? Um caniço agitado pelo vento? ²⁵Mas que fostes ver? Um homem vestido com vestes finas? Ora, os que usam vestes suntuosas e vivem em delícias estão nos palácios reais. ²⁶Então, que fostes ver? Um profeta? Eu vos afirmo que sim, e mais do que um profeta. ²⁷E dele que está escrito: *Eis que eu envio o meu mensageiro à tua frente, ele preparará o teu caminho diante de ti.* ²⁸Digo-vos que dentre os nascidos de mulher não há um maior do que João; mas o menor no Reino de Deus é maior do que ele.

§ 114 — João Batista o último profeta da Lei

Mt	Mc	Lc 16,16	Jo

¹⁶A Lei e os Profetas até João! Daí em diante, é anunciada a Boa Nova do Reino de Deus, e todos se esforçam para entrar nele, com violência.

§ 115 — A infantilidade dos judeus (cf. § 113)

Mt 11,16-19	Mc	Lc 7,29-35	Jo
¹⁶A quem vou comparar esta geração? Ela é como crianças sentadas nas praças, a desafiarem-se mutuamente: ¹⁷'Nós vos tocamos flauta e não dançastes! Entoamos lamentações e não batestes no peito!' ¹⁸Com efeito, veio João, que não come nem bebe, e dizem: 'Um demônio está nele'. ¹⁹Veio o Filho do Homem, que come e bebe, e dizem: 'Eis aí um glutão e beberrão, amigo de publicanos e pecadores'. Mas a Sabedoria foi justificada pelas suas obras".		²⁹Todo o povo que o ouviu, e os próprios publicanos, proclamaram a justiça de Deus, recebendo o batismo de João; ³⁰os fariseus e os legistas, porém, não querendo ser batizados por ele, aniquilaram para si próprios o desígnio de Deus. ³¹A quem, pois, hei de comparar os homens desta geração? Com quem se parecem? ³²São como crianças sentadas numa praça, a se desafiarem mutuamente: 'Nós vos tocamos flauta, mas não dançastes! Nós entoamos lamentações, mas não chorastes!' ³³Com efeito, veio João Batista, que não come pão e não bebe vinho, e dizeis: 'O demônio está nele!' ³⁴Veio o Filho do Homem, que come e bebe, e dizeis: 'Eis aí um glutão e beberrão, amigo de publicanos e pecadores'. ³⁵Mas a Sabedoria é justificada por todos os seus filhos".	

§ 116 — A recriminação das três cidades

Mt 11,20-24	Mc	Lc 10,13-15	Jo
²⁰Então começou a verberar as cidades onde havia feito a maior parte dos seus milagres, por não se terem arrependido: ²¹"Ai de ti, Corazim! Ai de ti, Betsaida! Porque se em Tiro e em Sidônia tivessem sido realizados os milagres que em vós se realizaram, há muito se teriam arrependido, vestindo-se de cilício e cobrindo-se de cinza. ²²Mas eu vos digo: No Dia do Julgamento haverá menos rigor para Tiro e Sidônia do que para vós. ²³E tu, Cafarnaum, *por acaso te elevarás até o céu? Antes, até o inferno descerás.* Porque se em Sodoma tivessem sido realizados os milagres que em ti se realizaram, ela teria permanecido até hoje. ²⁴Mas eu vos digo que no Dia do Julgamento haverá menos rigor para a terra de Sodoma do que para vós".		¹³"Ai de ti, Corazim! Ai de ti, Betsaida! Pois se em Tiro e Sidônia tivessem sido realizados os milagres que em vós se realizaram, há muito teriam se convertido, vestindo-se de cilício e sentando-se sobre cinzas. ¹⁴Assim, no Julgamento, haverá menos rigor para Tiro e Sidônia do que para vós. ¹⁵E tu, Cafarnaum, *te elevarás até ao céu? Antes, até ao inferno descerás!"*	

§§ 117-122 — Mt 11,25-27; Mt 12,33-37; 12,38-42; 12,43-45; 13,33; 13,16-17; Lc 10,21-22; 6,43-45; 11,29-32; 11,24-26; 13,20-21; 10,23-24

§ 117 — Exaltação dos humildes (cf. Jo 15,15)

Mt 11,25-27	Mc	Lc 10,21-22	Jo
²⁵Por esse tempo, pôs-se Jesus a dizer: "Eu te louvo, ó Pai, Senhor do céu e da terra, porque ocultaste essas coisas aos sábios e doutores e as revelaste aos pequeninos. ²⁶Sim, Pai, porque assim foi do teu agrado. ²⁷Tudo me foi entregue por meu Pai, e ninguém conhece o Filho senão o Pai, e ninguém conhece o Pai senão o Filho e aquele a quem o Filho o quiser revelar.		²¹Naquele momento, ele exultou de alegria sob a ação do Espírito Santo e disse: "Eu te louvo, ó Pai, Senhor do céu e da terra, porque ocultaste essas coisas aos sábios e entendidos, e as revelaste aos pequeninos. Sim, ó Pai, porque assim foi do teu agrado. ²²Tudo me foi entregue por meu Pai e ninguém conhece quem é o Filho senão o Pai, e quem é o Pai senão o Filho e aquele a quem o Filho o quiser revelar.	

§ 118 — Da abundância do coração...

Mt 12,33-37	Mc	Lc 6,43-45	Jo
³³Ou declarais que a árvore é boa e o seu fruto é bom, ou declarais que a árvore é má e o seu fruto é mau. É pelo fruto que se conhece a árvore. ³⁴Raça de víboras, como podeis falar coisas boas, se sois maus? Porque a boca fala daquilo de que o coração está cheio. ³⁵O homem bom, do seu bom tesouro tira coisas boas, mas o homem mau, do seu mau tesouro tira coisas más. ³⁶Eu vos digo que de toda palavra inútil, que os homens disserem, darão contas no Dia do Julgamento. ³⁷Pois por tuas palavras serás justificado e por tuas palavras serás condenado".		⁴³Não há árvore boa que dê fruto mau, e nem árvore má que dê fruto bom; ⁴⁴com efeito, uma árvore é conhecida por seu próprio fruto; não se colhem figos de espinheiros, nem se vindimam uvas de sarças. ⁴⁵O homem bom, do bom tesouro do coração tira o que é bom, mas o mau, de seu mal tira o que é mau; porque a boca fala daquilo de que está cheio o coração".	

§ 119 — O sinal do Profeta Jonas (cf. § 65)

Mt 12,38-42	Mc	Lc 11,29-32	Jo
³⁸Nisso, alguns escribas e fariseus tomaram a palavra dizendo: "Mestre, queremos ver um sinal feito por ti". ³⁹Ele replicou: "Uma geração má e adúltera busca um sinal, mas nenhum sinal lhe será dado, exceto o sinal do profeta Jonas. ⁴⁰Pois, como *Jonas esteve no ventre do monstro marinho três dias e três noites*, assim		²⁹Como as multidões se aglomerassem, começou a dizer: "Essa geração é uma geração má; procura um sinal, mas nenhum sinal lhe será dado, exceto o sinal de Jonas. ³⁰Pois, assim como Jonas foi um sinal para os ninivitas, assim também o Filho do Homem será um sinal para esta geração. ³¹A rainha do sul se le-	

	Mt	Mc	Lc	Jo
	ficará o Filho do Homem três dias e três noites no seio da terra. ⁴¹Os habitantes de Nínive se levantarão no Julgamento, juntamente com esta geração, e a condenarão porque eles se converteram pela pregação de Jonas. Mas aqui está algo mais do que Jonas! ⁴²A Rainha do Sul se levantará no Julgamento juntamente com esta geração, e a condenará, porque veio dos confins da terra para ouvir a sabedoria de Salomão. Mas aqui está algo mais do que Salomão!		vantará no Julgamento, juntamente com os homens desta geração e os condenará, porque veio dos confins da terra para ouvir a sabedoria de Salomão, mas aqui está algo mais do que Salomão! ³²Os habitantes de Nínive se levantarão no Julgamento juntamente com esta geração, e a condenarão, porque se converteram pela pregação de Jonas, e aqui está algo mais do que Jonas!	

§ 120 — O retorno do espírito mau

Mt	Mc	Lc	Jo
Mt 12,43-45		Lc 11,24-26	
⁴³Quando o espírito impuro sai do homem, perambula por lugares áridos, procurando repouso, mas não o encontra. ⁴⁴Então diz: Voltarei para a minha casa, de onde saí. Chegando lá, encontra-a desocupada, varrida e arrumada. ⁴⁵Diante disso, vai e toma consigo outros sete espíritos piores do que ele, e vêm habitar aí. E, com isso, a condição final daquele homem torna-se pior do que antes. Eis o que vai acontecer a esta geração má".		²⁴Quando o espírito impuro sai do homem, perambula em lugares áridos, procurando repouso, mas não o encontrando, diz: "Voltarei para minha casa, de onde saí. ²⁵Chegando lá, encontra-a varrida e arrumada. ²⁶Diante disso, vai e toma outros sete espíritos piores do que ele, os quais vêm habitar aí. E com isso a condição final daquele homem torna-se pior do que antes".	

§ 121 — O fermento

Mt	Mc	Lc	Jo
Mt 13,33		Lc 13,20-21	
³³Contou-lhes outra parábola: "O Reino dos Céus é semelhante ao fermento que uma mulher tomou e pôs em três medidas de farinha, até que tudo ficasse fermentado.		²⁰Disse ainda: "A que compararei o Reino de Deus? ²¹É semelhante ao fermento que uma mulher tomou e escondeu em três medidas de farinha, até que tudo ficasse fermentado".	

§ 122 — Felizes os vossos olhos

Mt	Mc	Lc	Jo
Mt 13,16-17		Lc 10,23-24	
¹⁶Mas felizes os vossos olhos, porque vêem, e os vos-		²³E, voltando-se para os discípulos, disse-lhes a sós:	

§§ 123-126 — Mt 15,14; 18,11-14; 18,15-17; 18,21-35; Lc 6,39; 15,1-7; 17,3; 17,4

Mt	Mc	Lc	Jo
sos ouvidos, porque ouvem. ¹⁷Em verdade vos digo que muitos profetas e justos desejaram ver o que vedes e não viram, e ouvir o que ouvis e não ouviram.		"Felizes os olhos que vêem o que vós vedes! ²⁴Pois eu vos digo que muitos profetas e reis quiseram ver o que vós vedes, mas não viram, ouvir o que ouvis, mas não ouviram".	

§ 123 — Os guias cegos

Mt	Mc	Lc	Jo
Mt 15,14		**Lc 6,39**	
¹⁴Deixai-os. São cegos conduzindo cegos! Ora, se um cego conduz outro cego, ambos acabarão caindo num buraco.		³⁹Disse-lhes ainda uma parábola: "Pode acaso um cego guiar outro cego? Não cairão ambos num buraco?"	

§ 124 — A ovelha perdida (cf. § 198)

Mt	Mc	Lc	Jo
Mt 18,11-14		**Lc 15,1-7**	
¹¹Porque o Filho do Homem veio salvar o que estava perdido.		¹Todos os publicanos e pecadores estavam se aproximando para ouvi-lo. ²Os fariseus e os escribas, porém, murmuravam: "Esse homem recebe os pecadores e come com eles!" ³Contou-lhes, então, esta parábola:	
¹²Que vos parece? Se um homem possui cem ovelhas e uma delas se extravia, não deixa ele as noventa e nove nos montes e vai à procura da extraviada? ¹³Se consegue achá-la, em verdade vos digo, terá maior alegria com ela do que com as noventa e nove que não se extraviaram. ¹⁴Assim também, não é da vontade de vosso Pai, que está nos céus, que um destes pequeninos se perca.		⁴"Qual de vós, tendo cem ovelhas e perder uma, não abandona as noventa e nove no deserto e vai em busca daquela que se perdeu, até encontrá-la? ⁵E achando-a, alegre a coloca sobre os ombros ⁶e, de volta para casa, convoca os amigos e os vizinhos, dizendo-lhes: 'Alegrai-vos comigo, porque encontrei a minha ovelha perdida!' ⁷Eu vos digo que do mesmo modo haverá mais alegria no céu por um só pecador que se arrepende, do que por noventa e nove justos que não precisam de arrependimento.	

§ 125 — A correção fraterna

Mt 18,15-17	Mc	Lc 17,3	Jo
¹⁵Se o teu irmão pecar, vai corrigi-lo a sós. Se ele te ouvir, ganhaste o teu irmão. ¹⁶Se não te ouvir, porém, toma contigo mais uma ou duas pessoas, para que *toda a questão seja decidida pela palavra de duas ou três testemunhas*. ¹⁷Caso não lhes der ouvido, dize-o à Igreja. Se nem mesmo à Igreja der ouvido, trata-o como o gentio ou o publicano".		Se teu irmão pecar, repreende-o e se ele se arrepender, perdoa-lhe.	

§ 126 — O servo cruel (cf. § 44)*

Mt 18,21-35	Mc	Lc 17,4	Jo
²¹Então Pedro chegando-se a ele, perguntou-lhe: "Senhor, quantas vezes devo perdoar ao irmão que pecar contra mim? Até sete vezes?" ²²Jesus respondeu-lhe: "Não te digo até sete, mas até setenta e sete vezes. ²³Eis porque o Reino dos Céus é semelhante a um rei que resolveu acertar contas com os seus servos. ²⁴Ao começar o acerto, trouxeram-lhe um que devia dez mil talentos. ²⁵Não tendo este com que pagar, o senhor ordenou que o vendessem, juntamente com a mulher e com os filhos e todos os seus bens, para o pagamento da dívida. ²⁶O servo, porém, caiu aos seus pés e, prostrado, suplicava-lhe: 'Dá-me um prazo e eu te pagarei tudo'. ²⁷Diante disso, o Senhor, compadecendo-se do servo, soltou-o e perdoou-lhe a dívida. ²⁸Mas, quando saiu dali, esse servo encontrou um dos seus companheiros de servidão, que lhe devia cem denários e, agarrando-o pelo pescoço, pôs-se a sufocá-lo e a insistir: 'Paga-me o que me deves'. ²⁹O companheiro, caindo aos		Se teu irmão pecar, repreende-o e se ele se arrepender, perdoa-lhe. ⁴E caso ele peque contra ti sete vezes por dia e sete vezes retornar, dizendo 'Estou arrependido', tu lhe perdoarás.	

§ 126 Neste e no § seguinte, Lc contenta-se com a sentença motivadora, sem acrescentar a parábola respectiva.

§§ 127-128 — Mt 19,30-20,1-16; 7,14.21-23; 8,11.12; Lc 13,30; 13,22-30

Mt	Mc	Lc	Jo
seus pés, rogava-lhe: 'Dá-me um prazo e eu te pagarei'. ³⁰Mas ele não quis ouvi-lo; antes, retirou-se e mandou lançá-lo na prisão até que pagasse o que devia. ³¹Vendo os seus companheiros de servidão o que acontecera, ficaram muito penalizados e, procurando o senhor, contaram-lhe todo o acontecido. ³²Então o senhor mandou chamar aquele servo e lhe disse: "Servo mau, eu te perdoei toda a tua dívida, porque me rogaste. ³³Não devias, também tu, ter compaixão do teu companheiro, como eu tive compaixão de ti?' ³⁴Assim, encolerizado, o seu senhor o entregou aos verdugos, até que pagasse toda a sua dívida. ³⁵Eis como meu Pai celeste agirá convosco, se cada um de vós não perdoar, de coração, ao seu irmão"			

§ 127 — Os operários na vinha

Mt	Mc	Lc	Jo
Mt 19,30 - 20,1-16		Lc 13,30	
³⁰Muitos dos primeiros serão últimos, e muitos dos últimos, primeiros. ¹Porque o Reino dos Céus é semelhante a um pai de família que saiu de manhã cedo para contratar trabalhadores para a sua vinha. ²Depois de combinar com os trabalhadores um denário por dia, mandou-os para a vinha. ³Tornando a sair pela hora terceira, viu outros que estavam na praça, desocupados, ⁴e disse-lhes: 'Ide, também vós para a vinha, e eu vos darei o que for justo'. ⁵Eles foram. Tornando a sair pela hora sexta e pela hora nona, fez a mesma coisa. ⁶Saindo pela hora undécima, encontrou outros que lá estavam e disse-lhes: 'Por que ficais aí o dia inteiro desocupados?' Responderam: 'Porque ninguém nos contratou'. Disse-lhes: 'Ide, também vós, para a vinha. ⁸Chegada a tarde, disse o dono da vinha ao seu administrador: 'Chama os trabalhadores e paga-lhes o salário come-		³⁰Eis que há últimos que serão primeiros, e primeiros que serão últimos".	

çando pelos últimos até os primeiros'. ⁹Vindo os da hora undécima, receberam um denário cada um. ¹⁰E vindo os primeiros pensaram que receberiam mais, mas receberam um denário cada um também eles. ¹¹Ao receber, murmuravam contra o pai de família, dizendo: ¹²Estes últimos fizeram uma hora só e tu os igualaste a nós, que suportamos o peso do dia e o calor do sol'. ¹³Ele, então, disse a um deles: 'Amigo, não fui injusto contigo. Não combinaste um denário? ¹⁴Toma o que é teu e vai. Eu quero dar a este último o mesmo que a ti. ¹⁵Não tenho o direito de fazer o que eu quero com o que é meu? Ou o teu olho é mau porque eu sou bom?' ¹⁶Assim, os últimos serão primeiros, e os primeiros serão últimos.

§ 128 — A porta fechada (cf. §§ 104-106)

Mt

Mt 7,14.21-23

¹⁴Estreita, porém, é a porta e apertado o caminho que conduz à Vida. E poucos são os que o encontram. ²¹Nem todo aquele que me diz 'Senhor, Senhor', entrará no Reino dos Céus, mas sim aquele que pratica a vontade de meu Pai que está nos céus. ²²Muitos me dirão naquele dia: 'Senhor, Senhor, não foi *em teu nome que profetizamos* e em teu nome que expulsamos demônios e em teu nome que fizemos muitos milagres?' ²³Então eu lhes declararei: 'Nunca vos conheci. *Apartai-vos de mim, vós que praticais a iniqüidade*'.

Mt 8,11.12

¹¹Mas eu vos digo que *virão* muitos *do oriente e do ocidente* e se assentarão à mesa no Reino dos Céus, com Abraão, Isaac e Jacó, ¹²enquanto os filhos do Reino serão postos para fora, nas trevas, onde haverá choro e ranger de dentes".

Mc

Lc

Lc 13,22-30

²²Jesus atravessava cidades e povoados, ensinando e encaminhando-se para Jerusalém. ²³E alguém lhe perguntou: "Senhor, é pequeno o número dos que se salvam?" Ele respondeu: ²⁴"Esforçai-vos por entrar pela porta estreita, pois eu vos digo que muitos procurarão entrar e não conseguirão. ²⁵Uma vez que o dono da casa houver se levantado e tiver fechado a porta e vós, de fora, começardes a bater à porta, dizendo: 'Senhor, abre-nos', ele vos responderá: 'Não sei de onde sois'. ²⁶Então começareis a dizer: 'Nós comíamos e bebíamos em tua presença, e tu ensinaste em nossas praças'. ²⁷Ele, porém, vos responderá: 'Não sei de onde sois: *afastai-vos de mim, vós todos, que cometeis injustiça!*'

²⁸Lá haverá choro e ranger de dentes, quando virdes Abraão, Isaac, Jacó, e todos os profetas no Reino de Deus, e vós, porém, lançados fora. ²⁹Eles virão *do oriente e do ocidente*, do norte e do sul, e tomarão lu-

Jo

§§ 129-131 — *Mt 20,16; 23,37-39; 25,31-46; Mc 1,21-28; Lc 13,34-35; 4,31-37; Jo 5,20-30*

Mt	Mc	Lc	Jo
Mt 20,16			
¹⁶Assim os últimos serão primeiros, e os primeiros serão últimos.		gar à mesa no Reino de Deus. ³⁰Eis que há últimos que serão primeiros e primeiros que serão últimos.	

§ 129 — *Jerusalém! Jerusalém! (cf. §§ 209 e 217)*

Mt	Mc	Lc	Jo
Mt 23,37-39		Lc 13,34-35	
³⁷Jerusalém, Jerusalém, que matas os profetas e apedrejas os que te são enviados, quantas vezes quis eu ajuntar os teus filhos, como a galinha recolhe os seus pintinhos debaixo das suas asas, e não o quiseste! ³⁸Eis que a vossa casa vos ficará abandonada ³⁹pois eu vos digo: não me vereis, desde agora, até o dia em que direis: *Bendito aquele que vem em nome do Senhor!*		³⁴Jerusalém, Jerusalém, que matas os profetas e apedrejas os que te foram enviados, quantas vezes quis eu reunir teus filhos como a galinha recolhe seus pintinhos debaixo das asas, mas não quiseste! ³⁵Eis que *vossa casa ficará abandonada.* Sim, eu vos digo, não me vereis até o dia em que direis: *Bendito aquele que vem em nome do Senhor!"*	

§ 130 — *O último juízo (cf. §§ 151-153)*

Mt	Mc	Lc	Jo
Mt 25,31-46			Jo 5,20-30
³¹Quando o Filho do Homem vier em sua glória, e *todos os anjos com ele*, então se assentará no trono da sua glória. ³²E serão reunidas em sua presença todas as nações e ele separará os homens uns dos outros, como o pastor separa as ovelhas dos cabritos, ³³e porá as ovelhas à sua direita e os cabritos à sua esquerda. ³⁴Então dirá o rei aos que estiverem à sua direita: 'Vinde benditos de meu Pai, recebei por herança o Reino preparado para vós desde a fundação do mundo. ³⁵Pois tive fome e me destes de comer. Tive sede e me destes de beber. Era forasteiro e me recolheste. ³⁶Estive nu e me vestistes, doente e me visitastes, preso e viestes ver-me'. ³⁷Então os justos responderão: 'Senhor, quando foi que te vimos com fome e te alimentamos,			²⁰"Porque o Pai ama o Filho e lhe mostra tudo o que faz; e lhe mostrará obras maiores do que essas para que vos admireis. ²¹Como o Pai ressuscita os mortos e os faz viver, também o Filho dá a vida a quem quer. ²²Porque o Pai a ninguém julga, mas confiou ao Filho todo julgamento, ²³a fim de que todos honrem o Filho, como honram o Pai. Quem não honra o Filho não honra o Pai que o enviou. ²⁴Em verdade, em verdade, vos digo:

Mt	Mc	Lc	Jo
com sede e te demos de beber? ³⁸Quando foi que te vimos forasteiro e te recolhemos ou nu e te vestimos? ³⁹Quando foi que te vimos doente ou preso e fomos te ver?' ⁴⁰Ao que lhes responderá o rei: 'Em verdade vos digo: cada vez que o fizestes a um desses meus irmãos mais pequeninos, a mim o fizestes'. ⁴¹Em seguida, dirá aos que estiverem à sua esquerda: 'Apartai-vos de mim, malditos, para o fogo eterno preparado para o diabo e para os seus anjos. ⁴²Porque tive fome e não me destes de comer. Tive sede e não me destes de beber. ⁴³Fui forasteiro e não me recolhestes. Estive nu e não me vestistes, doente e preso e não me visitastes'. ⁴⁴Então, também eles responderão: 'Senhor, quando é que te vimos com fome ou com sede, forasteiro ou nu, doente ou preso e não te servimos?' ⁴⁵E ele responderá com estas palavras: 'Em verdade vos digo: todas as vezes que o deixastes de fazer a um desses pequeninos, foi a mim que o deixastes de fazer'. ⁴⁶E irão estes para o castigo *eterno*, enquanto *os justos irão para a vida eterna*".			quem escuta a minha palavra e crê naquele que me enviou tem a vida eterna e não vem a julgamento, mas passou da morte à vida. ²⁵Em verdade, em verdade, vos digo: vem a hora — e é agora — em que os mortos ouvirão a voz do Filho de Deus, e os que o ouvirem, viverão ²⁶Assim como o Pai tem a vida em si mesmo, também concedeu ao Filho ter a vida em si mesmo ²⁷e lhe deu o poder de exercer o julgamento porque é Filho do Homem. ²⁸Não vos admireis com isto: vem a hora em que todos os que repousam nos sepulcros ouvirão a sua voz ²⁹e sairão; os que tiverem feito o bem, para uma ressurreição de vida; os que tiverem praticado o mal, para uma ressurreição de julgamento. ³⁰Por mim mesmo, nada posso fazer: eu julgo segundo o que ouço, e meu julgamento é justo, porque não procuro a minha vontade, mas a vontade daquele que me enviou.

§ 131 — O possesso na sinagoga de Cafarnaum

Mt	Mc 1,21-28	Lc 4,31-37	Jo
	²¹Entraram em Cafarnaum e, logo no sábado, foram à sinagoga. E ali ele ensinava. ²²Estavam espantados com o seu ensinamento, pois ele os ensinava como quem tem autoridade e não como os escribas. ²³Na ocasião, estava na sinagoga deles um homem	³¹Desceu então a Cafarnaum, cidade da Galiléia, e ensinava-os aos sábados. ³²Eles ficavam pasmados com seu ensinamento, porque falava com autoridade. ³³Encontrava-se na sinagoga um homem possesso de um espírito de demônio impuro, que se pôs a gritar	

§§ 132-136 — Mt 5,20; Mc 1,35-39; 4,25; 9,38-41; Lc 4,42-44; 8,18; 9,49-50; 10,38-42; Jo 12,1.2

Mt	Mc	Lc	Jo
	possuído de um espírito impuro, que gritava ²⁴dizendo: "Que queres de nós, Jesus Nazareno? Vieste para arruinar-nos? Sei quem tu és: o Santo de Deus" ²⁵Jesus, porém, o conjurou severamente: "Cala-te e sai dele." ²⁶Então o espírito impuro, sacudindo-o violentamente e soltando grande grito, deixou-o. ²⁷Todos então se admiraram, perguntando uns aos outros: "Que é isto? Um novo ensinamento com autoridade! Até mesmo aos espíritos impuros dá ordens, e eles lhe obedecem!" ²⁸Imediatamente a sua fama se espalhou em todo o lugar, em toda a redondeza da Galiléia.	fortemente: ³⁴"Ah! Que queres de nós, Jesus Nazareno? Vieste para arruinar-nos? Sei quem tu és: o Santo de Deus". ³⁵Mas Jesus o conjurou severamente: "Cala-te, e sai dele!" E o demônio, lançando-o no meio de todos, saiu sem lhe fazer mal algum. ³⁶O espanto apossou-se de todos, e falavam entre si: "Que significa isso? Ele dá ordens com autoridade e poder aos espíritos impuros, e eles saem!" ³⁷E sua fama se propagava por todo lugar da redondeza.	

§ 132 — Percorrendo a Galiléia (cf. § 34)

Mt	Mc 1,35-39	Lc 4,42-44	Jo
	³⁵De madrugada, estando ainda escuro, ele se levantou e retirou-se para um lugar deserto e ali orava. ³⁶Simão e os seus companheiros o procuravam ansiosos ³⁷e, quando o acharam, disseram-lhe: "Todos te procuram". ³⁸Disse-lhes: "Vamos a outros lugares, às aldeias da vizinhança, a fim de pregar também ali, pois foi para isso que eu saí". ³⁹E foi por toda a Galiléia, pregando em suas sinagogas e expulsando os demônios.	⁴²Ao raiar do dia, saiu e foi para um lugar deserto. As multidões puseram-se a procurá-lo e, tendo-o encontrado, queriam retê-lo, impedindo-o que as deixasse. ⁴³Ele, porém, lhes disse: "Devo anunciar também a outras cidades a Boa Nova do Reino de Deus, pois é para isso que fui enviado". ⁴⁴E pregava pelas sinagogas da Judéia.	

§ 133 — A justiça distributiva divina

Mt	Mc 4,25	Lc 8,18	Jo
	²⁵"Pois ao que tem será dado, e ao que não tem, mesmo o que tem lhe será tirado".	¹⁸"Cuidai, portanto, do modo como ouvis! Pois ao que tem, será dado; e ao que não tem, mesmo o que pensa ter, lhe será tirado".	

§ 134 — A tolerância ecumênica (cf. § 151)

Mt	Mc 9,38-41	Lc 9,49-50	Jo
	³⁸Disse-lhe João: "Mestre, vimos alguém que não nos segue, expulsando demônios em teu nome, e o impedimos porque não nos seguia". ³⁹Jesus, porém, disse: "Não o impeçais, pois não há ninguém que faça um milagre em meu nome e logo depois possa falar mal de mim. ⁴⁰Porque quem não é contra nós é por nós. ⁴¹De fato, quem vos der a beber um copo d'água por serdes de Cristo, em verdade vos digo que não perderá a sua recompensa".	⁴⁹João tomou a palavra e disse: "Mestre, vimos alguém expulsar demônios em teu nome e quisemos impedi-lo porque ele não te segue conosco". ⁵⁰Jesus, porém, lhe disse: "Não o impeçais, pois quem não é contra vós está a vosso favor".	

§ 135 — Marta e Maria de Betânia*

Mt	Mc	Lc 10,38-42	Jo 12,1.2
		³⁸Estando em viagem, entrou num povoado, e certa mulher, chamada Marta, recebeu-o em sua casa. ³⁹Sua irmã, chamada Maria, ficou sentada aos pés do Senhor, escutando-lhe a palavra. ⁴⁰Marta estava ocupada pelo muito serviço. Parando, por fim, disse: "Senhor, a ti não importa que minha irmã me deixe assim sozinha a fazer o serviço? Dize-lhe, pois, que me ajude". ⁴¹O Senhor, porém, respondeu: "Marta, Marta, tu te inquietas e te agitas por muitas coisas; ⁴²no entanto, pouca coisa é necessária, até mesmo uma só. Maria, com efeito, escolheu a melhor parte, que não lhe será tirada".	¹Seis dias antes da Páscoa, Jesus foi a Betânia, onde estava Lázaro, que ele ressuscitara dos mortos. ²Ofereceram-lhe aí um jantar; Marta servia e Lázaro era um dos que estavam à mesa com ele.

§ 136 — A "justiça" dos escribas e dos fariseus

Mt 5,20	Mc	Lc	Jo
²⁰"Com efeito, eu vos asseguro que se a vossa justiça não exceder a dos escribas e a dos fariseus, não entrareis no Reino dos Céus.			

§ 135 Como em outras vezes semelhantes, ficamos sabendo de Jo a localidade onde moravam Marta e Maria (cf. Jo 11).

§§ 137-144 — Mt 5,21-24; 5,27-28; 5,29-30; 5,33-37; 6,1; 6,2-4; 6,5-6; 6,16-18

§ 137 — A perfeição do quinto mandamento

Mt 5,21-24	Mc	Lc	Jo
²¹Ouvistes que foi dito aos antigos: *Não matarás*; aquele que matar terá de responder no tribunal. ²²Eu, porém, vos digo: todo aquele que se encolerizar contra seu irmão, terá de responder no tribunal; aquele que chamar ao seu irmão 'Cretino!' estará sujeito ao julgamento do Sinédrio; aquele que lhe chamar 'Louco' terá de responder na geena de fogo. ²³Portanto, se estiveres para trazer a tua oferta ao altar e ali te lembrares de que o teu irmão tem alguma coisa contra ti, ²⁴deixa a tua oferta ali diante do altar e vai primeiro reconciliar-te com o teu irmão; e depois virás apresentar a tua oferta.			

§ 138 — A perfeição do sexto mandamento

Mt 5,27-28	Mc	Lc	Jo
²⁷Ouvistes que foi dito: *Não cometerás adultério*. ²⁸Eu, porém, vos digo: todo aquele que olha para uma mulher com desejo libidinoso já cometeu adultério com ela em seu coração.			

§ 139 — Sacrificar o olho e a mão (cf. § 72)

Mt 5,29-30	Mc	Lc	Jo
²⁹Caso o teu olho direito te leve a pecar, arranca-o e lança-o para longe de ti, pois é preferível que se perca um dos teus membros do que todo o teu corpo seja lançado na geena. ³⁰Caso a tua mão direita te leve a pecar, corta-a e lança-a para longe de ti, pois é preferível que se perca um dos teus membros do que todo o teu corpo vá para a geena.			

§ 140 — Não jureis!

Mt 5,33-37	Mc	Lc	Jo
³³Ouvistes também que foi dito aos antigos: *Não perjurarás, mas cumprirás os teus juramentos para com o Senhor*. ³⁴Eu, porém, vos digo: não jureis em hipótese nenhuma; nem *pelo Céu*, porque *é o trono de Deus*, ³⁵nem *pela Terra*, porque *é o escabelo dos seus pés*, nem por *Jerusalém*, porque *é a Cidade do Grande Rei*, ³⁶nem jures pela tua cabeça, porque tu não tens o poder de tornar um só cabelo branco ou preto, ³⁷Seja o vosso 'sim', sim, e o vosso 'não', não. O que passa disso vem do Maligno.			

§ 141 — A reta intenção

| Mt 6,1 | Mc —— | Lc —— | Jo —— |

¹Guardai-vos de praticar a vossa justiça diante dos homens para serdes vistos por eles. Do contrário, não recebereis recompensa junto ao vosso Pai que está nos céus.

§ 142 — A esmola

| Mt 6,2-4 | Mc —— | Lc —— | Jo —— |

²Por isso, quando deres esmola, não te ponhas a trombetear em público, como fazem os hipócritas nas sinagogas e nas ruas, com o propósito de serem glorificados pelos homens. Em verdade vos digo: já receberam a sua recompensa. ³Tu, porém, quando deres esmola, não saiba a tua mão esquerda o que faz a tua direita, ⁴para que a tua esmola fique em segredo; e o teu Pai, que vê no segredo, te recompensará.

§ 143 — A oração pessoal

| Mt 6,5-6 | Mc —— | Lc —— | Jo —— |

⁵E quando orardes, não sejais como os hipócritas, porque eles gostam de fazer oração pondo-se em pé nas sinagogas e nas esquinas, a fim de serem vistos pelos homens. Em verdade vos digo: já receberam a sua recompensa. ⁶Tu, porém, quando orares, *entra no teu quarto e, fechando tua porta, ora* ao teu Pai que está lá, no segredo; e o teu Pai, que vê no segredo, te recompensará.

§ 144 — O jejum

| Mt 6,16-18 | Mc —— | Lc —— | Jo —— |

¹⁶Quando jejuardes, não tomeis um ar sombrio como fazem os hipócritas, pois eles desfiguram seu rosto para que seu jejum seja percebido pelos homens. Em verdade vos digo: já receberam a sua recompensa. ¹⁷Tu, porém, quando jejuares, unge tua cabeça e lava teu rosto, ¹⁸para que os homens não percebam que estás jejuando, mas apenas o teu Pai, que está lá no segredo; e o teu Pai, que vê no segredo, te recompensará.

§§ 145-151 — Mt 7,6; 7,15-20; 9,27-31; 9,32-34; 11,28-30; 12,15b-21; 13,24-30.36-43

§ 145 — Os cães e as coisas santas

Mt 7,6	Mc	Lc	Jo

⁶Não deis aos cães o que é santo, nem atireis as vossas pérolas aos porcos, para que não as pisem e, voltando-se contra vós, vos estraçalhem.

§ 146 — Os falsos profetas

Mt 7,15-20	Mc	Lc	Jo

¹⁵Guardai-vos dos falsos profetas, que vêm a vós disfarçados de ovelhas, mas por dentro são lobos ferozes. ¹⁶Pelos seus frutos os conhecereis. Por acaso colhem-se uvas dos espinheiros ou figos dos cardos? ¹⁷Do mesmo modo, toda árvore boa dá bons frutos, mas a árvore má dá frutos ruins. ¹⁸Uma árvore boa não pode dar frutos ruins, nem uma árvore má dar bons frutos. ¹⁹Toda árvore que não produz bom fruto é cortada e lançada ao fogo. ²⁰É pelos seus frutos, portanto, que os reconhecereis.

§ 147 — Cura de dois cegos

Mt 9,27-31	Mc	Lc	Jo

²⁷Partindo Jesus dali, puseram-se a segui-lo dois cegos, que gritavam e diziam: "Filho de Davi, tem compaixão de nós!" ²⁸Quando entrou em casa, os cegos aproximaram-se dele. Jesus lhes perguntou: "Credes vós que tenho poder de fazer isso?" Eles responderam: "Sim Senhor". ²⁹Então tocou-lhes os olhos e disse: "Seja feito segundo a vossa fé". ³⁰E os seus olhos se abriram. Jesus, porém, os admoestou com energia: "Cuidado, para que ninguém o saiba". ³¹Mas eles, ao saírem dali, espalharam sua fama por toda aquela região.

§ 148 — Cura do possesso mudo

Mt 9,32-34	Mc	Lc	Jo

³²Logo que saíram, eis que lhe trouxeram um endemoninhado mudo. ³³Expulso o demônio, o mudo falou. A multidão ficou admirada e pôs-se a dizer: "Nunca se viu coisa semelhante em Israel!" ³⁴"Os fariseus, porém, diziam: "É pelo príncipe dos demônios que ele expulsa os demônios".

§ 149 — Vinde a mim!

Mt 11,28-30 Mc Lc Jo

²⁸"Vinde a mim todos os que estais cansados sob o peso do vosso fardo e eu vos darei descanso. ²⁹Tomai sobre vós o meu jugo e aprendei de mim, porque sou manso e humilde de coração, *e encontrareis descanso para vossas almas*, ³⁰pois o meu jugo é suave e o meu fardo é leve".

§ 150 — A modéstia de Jesus

Mt 12,15b-21 Mc Lc Jo

Muitos o seguiram, e ele os curou a todos. ¹⁶E os proibia severamente de torná-lo manifesto, ¹⁷a fim de que se cumprisse o que foi dito pelo profeta Isaías: ¹⁸*Eis o meu Servo, a quem escolhi, o meu Amado, em quem minha alma se compraz. Porei o meu Espírito sobre ele e ele anunciará o Direito às nações* ¹⁹*Ele não discutirá, nem clamará; nem sua voz nas ruas se ouvirá.* ²⁰*Ele não quebrará o caniço rachado nem apagará a mecha que ainda fumega, até que conduza o direito ao triunfo.* ²¹*E no seu nome as nações porão sua esperança*".

§ 151 — O joio no meio do trigo (*cf.* § 134)

Mt 13,24-30.36-43 Mc Lc Jo

²⁴Propôs-lhes outra parábola: "O Reino dos Céus é semelhante a um homem que semeou boa semente no seu campo. ²⁵Enquanto todos dormiam, veio o seu inimigo e semeou o joio no meio do trigo e foi-se embora. ²⁶Quando o trigo cresceu e começou a granar, apareceu também o joio. ²⁷Os servos do proprietário foram procurá-lo e lhe disseram: 'Senhor, não semeaste boa semente no teu campo? Como então está cheio de joio?' ²⁸Ao que este respondeu: 'Um inimigo é que fez isso'. Os servos perguntaram-lhe: 'Queres, então, que vamos arrancá-lo?' ²⁹Ele respondeu: 'Não, para não acontecer que, ao arrancar o joio, com ele arranqueis também o trigo. ³⁰Deixai-os crescer juntos até a colheita. No tempo da colheita, direi aos ceifeiros: 'Arrancai primeiro o joio e atai-o em feixes para ser queimado; quanto ao trigo, recolhei-o no meu celeiro'".

³⁶Então, deixando as multidões, entrou em casa. E os discípulos chegaram-se a ele, pedindo-lhe: "Explica-nos a parábola do joio no campo". ³⁷Ele respondeu: "O que semeia a boa semente é o Filho do Homem. ³⁸O campo é o mundo. A boa semente são os filhos do Reino. O joio são os filhos do Maligno. ³⁹O inimigo que o semeou é o Dia-

§§ 152-158 — Mt 13,44-46; 13,47-50; 13,51-52; 17,24-27; 18,18; 18,19-20; 19,10-12

Mt	Mc	Lc	Jo
bo. A colheita é o fim do mundo. Os ceifadores são os anjos. ⁴⁰Da mesma forma que se junta o joio e se queima no fogo, assim será no fim do mundo: ⁴¹o Filho do Homem enviará seus anjos e eles apanharão do seu Reino *todos os escândalos e os que praticam a iniqüidade* ⁴²e os lançarão na fornalha ardente. Ali haverá choro e ranger de dentes. ⁴³Então *os justos brilharão* como o sol no Reino de seu Pai. O que tem ouvidos, ouça!"			

§ 152 — O tesouro escondido e a pérola

Mt 13,44-46	Mc	Lc	Jo
⁴⁴O Reino dos Céus é semelhante a um tesouro escondido no campo; um homem o acha e torna a esconder e, na sua alegria, vai, vende tudo o que possui e compra aquele campo. ⁴⁵O Reino dos Céus é ainda semelhante a um negociante que anda em busca de pérolas finas. ⁴⁶Ao achar uma pérola de grande valor, vai, vende tudo o que possui e a compra.			

§ 153 — A rede repleta de peixes

Mt 13,47-50	Mc	Lc	Jo
⁴⁷O Reino dos Céus é ainda semelhante a uma rede lançada ao mar, que apanha de tudo. ⁴⁸Quando está cheia, puxam-na para a praia e, sentados, juntam o que é bom em vasilhas, mas o que não presta, deitam fora. ⁴⁹Assim será no fim do mundo: virão os anjos e separarão os maus dentre os justos ⁵⁰e os lançarão na fornalha ardente. Ali haverá choro e ranger de dentes.			

§ 154 — Epílogo do capítulo das parábolas

Mt 13,51-52	Mc	Lc	Jo
⁵¹Entendestes todas essas coisas?" Responderam-lhe: "Sim". ⁵²Então lhes disse: "Por isso, todo escriba que se tornou discípulo do Reino dos Céus é semelhante a um pai de família que do seu tesouro tira coisas novas e velhas".			

§ 155 — O tributo do templo

Mt 17,24-27

²⁴Quando chegaram a Cafarnaum, os coletores da didracma aproximaram-se de Pedro e lhe perguntaram: "O vosso mestre não paga a didracma?" ²⁵Pedro respondeu: "Sim". Ao entrar em casa, Jesus antecipou-se-lhe, dizendo: "Que te parece, Simão? De quem recebem os reis da terra tributos ou impostos? Dos seus filhos ou dos estranhos?" ²⁶Como ele respondesse "Dos estranhos", Jesus lhe disse: "Logo, os filhos estão isentos. ²⁷Mas, para que não os escandalizemos, vai ao mar e joga o anzol. O primeiro peixe que subir, segura-o e abre-lhe a boca. Acharás aí um estáter. Pega-o e entrega-o a eles por mim e por ti.

Mc — Lc — Jo

§ 156 — Ligar e desligar (cf. § 40)

Mt 18,18

¹⁸Em verdade vos digo: tudo quanto ligardes na terra será ligado no céu e tudo quanto desligardes na terra será desligado no céu.

Mc — Lc — Jo

§ 157 — Cristo no meio dos que oram unidos

Mt 18,19-20

¹⁹Em verdade ainda vos digo: se dois de vós estiverem de acordo na terra sobre qualquer coisa que queiram pedir, isso lhes será concedido por meu Pai que está nos céus. ²⁰Pois onde dois ou três estiverem reunidos em meu nome, ali estou eu no meio deles."

Mc — Lc — Jo

§ 158 — A virgindade consagrada

Mt 19,10-12

¹⁰Os discípulos disseram-lhe: "Se é assim a condição do homem em relação à mulher, não vale a pena casar-se". ¹¹Ele acrescentou: "Nem todos são capazes de compreender essa palavra, mas só aqueles a quem é concedido. ¹²Com efeito, há eunucos que nasceram assim, desde o ventre materno. E há eunucos que foram feitos eunucos pelos homens. E há eunucos que se fizeram eunucos por causa do Reino dos Céus. Quem tiver capacidade para compreender, compreenda!"

Mc — Lc — Jo

§§ 159-165 — Mc 4,26-29; 7,31-37; 8,22-26; 9,49-50; Lc 6,24-26; 6,38a; 7,11-17

§ 159 — A semente que cresce silenciosa

Mt	Mc 4,26-29	Lc	Jo

²⁶E dizia: "O Reino de Deus é como um homem que lançou a semente na terra: ²⁷ele dorme e acorda, de noite e de dia, mas a semente germina e cresce, sem que ele saiba como. ²⁸A terra por si mesma produz fruto: primeiro a erva, depois a espiga e, por fim, a espiga cheia de grãos. ²⁹Quando o fruto está no ponto, imediatamente se lhe *lança a foice, porque a colheita chegou*".

§ 160 — Efetá!

Mt	Mc 7,31-37	Lc	Jo

³¹Saindo de novo do território de Tiro, seguiu em direção do mar da Galiléia, passando por Sidônia e atravessando a região da Decápole. ³²Trouxeram-lhe um surdo que gaguejava, e rogaram que impusesse as mãos sobre ele. ³³Levando-o a sós para longe da multidão, colocou os dedos nas orelhas dele e, com saliva, tocou-lhe a língua. ³⁴Depois, levantando os olhos para o céu, gemeu, e disse: *Effathá*, que quer dizer "Abre-te!" ³⁵Imediatamente abriram-se-lhe os ouvidos e a língua se lhe desprendeu, e falava corretamente. ³⁶Jesus os proibiu de contar o que acontecera; quanto mais o proibia, tanto mais eles o proclamavam. ³⁷Maravilhavam-se sobremaneira, dizendo: "Ele tem feito tudo bem; faz tanto os surdos ouvirem como os mudos falarem".

§ 161 — Cura gradativa do cego de Betsaida

Mt	Mc 8,22-26	Lc	Jo

²²E chegaram a Betsaida. Trouxeram-lhe então um cego, rogando que ele o tocasse. ²³Tomando o cego pela mão, levou-o para fora do povoado e, cuspindo nos olhos e impondo-lhe as mãos, perguntou-lhe: "Percebes alguma coisa?" ²⁴E ele, começando a ver, disse: "Vejo as pessoas como se fossem árvores andando". ²⁵Em seguida, ele colocou novamente as mãos sobre os olhos do cego, que viu distintamente e ficou restabelecido e podia ver tudo nitidamente e de longe. ²⁶E mandou-o para casa, dizendo: "Não entres no povoado!"

§ 162 — Alegoria do sal

Mt	Mc 9,49-50	Lc	Jo

⁴⁹"Pois todos serão salgados com fogo. ⁵⁰O sal é bom. Mas se o sal se tornar insípido, como retemperá-lo? Tende sal em vós mesmos e vivei em paz uns com os outros".

§ 163 — Quatro ais

Mt	Mc	Lc 6,24-26	Jo

²⁴Mas, ai de vós, ricos, porque já tendes a vossa consolação!
²⁵Ai de vós, que agora estais saciados, porque tereis fome!
Ai de vós, que agora rides, porque conhecereis o luto e as lágrimas!
²⁶Ai de vós, quando todos vos bendisserem, pois do mesmo modo seus pais tratavam os falsos profetas.

§ 164 — A medida boa e comprimida

Mt	Mc	Lc 6,38a	Jo

³⁸Dai, e vos será dado; será derramada no vosso regaço uma boa medida, calcada, sacudida, transbordante".

§ 165 — O jovem de Naim

Mt	Mc	Lc 7,11-17	Jo

¹¹Ele foi em seguida a uma cidade chamada Naim. Seus discípulos e numerosa multidão caminhavam com ele. ¹²Ao se aproximar da porta da cidade, coincidiu que levavam a enterrar um morto, filho único de mãe viúva; e grande multidão da cidade estava com ela. ¹³O Senhor, ao vê-la, ficou comovido e disse-lhe: "Não chores!" ¹⁴Depois, aproximando-se, tocou o esquife, e os que o carregavam pararam. Disse ele, então: "Jovem, eu te ordeno, levanta-te!" ¹⁵E o morto sentou-se e começou a falar. E Jesus *o entregou à sua mãe*. ¹⁶Todos ficaram com muito medo e glorificavam a Deus, dizendo: "Um grande profeta surgiu entre nós e Deus visitou o seu povo". ¹⁷E essa notícia difundiu-se pela Judéia inteira e por toda a redondeza.

§§ 166-171 — Lc 7,29-30; 7,36-50; 8,1-3; 9,51-56; 10,17-20; 10,25-37

§ 166 — Aceitação e rejeição do Precursor

Mt	Mc	Lc 7,29-30	Jo
		²⁹Todo o povo que o ouviu, e os próprios publicanos, proclamaram a justiça de Deus, recebendo o batismo de João; ³⁰os fariseus e os legistas, porém, não querendo ser batizados por ele, aniquilaram para si próprios o desígnio de Deus.	

§ 167 — A pecadora arrependida

Mt	Mc	Lc 7,36-50	Jo
		³⁶Um fariseu convidou-o a comer com ele. Jesus entrou, pois, na casa do fariseu e reclinou-se à mesa. ³⁷Apareceu então uma mulher da cidade, uma pecadora. Sabendo que ele estava à mesa na casa do fariseu, trouxe um frasco de alabastro com perfume. ³⁸E, ficando por detrás, aos pés dele, chorava; e com as lágrimas começou a banhar-lhe os pés, a enxugá-los com os cabelos, a cobri-los de beijos e a ungi-los com o perfume. ³⁹Vendo isso, o fariseu que o havia convidado pôs-se a refletir: "Se este homem fosse profeta, saberia bem quem é a mulher que o toca, porque é uma pecadora!" ⁴⁰Jesus, porém, tomando a palavra, disse-lhe: "Simão, tenho uma coisa a dizer-te". — "Fala, mestre", respondeu ele. ⁴¹"Um credor tinha dois devedores; um lhe devia quinhentos denários e o outro cinqüenta. ⁴²Como não tivessem com que pagar, perdoou a ambos. Qual dos dois o amará mais?" ⁴³Simão respondeu: "Suponho que aquele ao qual mais perdoou". Jesus lhe disse: "Julgaste bem". ⁴⁴E, voltando-se para a mulher, disse a Simão: "Vês esta mulher? Entrei em tua casa e não me derramaste água nos pés; ela, ao contrário, regou-me os pés com lágrimas e enxugou-os com os cabelos. ⁴⁵Não me deste um ósculo; ela, porém, desde que eu entrei, não parou de cobrir-me os pés de beijos. ⁴⁶Não me derramaste óleo na cabeça; ela, ao invés, ungiu-me os pés com perfume. ⁴⁷Por essa razão, eu te digo, seus numerosos pecados lhe estão perdoados, porque ela demonstrou muito amor. Mas aquele a quem pouco foi perdoado mostra pouco amor". ⁴⁸Em seguida, disse à mulher: "Teus pecados estão perdoados". ⁴⁹Logo os convivas começaram a refletir: "Quem é este que até perdoa pecados?" ⁵⁰Ele, porém, disse à mulher: "Tua fé te salvou; vai em paz".	

Mt	Mc		Jo

§ 168 — As mulheres em companhia de Jesus (cf. §§ 266 e 272)

Lc 8,1-3

¹Depois disso, ele andava por cidades e povoados, pregando e anunciando a Boa Nova do Reino de Deus. Os Doze o acompanhavam, ²assim como algumas mulheres que haviam sido curadas de espíritos malignos e doenças: Maria, chamada Madalena, da qual haviam saído sete demônios, ³Joana, mulher de Cuza, o procurador de Herodes, Susana e várias outras, que o serviam com seus bens.

§ 169 — A intolerância dos samaritanos e dos discípulos

Lc 9,51-56

⁵¹Quando se completaram os dias de sua assunção, ele tomou resolutamente o caminho de Jerusalém ⁵²e enviou mensageiros à sua frente. Estes puseram-se a caminho e entraram num povoado de samaritanos, a fim de preparar-lhe tudo. ⁵³Eles, porém, não o receberam, pois caminhava para Jerusalém. ⁵⁴Em vista disso, os discípulos Tiago e João disseram: "Senhor, queres que ordenemos *desça fogo do céu para consumi-los?*" ⁵⁵Ele, porém, voltando-se, repreendeu-os. ⁵⁶E partiram para outro povoado.

§ 170 — O retorno dos setenta e dois

Lc 10,17-20

¹⁷Os setenta e dois voltaram com alegria, dizendo: "Senhor, até os demônios se nos submetem em teu nome!" ¹⁸Ele lhes disse: "Eu via Satanás cair do céu como um relâmpago! ¹⁹Eis que eu vos dei o poder de *pisar serpentes*, escorpiões e todo o poder do Inimigo, e nada poderá vos causar dano. ²⁰Contudo, não vos alegreis porque os espíritos se vos submetem; alegrai-vos, antes, porque vossos nomes estão inscritos nos céus".

§ 171 — O bom samaritano (cf. § 220)

Lc 10,25-37

²⁵E eis que um legista se levantou e disse para experimentá-lo: "Mestre, que farei para herdar a vida eterna?" ²⁶Ele disse: "Que está escrito na Lei? Como lês?" ²⁷Ele, então, respondeu: *"Amarás o Senhor teu Deus, de todo o teu coração, de toda a tua alma, com toda a tua força e de todo o teu entendimento; e a teu próximo como a ti mesmo".*

§§ 172-177 — Lc 11,5-8; 11,27-28; 12,13-21; 12,49-50; 13,1-3; 13,4-5

Mt	Mc	Lc	Jo
		²⁸Jesus disse: "Respondeste corretamente; faze isso e viverás". ²⁹Ele, porém, querendo se justificar, disse a Jesus: "E quem é meu próximo?" ³⁰Jesus retomou: "Um homem descia de Jerusalém a Jericó, e caiu no meio de assaltantes que, após havê-lo despojado e espancado, foram-se, deixando-o semimorto. ³¹Casualmente, descia por esse caminho um sacerdote; viu-o e passou adiante. ³²Igualmente um levita, atravessando esse lugar, viu-o e prosseguiu. ³³Certo samaritano em viagem, porém, chegou junto dele, viu-o e moveu-se de compaixão. ³⁴Aproximou-se, cuidou de suas chagas, derramando óleo e vinho, depois colocou-o em seu próprio animal, conduziu-o à hospedaria e dispensou-lhe cuidados. ³⁵No dia seguinte, tirou dois denários e deu-os ao hospedeiro, dizendo: 'Cuida dele, e o que gastares a mais, em meu regresso te pagarei'. ³⁶Qual dos três, em tua opinião, foi o próximo do homem que caiu nas mãos dos assaltantes?" ³⁷Ele respondeu: "Aquele que usou de misericórdia para com ele". Jesus então lhe disse: "Vai, e também tu, faze o mesmo".	

§ 172 — O amigo importuno

Mt	Mc	Lc 11,5-8	Jo
		⁵Disse-lhes ainda: "Quem dentre vós, se tiver um amigo e for procurá-lo no meio da noite, dizendo: 'Meu amigo, empresta-me três pães, ⁶porque chegou de viagem um dos meus amigos e nada tenho para lhe oferecer', ⁷e ele responder de dentro: 'Não me importunes; a porta já está fechada, e meus filhos e eu estamos na cama; não posso me levantar para dá-los a ti'"; ⁸digo-vos, mesmo que não se levante para dá-los por ser amigo, levantar-se-á ao menos por causa da sua insistência, e lhe dará tudo aquilo de que precisa".	

§ 173 — Elogio à mãe de Jesus (cf. § 60)

Mt	Mc	Lc 11,27-28	Jo
		²⁷Enquanto ele assim falava, certa mulher levantou a voz do meio da multidão e disse-lhe: "Felizes as entranhas que te trouxeram e os seios que te amamentaram!" ²⁸Ele, porém, respondeu: "Felizes, antes, os que ouvem a palavra de Deus e a observam".	

§ 174 — O rico tolo

Mt	Mc	Lc 12,13-21	Jo
		¹³Alguém da multidão lhe disse: "Mestre, dize a meu irmão que reparta comigo a herança". ¹⁴Ele respondeu: "Homem, quem me estabeleceu juiz ou árbitro da vossa partilha?" ¹⁵Depois lhes disse: "Precavei-vos cuidadosamente de qualquer cupidez, pois, mesmo na abundância, a vida do homem não é assegurada por seus bens". ¹⁶E contou-lhes uma parábola: "A terra de um rico produziu muito. ¹⁷Ele, então, refletia: 'Que hei de fazer? Não tenho onde guardar minha colheita'. ¹⁸Depois pensou: 'Eis o que vou fazer: vou demolir meus celeiros, construir maiores, e lá hei de recolher todo o meu trigo e os meus bens. ¹⁹E direi à minha alma: Minha alma, tens uma quantidade de bens em reserva para muitos anos; repousa, come, bebe, regala-te'. ²⁰Mas Deus lhe diz: 'Insensato, nessa mesma noite ser-te-á reclamada a alma. E as coisas que acumulaste, de quem serão?' ²¹Assim acontece àquele que ajunta tesouros para si mesmo, e não é rico para Deus".	

§ 175 — Aforismos

Mt	Mc	Lc 12,49-50	Jo
		⁴⁹"Eu vim trazer fogo à terra, e como desejaria que já estivesse aceso! ⁵⁰Devo receber um batismo, e como me angustio até que esteja consumado!"	

§ 176 — Os galileus trucidados por Pilatos

Mt	Mc	Lc 13,1-3	Jo
		¹Nesse momento, vieram algumas pessoas que lhe contaram o que acontecera com os galileus, cujo sangue Pilatos havia misturado com o das suas vítimas. ²Tomando a palavra, ele disse: "Acreditais que, por terem sofrido tal sorte, esses galileus eram mais pecadores do que todos os outros galileus? ³Não, eu vos digo; todavia, se não vos arrependerdes, perecereis todos do mesmo modo.	

§ 177 — O desmoronamento da torre de Siloé

Mt	Mc	Lc 13,4-5	Jo
		⁴Ou os dezoito que a torre de Siloé matou em sua queda, julgais que a sua culpa tenha	

§§ 178-183 — Lc 13,10-17; 13,31-33; 14,1-6; 14,7-11; 14,12-14; 14,25-35

Mt	Mc	Lc	Jo
		sido maior do que a de todos os habitantes de Jerusalém? ⁵Não, eu vos digo; mas, se não vos arrependerdes, perecereis todos de modo semelhante".	

§ 178 — A mulher curvada

Mt	Mc	Lc 13,10-17	Jo
		¹⁰Ora, ele estava ensinando numa das sinagogas aos sábados. ¹¹E eis que se encontrava lá uma mulher, possuída havia dezoito anos por um espírito que a tornava enferma; estava inteiramente recurvada e não podia de modo algum endireitar-se. ¹²Vendo-a, Jesus chamou-a e disse: "Mulher, estás livre de tua doença", ¹³e lhe impôs as mãos. No mesmo instante, ela se endireitou e glorificava a Deus. ¹⁴O chefe da sinagoga, porém, ficou indignado por Jesus ter feito uma cura no sábado e, tomando a palavra, disse à multidão: "Há seis dias para o trabalho; portanto, vinde nesses dias para serdes curados, e não no dia de sábado!" ¹⁵O Senhor, porém, replicou: "Hipócritas! Cada um de vós, no sábado, não solta seu boi ou seu asno do estábulo para levá-lo a beber? ¹⁶E esta filha de Abraão que Satanás prendeu há dezoito anos, não convinha soltá-la no dia de sábado?" ¹⁷Ao falar assim, todos os adversários ficaram envergonhados, enquanto a multidão inteira se alegrava com todas as maravilhas que ele realizava.	

§ 179 — Herodes, a raposa (cf. § 64)

Mt	Mc	Lc 13,31-33	Jo
		³¹Na mesma hora, aproximaram-se alguns fariseus que lhe disseram: "Parte e vai-te daqui, porque Herodes quer te matar". ³²Ele respondeu: "Ide dizer a essa raposa: Eis que eu expulso demônios e realizo curas hoje e amanhã e no terceiro dia terei consumado! ³³Mas hoje, amanhã e depois de amanhã, devo prosseguir o meu caminho, pois não convém que um profeta pereça fora de Jerusalém".	

§ 180 — O hidrópico curado

Mt	Mc	Lc 14,1-6	Jo
		¹Certo sábado, ele entrou na casa de um dos chefes dos fariseus para tomar uma refeição, e eles o espiavam. ²Eis que um hidrópico estava ali, diante dele. ³Tomando a pala-	

Mt	Mc		Jo
		vra, Jesus disse aos legistas e aos fariseus: "É lícito ou não curar no sábado?" ⁴Eles, porém, ficaram calados. Tomou-o então, curou-o e despediu-o. ⁵Depois perguntou-lhes: "Qual de vós, se seu filho ou seu boi cai num poço, não o retira imediatamente em dia de sábado?" ⁶Diante disso, nada lhe puderam replicar.	

§ 181 — Os primeiros assentos

Lc 14,7-11

⁷Em seguida contou uma parábola aos convidados, ao notar como eles escolhiam os primeiros lugares. Disse-lhes: ⁸"Quando alguém te convidar para uma festa de casamento, não te coloques no primeiro lugar; não aconteça que alguém mais digno do que tu tenha sido convidado por ele, ⁹e quem convidou a ti e a ele venha a te dizer: 'Cede-lhe o lugar'. Deverás, então, todo envergonhado, ocupar o último lugar. ¹⁰Pelo contrário, quando fores convidado, ocupa o último lugar, de modo que, ao chegar quem te convidou, te diga: 'Amigo, vem mais para cima'. E isso será para ti uma glória em presença de todos os conviras. ¹¹Pois todo aquele que se exalta será humilhado, e quem se humilha será exaltado".

§ 182 — Convidem-se os pobres!

Lc 14,12-14

¹²Em seguida disse àquele que o convidara: "Ao dares um almoço ou jantar, não convides teus amigos, nem teus irmãos, nem teus parentes, nem os vizinhos ricos; para que não te convidem por sua vez e te retribuam do mesmo modo. ¹³Pelo contrário, quando deres uma festa, chama pobres, estropiados, coxos, cegos; ¹⁴feliz serás, então, porque eles não têm com que te retribuir. Serás, porém, recompensado na ressurreição dos justos".

§ 183 — As condições para ser discípulo (cf. § 108)

Lc 14,25-35

²⁵Grandes multidões o acompanhavam. Jesus voltou-se e disse-lhes: ²⁶"Se alguém vem a mim e não odeia seu próprio pai e mãe, mulher, filhos, irmãos, irmãs e até a própria vida, não pode ser meu discípulo. ²⁷Quem não carrega sua cruz e não vem após mim, não pode ser meu discípulo.

§§ 184-186 — Lc 15,8-10; 15,11-32; 16,1-12

Mt	Mc	Lc	Jo

²⁸Quem de vós, com efeito, querendo construir uma torre, primeiro não se senta para calcular as despesas e ponderar se tem com que terminar? ²⁹Não aconteça que, tendo colocado o alicerce e não sendo capaz de acabar, todos os que virem comecem a caçoar dele, dizendo: ³⁰'Esse homem começou a construir e não pôde acabar!' ³¹Ou ainda, qual o rei, partindo para guerrear com outro rei, primeiro não se senta para examinar se, com dez mil homens, poderá confrontar-se com aquele que vem contra ele com vinte mil? ³²Do contrário, enquanto o outro ainda está longe, envia uma embaixada para pedir as condições de paz. ³³Igualmente, portanto, qualquer de vós, que não renunciar a tudo o que possui, não pode ser meu discípulo.
³⁴O sal, de fato, é bom. Porém, se até o sal se tornar insosso, com que se há de temperar? ³⁵Não presta para a terra, nem é útil para estrume: jogam-no fora. Quem tem ouvidos para ouvir, ouça!

§ 184 — A dracma perdida e achada

Lc 15,8-10

⁸Ou qual a mulher que, tendo dez dracmas e perder uma, não acende uma lâmpada, varre a casa e procura cuidadosamente até encontrá-la? ⁹E encontrando-a, convoca as amigas e vizinhas, e diz: 'Alegrai-vos comigo, porque encontrei a dracma que havia perdido!' ¹⁰Eu vos digo que, do mesmo modo, há alegria diante dos anjos de Deus por um só pecador que se arrependa".

§ 185 — O filho pródigo

Lc 15,11-32

¹¹Disse ainda: "Um homem tinha dois filhos. ¹²O mais jovem disse ao pai: 'Pai, dá-me a parte da herança que me cabe'. E o pai dividiu os bens entre eles. ¹³Poucos dias depois, ajuntando todos os seus haveres, o filho mais jovem partiu para uma região longínqua e ali dissipou sua herança numa vida devassa.
¹⁴E gastou tudo. Sobreveio àquela região uma grande fome e ele começou a passar privações. ¹⁵Foi, então, empregar-se com um dos homens daquela região, que o mandou para seus campos cuidar dos porcos. ¹⁶Ele queria matar a fome com as bolotas que os porcos comiam, mas ninguém lhas dava. ¹⁷E caindo em si, disse: 'Quantos empregados de meu pai têm pão com fartura, e eu aqui, morrendo de fome! ¹⁸Vou-me embora, pro-

curar o meu pai e dizer-lhe: Pai, pequei contra o Céu e contra ti; ¹⁹já não sou digno de ser chamado teu filho. Trata-me como um dos teus empregados'. ²⁰Partiu, então, e foi ao encontro de seu pai.

Ele estava ainda ao longe, quando seu pai viu-o, encheu-se de compaixão, correu e lançou-se-lhe ao pescoço, cobrindo-o de beijos. ²¹O filho, então, disse-lhe: 'Pai, pequei contra o Céu e contra ti; já não sou digno de ser chamado teu filho'. ²²Mas o pai disse aos seus servos: 'Ide depressa, trazei a melhor túnica e revesti-o com ela, ponde-lhe um anel no dedo e sandálias nos pés. ²³Trazei o novilho cevado e matai-o; comamos e festejemos, ²⁴pois este meu filho estava morto e tornou a viver; estava perdido e foi reencontrado!' E começaram a festejar.

²⁵Seu filho mais velho estava no campo. Quando voltava, já perto de casa ouviu músicas e danças. ²⁶Chamando um servo, perguntou-lhe o que estava acontecendo. ²⁷Este lhe disse: É teu irmão que voltou e teu pai matou o novilho cevado, porque o recuperou com saúde'. ²⁸Então ele ficou com muita raiva e não queria entrar. Seu pai saiu para suplicar-lhe. ²⁹Ele, porém, respondeu a seu pai: 'Há tantos anos que eu te sirvo, e jamais transgredi um só dos teus mandamentos, e nunca me deste um cabrito para festejar com meus amigos. ³⁰Contudo, veio esse teu filho, que devorou teus bens com prostitutas, e para ele matas o novilho cevado!'

³¹Mas o pai lhe disse: "Filho, tu estás sempre comigo, e tudo o que é meu é teu. ³²Mas era preciso que festejássemos e nos alegrássemos, pois esse teu irmão estava morto e tornou a viver; ele estava perdido e foi reencontrado!'"

§ 186 — O administrador infiel

Lc 16,1-12

¹Dizia ainda a seus discípulos: "Um homem rico tinha um administrador que foi denunciado por estar dissipando os seus bens. ²Mandou chamá-lo e disse-lhe: 'Que é isso que ouço dizer de ti? Presta contas da tua administração, pois já não podes ser administrador!' ³O administrador então refletiu: 'Que farei, uma vez que meu senhor me retire a administração? Cavar? Não posso. Mendigar? Tenho vergonha... ⁴Já sei o que vou fazer para que, uma vez afastado da administração, tenha quem me receba na própria casa'. ⁵Convocou então os devedores do seu senhor um a um, e disse ao primeiro: 'Quanto deves ao meu senhor?' ⁶'Cem barris de óleo', respondeu ele. Disse então: 'Toma tua conta, senta-te e escreve depressa cinquenta'. ⁷Depois, disse a outro: 'E tu, quanto deves?' — 'Cem medidas de trigo', respondeu. Ele disse: 'Toma tua conta e escreve oitenta'. ⁸E o senhor louvou o administrador desonesto por ter agido com prudência. Pois os filhos deste século são mais prudentes com sua geração do que os filhos da luz.

Mt	Mc	Lc	Jo
		⁹E eu vos digo: fazei amigos com o Dinheiro da iniqüidade, a fim de que, no dia em que faltar, eles vos recebam nas tendas eternas. ¹⁰Quem é fiel nas coisas mínimas, é fiel também no muito, e quem é iníquo no mínimo, é iníquo também no muito. ¹¹Portanto, se não fostes fiéis quanto ao Dinheiro iníquo, quem vos confiará o verdadeiro bem? ¹²Se não fostes fiéis em relação ao bem alheio, quem vos dará o vosso?	

§ 187 — O rico e o pobre Lázaro (cf. § 203)

Mt	Lc	Jo
Sb 3,1-3 ¹A vida dos justos está nas mãos de Deus, nenhum tormento os atingirá. ²Aos olhos dos insensatos pareceram morrer; sua partida foi tida como uma desgraça, ³sua viagem para longe de nós como um aniquilamento, mas eles estão em paz. 5,1-8.15 ¹De pé, porém, estará o justo, em segurança, na presença dos que o oprimiram e dos que desprezaram seus sofrimentos. ²Vendo-o, serão tomados de terrível pavor, atônitos diante da salvação imprevista; ³dirão entre si, arrependidos, entre soluços e gemidos de angústia: ⁴"Este é aquele de quem outrora nos ríamos, de quem fizemos alvo de ultraje, nós insensatos! Considerávamos a sua vida uma loucura e seu fim infame. ⁵Como agora o contam entre os filhos de Deus e partilha a sorte dos santos? ⁶Sim, extraviamo-nos do caminho da verdade; a luz da justiça não brilhou para nós, para nós não nasceu o sol. ⁷Cansamo-nos nas veredas da iniqüidade e perdição, percorremos desertos intransitáveis, mas não conhecemos o caminho do Senhor! ⁸Que proveito nos trouxe o orgulho? De que nos serviu riqueza e arrogância? ¹⁵Mas os justos vivem para sempre, recebem do Senhor sua recompensa, cuida deles o Altíssimo.	Lc 16,19-31 ¹⁹Havia um homem rico que se vestia de púrpura e linho fino e cada dia se banqueteava com requinte. ²⁰Um pobre, chamado Lázaro, jazia à sua porta, coberto de úlceras. ²¹Desejava saciar-se do que caía da mesa do rico... E até os cães vinham lamber-lhe as úlceras. ²²Aconteceu que o pobre morreu e foi levado pelos anjos ao seio de Abraão. Morreu também o rico e foi sepultado. ²³Na mansão dos mortos, em meio a tormentos, levantou os olhos e viu ao longe Abraão e Lázaro em seu seio. ²⁴Então exclamou: 'Pai Abraão, tem piedade de mim e manda que Lázaro molhe a ponta do dedo para me refrescar a língua, pois estou torturado nesta chama'. ²⁵Abraão respondeu: 'Filho, lembra-te de que recebeste teus bens durante tua vida, e Lázaro por sua vez os males; agora, porém, ele encontra aqui consolo e tu és atormentado. ²⁶E além do mais, entre nós e vós existe um grande abismo, a fim de que aqueles que quiserem passar daqui para junto de vós não o possam, nem tampouco atravessem de lá até nós'. ²⁷Ele replicou. 'Pai, eu te suplico, envia então Lázaro até à casa de meu pai, ²⁸pois tenho cinco irmãos; que leve a eles seu testemunho, para que não venham eles também para este lugar de tormento'. ²⁹Abraão, porém, respondeu: 'Eles têm Moisés e os Profetas; que os ouçam'. ³⁰Disse ele: 'Não, pai	

Abraão, mas se alguém dentre os mortos for procurá-los, eles se arrependerão'. ³¹Mas Abraão lhe disse: 'Se não escutam nem a Moisés nem aos Profetas, mesmo que alguém ressuscite dos mortos, não se convencerão'".

§ 188 — Somos servos inúteis!

Lc 17,7-10

⁷"Quem de vós, tendo um servo que trabalha a terra ou guarda os animais, lhe dirá quando volta do campo: 'Tão logo chegues, vem para a mesa'? ⁸Ou, ao contrário, não lhe dirá: 'Prepara-me o jantar, cinge-te e serve-me, até que eu tenha comido e bebido; depois, comerás e beberás por tua vez'? ⁹Acaso se sentirá obrigado para com esse servo por ter feito o que lhe fora mandado? ¹⁰Assim também vós, quando tiverdes cumprido todas as ordens, dizei: Somos servos inúteis, fizemos apenas o que devíamos fazer".

§ 189 — Cura dos dez leprosos (cf. § 46)

Lc 17,11-19

¹¹Como ele se encaminhasse para Jerusalém, passava através da Samaria e da Galiléia. ¹²Ao entrar num povoado, dez leprosos vieram-lhe ao encontro. Pararam a distância ¹³e clamaram: "Jesus, Mestre, tem compaixão de nós!" ¹⁴Vendo-os, ele lhes disse: 'Ide *mostrar-vos aos sacerdotes*'. E aconteceu que, enquanto iam, ficaram purificados. ¹⁵Um dentre eles, vendo-se curado, voltou atrás, glorificando a Deus em alta voz, ¹⁶e lançou-se aos pés de Jesus com o rosto por terra, agradecendo-lhe. Pois bem, era um samaritano. ¹⁷Tomando a palavra, Jesus lhe disse: "Os dez não ficaram purificados? Onde estão os outros nove? ¹⁸Não houve, acaso, quem voltasse para dar glória a Deus senão este estrangeiro?" ¹⁹Em seguida, disse-lhe: "Levanta-te e vai; a tua fé te salvou".

§ 190 — O juiz iníquo

Lc 18,1-8

¹Contou-lhes ainda uma parábola para mostrar a necessidade de orar sempre, sem jamais esmorecer. ²"Havia numa cidade um juiz que não temia a Deus e não tinha consi-

§§ 191-192 — Lc 18,9-14; Jo 6,22-71

Mt	Mc	Lc	Jo

Lc

deração para com os homens. ³Nessa mesma cidade, existia uma viúva que vinha a ele, dizendo: 'Faz-me justiça contra o meu adversário!' ⁴Durante muito tempo ele se recusou. Depois pensou consigo mesmo: 'Embora eu não tema a Deus, nem respeite os homens, ⁵como essa viúva está me dando fastio, vou fazer-lhe justiça, para que não venha por fim esbofetear-me'".
⁶E o Senhor acrescentou: "Escutai o que diz esse juiz iníquo. ⁷E Deus não faria justiça a seus eleitos que clamam a ele dia e noite, mesmo que os faça esperar? ⁸Digo-vos que lhes fará justiça muito em breve. Mas quando o Filho do Homem voltar, encontrará a fé sobre a terra?"

§ 191 — O fariseu e o publicano

Mt	Mc	Lc	Jo

Lc 18,9-14

⁹Contou ainda esta parábola para alguns que, convencidos de serem justos, desprezavam os outros: ¹⁰"Dois homens subiram ao Templo para orar; um era fariseu e o outro publicano. ¹¹O fariseu, de pé, orava interiormente deste modo: 'Ó Deus, eu te dou graças por que não sou como o resto dos homens, ladrões, injustos, adúlteros, nem como este publicano; ¹²jejuo duas vezes por semana, pago o dízimo de todos os meus rendimentos;' ¹³O publicano, mantendo-se a distância, não ousava sequer levantar os olhos para o céu, mas batia no peito dizendo: 'Meu Deus, tem piedade de mim, pecador!' ¹⁴Eu vos digo que este último desceu para casa justificado, o outro não. Pois todo o que se exalta será humilhado, e quem se humilha será exaltado".

§ 192 — O discurso eucarístico

Mt	Mc	Lc	Jo

Jo 6,22-71

²²No dia seguinte, a multidão que permanecera no outro lado do mar percebeu que ali havia um único barco e que Jesus não tinha entrado nele com os seus discípulos; os discípulos haviam partido sozinhos. ²³Outros barcos chegaram de Tiberíades, perto do lugar onde tinham comido o pão. ²⁴Quando a multidão viu que Jesus não estava ali, nem os seus discípulos, subiu aos barcos e veio para Cafarnaum, à procura de

(cf. 1Cor 10,14-22)

¹⁴Eis porque, meus bem-amados, fugi da idolatria. ¹⁵Falo a vós como a pessoas sensatas; julgai vós mesmos o que digo. ¹⁶O cálice de bênção que abençoamos não é comunhão com o sangue de Cristo? O pão que partimos não é comunhão com o corpo de Cristo? ¹⁷Já que há um único pão, nós, embora muitos, somos um só corpo, visto que todos participamos desse único pão. ¹⁸Considerai o Israel segundo a carne. Aqueles que comem as vítimas sacrificadas não estão em comunhão com o altar? ¹⁹Que quero dizer com isto? Que a carne sacrificada aos ídolos seja alguma coisa? Ou que os ídolos mesmos sejam alguma coisa? ²⁰Não! Mas, aquilo que os gentios imolam, *eles o imolam aos demônios, e não a Deus*. Ora, não quero que entreis em comunhão com os demônios. ²¹Não

Jesus. ²⁵Encontrando-o do outro lado do mar, disseram-lhe: "Rabi, quando chegaste aqui?" ²⁶Respondeu-lhes Jesus: "Em verdade, em verdade, vos digo: vós me procurais, não porque vistes sinais, mas porque comestes dos pães e vos saciastes. ²⁷Trabalhai, não pelo alimento que se perde, mas pelo alimento que permanece até a vida eterna, alimento que o Filho do Homem vos dará, pois Deus, o Pai, o marcou com seu selo".

²⁸Disseram-lhe, então: "Que faremos para trabalhar nas obras de Deus?" ²⁹Respondeu-lhes Jesus: "A obra de Deus é que creiais naquele que ele enviou". ³⁰Então lhe perguntaram: "Que sinal realizas, para que vejamos e creiamos em ti? Que obra fazes? ³¹Nossos pais comeram o maná no deserto, como está escrito: *Deu-lhes pão do céu a comer*".

³²Respondeu-lhes Jesus: "Em verdade, em verdade, vos digo: não foi Moisés quem vos deu o pão do céu, mas é meu Pai que vos dá o verdadeiro pão do céu; ³³porque o pão de Deus é aquele que desce do céu e dá a vida ao mundo".

³⁴Disseram-lhe: "Senhor, dá-nos sempre deste pão! ³⁵Jesus lhes disse: "Eu sou o pão da vida. Quem vem a mim, nunca mais terá fome, e o que crê em mim nunca mais terá sede. ³⁶Eu, porém, vos afirmo: vós me vedes, e não credes. ³⁷Todo aquele que o Pai me der virá a mim, e quem vem a mim eu não o rejeitarei, ³⁸pois desci do céu não para fazer a minha vontade, mas a vontade daquele que me enviou. ³⁹E a vontade daquele que me enviou é esta: que eu não perca nada do que ele me deu, mas o ressuscite no último dia. ⁴⁰Sim, esta é a vontade de meu Pai: quem vê o Filho e nele crê tem a vida eterna, e eu o ressuscitarei no último dia".

⁴¹Os judeus murmuravam, então, contra ele, porque dissera: "Eu sou o pão descido do céu". ⁴²E diziam:

§ 193 – Jo 5,1-9

Mt	Mc	Lc	Jo
		podeis beber o cálice do Senhor e o cálice dos demônios. Não podeis participar da mesa do Senhor e da mesa dos demônios. ²²Ou queremos provocar o ciúme do Senhor? Seríamos mais fortes do que ele? (Cf. 1Cor 11,23-29) ²³Com efeito, eu mesmo recebi do Senhor o que vos transmiti: na noite em que foi entregue, o Senhor Jesus tomou o pão ²⁴e, depois de dar graças, partiu-o e disse: "Isto é o meu corpo, que é para vós; fazei isto em memória de mim". ²⁵Do mesmo modo, após a ceia, também tomou o cálice, dizendo: "Este cálice é a nova Aliança em meu sangue; todas as vezes que dele beberdes, fazei-o em memória de mim". ²⁶Todas as ve-	"Esse não é Jesus, o filho de José, cujo pai e mãe conhecemos? Como diz agora: 'Eu desci do céu'?!" ⁴³Jesus lhes respondeu: "Não murmureis entre vós. ⁴⁴Ninguém pode vir a mim se o Pai, que me enviou, não o atrair; e eu o ressuscitarei no último dia. ⁴⁵Está escrito nos profetas: *E todos serão ensinados por Deus*. Quem escuta o ensinamento do Pai e dele aprende vem a mim. ⁴⁶Não que alguém tenha visto o Pai; só aquele que vem de junto de Deus viu o Pai. ⁴⁷Em verdade, em verdade, vos digo: aquele que crê tem a vida eterna. ⁴⁸Eu sou o pão da vida. ⁴⁹Vossos pais no deserto comeram o maná e morreram. ⁵⁰Este pão é o que desce do céu para que não pereça quem dele comer. ⁵¹Eu sou o pão vivo descido do céu. Quem comer deste pão viverá eternamente. O pão que eu darei é a minha carne para a vida do mundo". ⁵²Os judeus discutiam entre si, dizendo: "Como esse homem pode dar-nos a sua carne a comer?" ⁵³Então Jesus lhes respondeu: "Em verdade, em verdade, vos digo: se não comerdes a carne do Filho do Homem e não beberdes o seu sangue, não tereis a vida em vós. ⁵⁴Quem come a minha carne e bebe o meu sangue tem a vida eterna, e eu o ressuscitarei no último dia. ⁵⁵Pois a minha carne é verdadeiramente uma comida e o meu sangue é verdadeiramente uma bebida. ⁵⁶Quem come a minha carne e bebe o meu sangue permanece em mim, e eu nele. ⁵⁷Assim como o Pai, que vive, me enviou e eu vivo pelo Pai, também aquele que de mim se alimenta viverá por mim, ⁵⁸Este é o pão que desceu do céu. Ele não é como o que os pais comeram e pereceram; quem come este pão viverá eternamente". ⁵⁹Assim falou ele, ensinando na sinagoga em Cafarnaum. ⁶⁰Muitos de seus discípulos, ouvindo-o, disseram:

Mt	Mc	Lc	zes, pois, que comeis desse pão e bebeis desse cálice, anunciais a morte do Senhor até que ele venha. ²⁷Eis porque todo aquele que comer do pão ou beber do cálice do Senhor indignamente será réu do corpo e do sangue do Senhor. ²⁸Por conseguinte, que cada um examine a si mesmo antes de comer desse pão e beber desse cálice, ²⁹pois aquele que come e bebe sem discernir o Corpo, come e bebe a própria condenação.	"Essa palavra é dura! Quem pode escutá-la?" ⁶¹Compreendendo que seus discípulos murmuravam por causa disso, Jesus lhes disse: "Isto vos escandaliza? ⁶²E quando virdes o Filho do Homem subir aonde estava antes?... ⁶³O espírito é que vivifica, a carne para nada serve. As palavras que vos disse são espírito e vida. ⁶⁴Alguns de vós, porém, não crêem". Jesus sabia, com efeito, desde o princípio, quais os que não criam e quem era aquele que o entregaria. ⁶⁵E dizia: "Por isso vos afirmei que ninguém pode vir a mim, se isso não lhe for concedido pelo Pai". ⁶⁶A partir daí, muitos discípulos voltaram atrás e não andavam mais com ele. ⁶⁷Então, disse Jesus aos Doze: "Não quereis também vós partir?" ⁶⁸Simão Pedro respondeu-lhe: "Senhor, a quem iremos? Tens palavras de vida eterna e ⁶⁹nós cremos e reconhecemos que tu és o Santo de Deus". ⁷⁰Respondeu-lhes Jesus: "Não vos escolhi, eu, aos Doze? No entanto, um de vós é um diabo!" ⁷¹Falava de Judas, filho de Simão Iscariotes. Este, um dos Doze, o haveria de entregar.

§ 193 — O paralítico de Jerusalém (cf. § 36)*

Mt	Mc	Lc	Jo 5,1-9
			¹Depois disso, por ocasião de uma festa dos judeus, Jesus subiu a Jerusalém. ²Existe em Jerusalém, junto à Porta das Ovelhas, uma piscina que, em hebraico, se chama Betesda, com cinco pórticos. ³Sob esses pórticos, deitados pelo chão, numerosos doentes, cegos, coxos e paralíticos ficavam esperando o borbulhar da água. ⁴Porque o Anjo do Senhor descia, de vez em quando, à piscina e agitava a água; o primeiro, então, que aí entrasse, depois que a água fora agitada, ficava curado, qualquer que fosse a doença.

§ 193 A colocação do capítulo V depois do VI, pleiteada pelos exegetas, foi facilmente realizada na Sinopse. A razão é que em 7,21 Jesus alude à cura do paralítico em dia de sábado. Pelo mesmo motivo (sábado), ela é repetida aqui. Já nos Sinóticos, o debate versa sobre o poder de perdoar os pecados.

§ 194 — Jo 5,10-47; 7,15-24

Jo

⁵Encontrava-se aí um homem, doente havia trinta e oito anos. ⁶Jesus, vendo-o deitado e sabendo que já estava assim havia muito tempo, perguntou-lhe: "Queres ficar curado?" ⁷Respondeu-lhe o enfermo: "Senhor, não tenho quem me jogue na piscina, quando a água é agitada; ao chegar, outro já desceu antes de mim". ⁸Disse-lhe Jesus: "Levanta-te, toma o teu leito e anda!" ⁹Imediatamente o homem ficou curado. Tomou o seu leito e se pôs a andar.
Ora, esse dia era um sábado.

§ 194 — Debates sobre o milagre da cura anterior

Jo 5,10-47

¹⁰Os judeus, por isso, disseram ao homem curado: "É sábado e não te é permitido carregar teu leito". ¹¹Ele respondeu: "Aquele que me curou, disse: 'Toma o teu leito e anda!'" ¹²Eles perguntaram: "Quem foi o homem que te disse: 'Toma o teu leito e anda'?" ¹³Mas o homem curado não sabia quem fora. Jesus havia desaparecido, pois havia uma multidão naquele lugar. ¹⁴Depois disso, Jesus o encontrou no Templo e lhe disse: "Eis que estás curado; não peques mais, para que não te suceda algo ainda pior!" ¹⁵O homem saiu e informou aos judeus que fora Jesus quem o tinha curado. ¹⁶Por isso os judeus perseguiam Jesus: porque fazia tais coisas no sábado. ¹⁷Mas Jesus lhes respondeu: "Meu Pai trabalha sempre e eu também trabalho". ¹⁸Então os judeus, com mais empenho, procuravam matá-lo, pois, além de violar o sábado, ele dizia ser Deus seu próprio pai, fazendo-se, assim, igual a Deus.
¹⁹Retomando a palavra, Jesus lhes disse: "Em verdade, em verdade, vos digo: o Filho, por si mesmo, nada pode fazer mas só aquilo que vê o Pai fazer; tudo o que este faz o Filho o faz igualmente. ²⁰Porque o Pai ama o Filho e lhe mostra tudo o que faz; e lhe mostrará obras maiores do que essas para que vos admireis. ²¹Como o Pai ressuscita os mortos e os faz viver, também o Filho dá a vida a quem quer. ²²Porque o Pai a ninguém julga, mas confiou ao Filho todo julgamento, ²³a fim de que todos honrem o Filho, como honram o Pai. Quem não honra o Filho, não honra o Pai que o enviou. ²⁴Em verdade, em verdade, vos digo: quem escuta a minha palavra e crê naquele que me enviou tem a vida eterna e não vem a julgamento, mas passou da morte à vida. ²⁵Em verdade, em verdade, vos digo: vem a hora — e é agora — em que os mortos ouvirão a voz do Filho de Deus, e os que o ouvirem, viverão. ²⁶Assim como o Pai tem a vida em si mesmo, também concedeu ao Filho ter a vida em si mesmo ²⁷e lhe deu o po-

der de exercer o julgamento, porque é Filho do Homem. ²⁸Não vos admireis com isto: vem a hora em que todos os que repousam nos sepulcros ouvirão a sua voz ²⁹e sairão; os que tiverem feito o bem, para uma ressurreição da vida; os que tiverem praticado o mal, para uma ressurreição de julgamento. ³⁰Por mim mesmo, nada posso fazer: eu julgo segundo o que ouço, e meu julgamento é justo, porque não procuro a minha vontade, mas a vontade daquele que me enviou. ³¹Se eu der testemunho de mim mesmo, meu testemunho não será verdadeiro; ³²um outro é que dá testemunho de mim, e sei que é verdadeiro o testemunho que presta de mim. ³³Vós enviastes emissários a João e ele deu testemunho da verdade. ³⁴Eu, no entanto, não dependo do testemunho de um homem; mas falo isso, para que sejais salvos. ³⁵Ele era a lâmpada que arde e ilumina e vós quisestes vos alegrar, por um momento, com sua luz.

³⁶Eu, porém, tenho um testemunho maior que o de João: as obras que o Pai me encarregou de consumar. Tais obras, eu as faço e elas dão testemunho de que o Pai me enviou. ³⁷Também o Pai que me enviou dá testemunho de mim. Jamais ouvistes a sua voz, nem contemplastes a sua face, ³⁸e sua palavra não permanece em vós, porque não credes naquele que ele enviou.

³⁹Vós perscrutais as Escrituras, porque julgais ter nelas a vida eterna; ora são elas que dão testemunho de mim; ⁴⁰vós, porém, não quereis vir a mim para terdes a vida. ⁴¹Não recebo a glória que vem dos homens. ⁴²Mas eu vos conheço: não tendes em vós o amor de Deus. ⁴³Vim em nome de meu Pai, mas não me acolheis; se alguém viesse em seu próprio nome, vós o acolheríeis. ⁴⁴Como podereis crer, vós que recebeis glória uns dos outros, mas não procurais a glória que vem do Deus único? ⁴⁵Não penseis que vos acusarei diante do Pai; Moisés é o vosso acusador, ele, em quem pusestes a vossa esperança. ⁴⁶Se crêsseis em Moisés, haveríeis de crer em mim, porque foi a meu respeito que ele escreveu. ⁴⁷Mas se não credes em seus escritos, como crereis em minhas palavras?"

Jo 7,15-24

¹⁵Admiravam-se então os judeus, dizendo: "Como entende ele de letras sem ter estudado? ¹⁶Jesus lhes respondeu: "Minha doutrina não é minha, mas daquele que me enviou. ¹⁷Se alguém quer cumprir sua vontade, reconhecerá se minha doutrina é de Deus ou se falo por mim mesmo. ¹⁸Quem fala por si mesmo procura a sua própria glória. Mas aquele que procura a glória de quem o enviou é verdadeiro e nele não há injustiça. ¹⁹Moisés não vos deu a Lei? No entanto, nenhum de vós pratica a Lei. Por que procurais matar-me?" ²⁰A multidão respondeu: "Tens um demônio. Quem procura matar-te?" ²¹Jesus lhes respondeu: "Realizei só uma obra e todos vos admirais.

§ 195 — Jo 7,1; 7,2-14; 7,25-53; 8,12-59

Jo

7,1

¹Depois disso, Jesus percorria a Galiléia, não podendo circular pela Judéia, porque os judeus o queriam matar.

²²Moisés vos deu a circuncisão — não que ela venha de Moisés, mas dos patriarcas — e vós a praticais em dia de sábado. ²³Se um homem é circuncidado em dia de sábado para que não se transgrida a Lei de Moisés, por que vos irais contra mim, por eu ter curado um homem todo no sábado? ²⁴*Não julgueis pela aparência*, mas julgai conforme a justiça".

§ 195 — Na última Festa das Cabanas

Jo 7,2-14

²Aproximava-se a festa judaica das Tendas. ³Disseram-lhe, então, os seus irmãos: "Parte daqui e vai para a Judéia, para que teus discípulos vejam as obras que fazes, ⁴pois ninguém age às ocultas, quando quer ser publicamente conhecido. Já que fazes tais coisas, manifesta-te ao mundo!" ⁵Pois nem mesmo os seus irmãos criam nele. ⁶Disse-lhes Jesus: "Meu tempo ainda não chegou; o vosso, porém, sempre está preparado. ⁷O mundo não vos pode odiar, mas odeia-me, porque dou testemunho de que as suas obras são más. ⁸Subi, vós, à festa. Eu não subo para essa festa, porque meu tempo ainda não se completou". ⁹Tendo dito isso, permaneceu na Galiléia. ¹⁰Mas quando seus irmãos subiram para a festa, também ele subiu, não publicamente, mas às ocultas. ¹¹Os judeus o procuravam na festa, dizendo: "Onde está ele?" ¹²Faziam-se muitos comentários a seu respeito na multidão. Uns diziam: "Ele é bom". Outros, porém, diziam: "Não. Ele engana o povo". ¹³Entretanto, ninguém falava dele abertamente, por medo dos judeus. ¹⁴Quando a festa estava pelo meio, Jesus subiu ao Templo e começou a ensinar.

Jo 7,25-53

²⁵Alguns de Jerusalém diziam: "Não é a esse que procuram matar? ²⁶Eis que fala publicamente e nada lhe dizem! Porventura as autoridades reconheceram ser ele o Cristo? ²⁷Mas nós sabemos de onde esse é, ao passo que ninguém saberá de onde será o Cristo, quando ele vier". ²⁸Então, em alta voz, Jesus ensinava no Templo, dizendo: "Vós me conheceis e sabeis de onde eu sou; no entanto, não vim por minha própria vontade, mas é verdadeiro aquele que me enviou e que não conheceis. ²⁹Eu, porém, o conheço, por-

que dele procedo, e foi ele quem me enviou". ³⁰Procuravam, então, prendê-lo, mas ninguém lhe pôs a mão, porque não chegara a sua hora.

³¹Muitos, porém, dentre o povo, creram nele e diziam: "Quando o Cristo vier, fará, porventura, mais sinais do que os que esse fez?" ³²Os fariseus perceberam que o povo murmurava tais coisas sobre Jesus, e eles enviaram alguns guardas para prendê-lo. ³³Disse, então, Jesus: "Por pouco tempo estou convosco e vou para aquele que me enviou. ³⁴Vós me procurareis e não me encontrareis; e onde eu estou vós não podeis vir".

³⁵Disseram entre si os judeus: "Para onde irá ele, que não o poderemos encontrar? Irá, por acaso, aos dispersos entre os gregos para ensinar aos gregos? ³⁶Que significa esta palavra que nos disse: 'Vós me procurareis e não me encontrareis; e onde eu estou vós não podeis vir'?"

³⁷No último dia da festa, o mais solene, Jesus, de pé, disse em alta voz: "Se alguém tem sede, que ele venha a mim e que ele beba, ³⁸aquele que crê em mim!" conforme a palavra da Escritura: Do seu seio jorrarão rios de água viva.

Ele falava do Espírito que deviam receber aqueles que tinham crido nele; pois não havia ainda Espírito, porque Jesus ainda não fora glorificado.

⁴⁰Alguns entre a multidão, ouvindo essas palavras, diziam: "Este é, verdadeiramente, o profeta!" ⁴¹Diziam outros: "É esse o Cristo!" Mas alguns diziam: "Porventura pode o Cristo vir da Galiléia? ⁴²A Escritura não diz que o Cristo será *da descendência de Davi* e virá *de Belém*, a cidade de onde era Davi?" ⁴³Produziu-se uma cisão entre o povo por sua causa. ⁴⁴Alguns queriam prendê-lo, mas ninguém pôs a mão.

⁴⁵Os guardas, então, voltaram aos chefes dos sacerdotes e aos fariseus e estes lhes perguntaram: "Por que não o trouxestes?" ⁴⁶Responderam os guardas: "Jamais um homem falou assim!" ⁴⁷Os fariseus replicaram: "Também fostes enganados? ⁴⁸Alguns dos chefes ou alguém dos fariseus por acaso creram nele? ⁴⁹Mas este povo, que não conhece a Lei, são uns malditos!" ⁵⁰Nicodemos, um deles, o que anteriormente tinha vindo a Jesus, disse-lhes: ⁵¹"Acaso nossa Lei condena alguém sem primeiro ouvi-lo e saber o que fez?" ⁵²Responderam-lhe: "És também galileu? Estuda e verás que da Galiléia não surge profeta".

⁵³E cada um voltou para sua casa.

Jo 8,12-59

¹²De novo, Jesus lhes falava: "Eu sou a luz do mundo. Quem me segue não andará nas trevas, mas terá a luz da vida".

Jo

¹³Disseram-lhe os fariseus: "Tu dás testemunho de ti mesmo: teu testemunho não é válido". ¹⁴Jesus respondeu-lhes: "Embora eu dê testemunho de mim mesmo, meu testemunho é válido, porque sei de onde venho e para onde vou. Vós, porém, não sabeis de onde venho nem para onde vou. ¹⁵Vós julgais conforme a carne, mas eu a ninguém julgo; ¹⁶se eu julgo, porém, o meu julgamento é verdadeiro, porque eu não estou só, mas comigo está o Pai que me enviou, ¹⁷e está escrito na vossa Lei que o testemunho de duas pessoas é válido. ¹⁸Eu dou testemunho de mim mesmo e também o Pai, que me enviou, dá testemunho de mim".

¹⁹Diziam-lhe, então: "Onde está teu Pai?" Jesus respondeu: "Não conheceis nem a mim nem a meu Pai; se me conhecêsseis, conheceríeis também meu Pai".

²⁰Essas palavras, ele as proferiu no Tesouro, ensinando no Templo. E ninguém o prendeu, porque sua hora ainda não havia chegado.

²¹Jesus disse-lhes ainda: "Eu vou e vós me procurareis e morrereis em vosso pecado. Para onde eu vou vós não podeis vir".

²²Diziam, então, os judeus: "Por acaso, irá ele matar-se? Pois diz: 'Para onde eu vou, vós não podeis vir'?" ²³Ele, porém, lhes dizia: "Vós sois daqui de baixo e eu sou do alto. Vós sois deste mundo, eu não sou deste mundo. ²⁴Disse-vos que morrereis em vossos pecados, porque se não crerdes que EU SOU, morrereis em vossos pecados". ²⁵Diziam-lhe então: "Quem és tu?" Jesus lhes disse: "O que vos digo, desde o começo. ²⁶Tenho muito que falar e julgar sobre vós; mas aquele que me enviou é verdadeiro e digo ao mundo tudo o que dele ouvi".

²⁷Eles não compreenderam que ele lhes falava do Pai. ²⁸Disse-lhes, então, Jesus: "Quando tiverdes elevado o Filho do Homem, então sabereis que EU SOU e que nada faço por mim mesmo, mas falo como me ensinou o Pai. ²⁹E quem me enviou está comigo. Não me deixou sozinho, porque faço sempre o que lhe agrada".

³⁰Tendo ele assim falado, muitos creram nele.

³¹Disse, então, Jesus aos judeus que nele haviam crido: "Se permanecerdes na minha palavra, sereis verdadeiramente meus discípulos ³²e conhecereis a verdade, e a verdade vos libertará".

³³Responderam-lhe: "Somos a descendência de Abraão e jamais fomos escravos de alguém. Como podes dizer: 'Tornar-vos-eis livres'?" ³⁴Jesus lhes respondeu: "Em verdade, em verdade, vos digo: quem comete o pecado é escravo. ³⁵Ora, o escravo não permanece sempre na casa, mas o filho aí permanece para sempre. ³⁶Se, pois, o Filho vos libertar, sereis, realmente, livres. ³⁷Sei que sois a descendência de

Abraão, mas procurais matar-me, porque minha palavra não penetra em vós. ³⁸Eu falo o que vi junto de meu Pai; e vós fazeis o que ouvis de vosso pai". ³⁹Responderam-lhe: "Nosso pai é Abraão". Disse-lhes Jesus: "Se sois filhos de Abraão, praticai as obras de Abraão. ⁴⁰Vós, porém, procurais matar-me, a mim, que vos falei a verdade que ouvi de Deus. Isso, Abraão não o fez! ⁴¹Vós fazeis as obras de vosso pai!" Disseram-lhe então: "Não nascemos da prostituição; temos só um pai: Deus". ⁴²Disse-lhes Jesus: "Se Deus fosse vosso pai, vós me amaríeis, porque saí de Deus e dele venho; não venho por mim mesmo, mas foi ele que me enviou. ⁴³Por que não reconheceis minha linguagem? É porque não podeis escutar minha palavra. ⁴⁴Vós sois do diabo, vosso pai, e quereis realizar os desejos de vosso pai. Ele foi homicida desde o princípio e não permaneceu na verdade, porque nele não há verdade: quando ele mente, fala do que lhe é próprio, porque é mentiroso e pai da mentira. ⁴⁵Mas, porque digo a verdade, não credes em mim. ⁴⁶Quem, dentre vós, me acusa de pecado? Se digo a verdade, por que não credes em mim? ⁴⁷Quem é de Deus ouve as palavras de Deus; por isso não ouvis: porque não sois de Deus".

⁴⁸Os judeus lhe responderam: "Não dizíamos, com razão, que és samaritano e tens um demônio?" ⁴⁹Respondeu Jesus: "Eu não tenho demônio, mas honro meu Pai e vós me desonrais. ⁵⁰Não procuro a minha glória; há quem a procure e julgue. ⁵¹Em verdade, em verdade, vos digo: se alguém guardar minha palavra, jamais verá a morte".

⁵²Disseram-lhe os judeus: "Agora sabemos que tens um demônio. Abraão morreu, os profetas também, mas tu dizes: 'Se alguém guardar minha palavra, jamais provará a morte'. ⁵³És, porventura, maior que nosso pai Abraão, que morreu? Os profetas também morreram. Quem pretendes ser?" ⁵⁴Jesus respondeu: "Se glorifico a mim mesmo, minha glória nada é; quem me glorifica é meu Pai, de quem dizeis: 'É o nosso Deus'; ⁵⁵e vós não o conheceis, mas eu o conheço, e se eu dissesse 'Não o conheço', seria mentiroso, como vós. Mas eu o conheço e guardo sua palavra. ⁵⁶Abraão, vosso pai, exultou por ver o meu Dia. Ele o viu e encheu-se de alegria!"

⁵⁷Disseram-lhe, então, os judeus: "Não tens ainda cinquenta anos e viste Abraão!" ⁵⁸Jesus lhes disse: "Em verdade, em verdade, vos digo: antes que Abraão existisse, EU SOU". ⁵⁹Então apanharam pedras para atirar nele; Jesus, porém, ocultou-se e saiu do Templo.

§ 196 — Cura do cego de nascença

Jo 9,1-7

¹Ao passar, ele viu um homem, cego de nascença. ²Seus discípulos lhe perguntaram: "Rabi, quem pecou, ele ou seus pais, para que nascesse cego?" ³Jesus respondeu: "Nem

§§ 197-198 — Jo 9,8-4¹; 10,1-21

Mt	Mc	Lc	Jo
			ele nem seus pais pecaram, mas é para que nele sejam manifestadas as obras de Deus. ⁴Enquanto é dia, temos de realizar as obras daquele que me enviou; vem a noite, quando ninguém pode trabalhar. ⁵Enquanto estou no mundo, sou a luz do mundo". ⁶Tendo dito isso, cuspiu na terra, fez lama com a saliva, aplicou-a sobre os olhos do cego ⁷e lhe disse: "Vai lavar-te na piscina de Siloé — que quer dizer 'Enviado' ". O cego foi, lavou-se e voltou vendo.

§ 197 — Debates sobre o milagre anterior

Mt	Mc	Lc	Jo 9,8-41
			⁸Os vizinhos, então, e os que estavam acostumados a vê-lo antes, porque era mendigo, diziam: "Não é esse que ficava sentado a mendigar?" ⁹Alguns diziam: "É ele". Diziam outros: "Não, mas alguém parecido com ele". Ele, porém dizia: "Sou eu mesmo". ¹⁰Perguntaram-lhe, então: "Como se abriram os teus olhos?" ¹¹Respondeu: "O homem chamado Jesus fez lama, aplicou-a nos meus olhos e me disse: 'Vai a Siloé e lava-te'. Fui, lavei-me e recobrei a vista". ¹²Disseram-lhe: "Onde está ele?" Disse: "Não sei". ¹³Conduziram o que fora cego aos fariseus. ¹⁴Ora, era sábado o dia em que Jesus fizera lama e lhe abrira os olhos. ¹⁵Os fariseus perguntaram-lhe novamente como tinha recobrado a vista. Respondeu-lhes: "Ele aplicou-me lama nos olhos, lavei-me e vejo". ¹⁶Diziam, então, alguns dos fariseus: "Esse homem não vem de Deus, porque não guarda o sábado". Outros diziam: "Como pode um homem pecador realizar tais sinais?" E havia cisão entre eles. ¹⁷De novo disseram ao cego: "Que dizes de quem te abriu os olhos?" Respondeu: "É um profeta". ¹⁸Os judeus não creram que ele fora cego enquanto não chamaram os pais do que recuperara a vista ¹⁹e perguntaram-lhes: "Este é o vosso filho, que dizeis ter nascido cego? Como é que agora ele vê?" ²⁰Seus pais então responderam: "Sabemos que este é nosso filho e que nasceu cego. ²¹Mas como agora ele vê não o sabemos; ou quem lhe abriu os olhos não o sabemos. Interrogai-o. Ele tem idade. Ele mesmo se explicará". ²²Seus pais assim disseram por medo dos judeus, pois os judeus já tinham combinado que, se alguém reconhecesse Jesus como Cristo, seria expulso da sinagoga. ²³Por isso, seus pais disseram "Ele já tem idade; interrogai-o". ²⁴Chamaram, então, uma segunda vez, o homem que fora cego e lhe disseram: "Dá glória a Deus! Sabemos que esse homem é pecador". ²⁵Respondeu ele: "Se é pecador, não sei. Uma coisa eu sei: é que eu era cego e agora vejo". ²⁶Disseram-lhe, então: "Que te

Mt	Mc	Lc
		fez ele? Como te abriu os olhos?" ²⁷Respondeu-lhes: "Já vos disse e não ouvistes. Por que quereis ouvir novamente? Por acaso quereis também tornar-vos seus discípulos?" ²⁸Injuriaram-no e disseram: "Tu, sim, és seu discípulo; nós somos discípulos de Moisés. ²⁹Sabemos que Deus falou a Moisés; mas esse, não sabemos de onde é". ³⁰Respondeu-lhes o homem: "Isso é espantoso: vós não sabeis de onde ele é e, no entanto, abriu-me os olhos! ³¹Sabemos que Deus não ouve os pecadores; mas, se alguém é religioso e faz a sua vontade, a este ele escuta. ³²Jamais se ouviu dizer que alguém tenha aberto os olhos de um cego de nascença. ³³Se esse homem não viesse de Deus, nada poderia fazer". ³⁴Responderam-lhe: "Tu nasceste todo no pecado e nos ensinas?" E o expulsaram. ³⁵Jesus ouviu dizer que o haviam expulsado. Encontrando-o, disse-lhe: "Crês no Filho do Homem?" ³⁶Respondeu ele: "Quem é, Senhor, para que eu nele creia?" ³⁷Jesus lhe disse: "Tu o estás vendo, é quem fala contigo". ³⁸Exclamou ele: "Creio, Senhor!" E prostrou-se diante dele. ³⁹Então disse Jesus: "Para um discernimento é que vim a este mundo: para que os que não vêem, vejam, e os que vêem, tornem-se cegos". ⁴⁰Alguns fariseus, que se achavam com ele, ouviram isso e lhe disseram: "Acaso também nós somos cegos?" ⁴¹Respondeu-lhes Jesus: "Se fôsseis cegos, não teríeis pecado; mas dizeis: 'Nós vemos!' Vosso pecado permanece.

§ 198 — O Bom Pastor: (cf. § 124)

Mt	Mc	Lc
		Jo 10,1-21
		¹Em verdade, em verdade, vos digo: quem não entra pela porta no redil das ovelhas, mas sobe por outro lugar, é ladrão e assaltante; ²o que entra pela porta é o pastor das ovelhas. ³A este o porteiro abre: as ovelhas ouvem a sua voz e ele chama as suas ovelhas uma por uma e as conduz para fora. ⁴Tendo feito sair todas as que são suas, caminha à frente delas e as ovelhas o seguem, pois conhecem a sua voz. ⁵Elas não seguirão um estranho, mas fugirão dele, porque não conhecem a voz dos estranhos". ⁶Jesus lhes apresentou essa parábola. Eles, porém, não entenderam o sentido do que lhes dizia. ⁷Disse-lhes novamente Jesus: "Em verdade, em verdade, vos digo: eu sou a porta das ovelhas. ⁸Todos os que vieram antes de mim são ladrões e assaltantes; mas as ovelhas não os ouviram. ⁹Eu sou a porta. Se alguém entrar por mim, será salvo; entrará e sairá e encontrará pastagem. ¹⁰O ladrão vem só para roubar, matar e destruir. Eu vim para que tenham a vida e a tenham em abundância.

§ 199 — Jo 10,22-42

Jo

¹¹Eu sou o bom pastor: o bom pastor dá a sua vida pelas suas ovelhas. ¹²O mercenário, que não é pastor, a quem não pertencem as ovelhas, vê o lobo aproximar-se, abandona as ovelhas e foge, e o lobo as ataca e dispersa, ¹³porque ele é mercenário e não se importa com as ovelhas. ¹⁴Eu sou o bom pastor; conheço as minhas ovelhas e as minhas ovelhas me conhecem, ¹⁵como o Pai me conhece e eu conheço o Pai. Eu dou a minha vida pelas minhas ovelhas. ¹⁶Mas tenho outras ovelhas que não são deste redil: devo conduzi-las também; elas ouvirão a minha voz; então haverá um só rebanho, um só pastor. ¹⁷Por isso o Pai me ama, porque dou minha vida para retomá-la. ¹⁸Ninguém a tira de mim, mas eu a dou livremente. Tenho poder de entregá-la e poder de retomá-la; esse é o mandamento que recebi do meu Pai".

¹⁹Houve novamente uma cisão entre os judeus, por causa dessas palavras. ²⁰Muitos diziam: "Ele tem um demônio! Está delirando! Por que o escutais?" ²¹Outros diziam: "Não são de um endemoninhado essas palavras; porventura um demônio pode abrir olhos de cegos?"

§ 199 — Na Festa da Dedicação do templo

Jo 10,22-42

²²Houve então a festa da Dedicação, em Jerusalém. Era inverno. ²³Jesus andava pelo Templo, sob o pórtico de Salomão. ²⁴Os judeus, então, o rodearam e lhe disseram: "Até quando nos manterás em suspenso? Se és o Cristo, dize-nos abertamente". ²⁵Jesus lhes respondeu: "Já vo-lo disse, mas vós não acreditais. As obras que faço em nome de meu Pai dão testemunho de mim; ²⁶mas vós não credes, porque não sois das minhas ovelhas. ²⁷As minhas ovelhas escutam a minha voz, eu as conheço e elas me seguem; ²⁸eu lhes dou a vida eterna e elas jamais perecerão, e ninguém as arrebatará de minha mão. ²⁹Meu Pai, que me deu tudo, é maior que todos e ninguém pode arrebatar da mão do Pai. ³⁰Eu e o Pai somos um'".

³¹Os judeus, outra vez, apanharam pedras para apedrejá-lo. ³²Jesus, então, lhes disse: "Eu vos mostrei inúmeras boas obras, vindo do Pai. Por qual delas quereis lapidar-me?" ³³Os judeus lhe responderam: "Não te lapidamos por causa de uma boa obra, mas por blasfêmia, porque, sendo apenas homem, tu te fazes Deus". ³⁴Jesus lhes respondeu: "Não está escrito em vossa Lei: *Eu disse: Sois deuses?* ³⁵Se ela chama de deuses aqueles aos quais a palavra de Deus foi dirigida — e a Escritura não pode ser anulada — ³⁶àquele que o Pai consagrou e enviou ao mundo dizeis: 'Blasfemas!', porque disse: 'Sou Filho de Deus!' ³⁷Se não faço as obras de meu Pai, não acrediteis em mim; ³⁸mas, se

as faço, mesmo que não acrediteis em mim, crede nas obras, a fim de conhecerdes e conhecerdes sempre mais que o Pai está em mim e eu no Pai". ³⁹Procuravam novamente prendê-lo. Mas ele lhes escapou das mãos. ⁴⁰Ele partiu de novo para o outro lado do Jordão, para o lugar onde João tinha anteriormente batizado, e aí permaneceu. ⁴¹Muitos vinham a ele e diziam: "João não fez sinal algum, mas tudo o que João disse sobre ele era verdade". ⁴²E muitos, aí, creram nele.

Diagramação atualizada
Gaspard Gabriel Neerick

Os textos bíblicos desta Sinopse são os da *Bíblia de Jerusalém*, Paulus, edição revista, 1985.

DA ÚLTIMA VIAGEM A JERUSALÉM ATÉ A VÉSPERA DA PAIXÃO

§ 200 — Jesus na Peréia. Enfermidade de Lázaro

Mt	Mc	Lc	Jo 11,1-6
			¹Havia um doente, Lázaro, de Betânia, povoado de Maria e de sua irmã Marta. ²Maria era aquela que ungira o Senhor com bálsamo e lhe enxugara os pés com seus cabelos. Seu irmão Lázaro se achava doente. ³As duas irmãs mandaram, então, dizer a Jesus: "Senhor, aquele que amas está doente". ⁴A essa notícia, Jesus disse: "Essa doença não é mortal, mas para a glória de Deus, para que, por ela, seja glorificado o Filho de Deus". ⁵Ora, Jesus amava Marta e sua irmã e Lázaro. ⁶Quando soube que este se achava doente, permaneceu ainda dois dias no lugar em que se encontrava.

§ 201 — Zaqueu

Mt	Mc	Lc 19,1-10.28	Jo
		¹E, tendo entrado em Jericó, ele atravessava a cidade. ²Havia lá um homem chamado Zaqueu, que era rico e chefe dos publicanos. ³Ele procurava ver quem era Jesus, mas não o conseguia por causa da multidão, pois era de baixa estatura. ⁴Correu então à frente e subiu num sicômoro para ver Jesus que iria passar por ali. ⁵Quando Jesus chegou ao lugar, levantou os olhos e disse-lhe: "Zaqueu, desce depressa, pois hoje devo ficar em tua casa". ⁶Ele desceu imediatamente e recebeu-o com alegria. ⁷À vista do acontecido, todos murmuravam, dizendo: "Foi hospedar-se na casa de um pecador!" ⁸Zaqueu, de pé, disse ao Senhor: "Senhor, eis que eu dou a metade de meus bens aos pobres, e se defraudei a alguém, restituo-lhe o quádruplo". ⁹Jesus lhe disse: "Hoje a salvação entrou nesta casa, porque ele também é um filho de Abraão. ¹⁰Com efeito, o Filho do Homem veio *procurar e salvar o que estava perdido*". ²⁸E, dizendo tais coisas, Jesus caminhava à frente, subindo para Jerusalém.	

§ 202 — O(s) cego(s) de Jericó*

Mt 20,29-34	Mc 10,46-52	Lc 18,35-43	Jo
²⁹Enquanto saíam de Jericó, uma grande multidão o seguiu. ³⁰E eis dois cegos, sentados à beira do caminho. Ouvindo que Jesus passava, puseram-se a gritar: "Senhor, filho de Davi, tem compaixão de nós!" ³¹A multidão repreendeu-os para que se calassem. Mas eles gritavam ainda mais alto: "Senhor, filho de Davi, tem compaixão de nós!" ³²Jesus parou, chamou-os e disse: "Que quereis que vos faça?" Responderam-lhe: ³³"Senhor, que os nossos olhos se abram!" ³⁴Movido de compaixão, Jesus tocou-lhe os olhos e, imediatamente, eles viram. E o seguiram.	⁴⁶Chegaram a Jericó. Ao sair de Jericó com os seus discípulos e grande multidão, estava sentado à beira do caminho, mendigando, o cego Bartimeu, filho de Timeu. ⁴⁷Quando percebeu que era Jesus, o Nazareno, que passava, começou a gritar: "Filho de Davi, Jesus, tem compaixão de mim!" ⁴⁸E muitos o repreendiam para que se calasse. Ele, porém, gritava mais ainda: "Filho de Davi, tem compaixão de mim!" ⁴⁹Detendo-se, Jesus disse: "Chamai-o!" Chamaram o cego, dizendo-lhe: "Coragem! Ele te chama. Levanta-te". ⁵⁰Deixando a sua capa, levantou-se e foi até Jesus. ⁵¹Então Jesus lhe disse: "Que queres que eu te faça?" O cego respondeu: *"Rabbúni!* Que eu possa ver novamente!" ⁵²Jesus lhe disse: "Vai, a tua fé te salvou". No mesmo instante ele recuperou a vista e seguia-o no caminho.	³⁵Quando ele se aproximava de Jericó, havia um cego, mendigando, sentado à beira do caminho. ³⁶Ouvindo os passos da multidão que transitava, perguntou o que era. ³⁷Informaram-no de que Jesus, o Nazareu, estava passando. ³⁸E ele pôs-se a gritar: "Jesus, filho de Davi, tem compaixão de mim!" ³⁹Os que estavam à frente repreendiam-no, para que ficasse em silêncio; ele, porém, gritava mais ainda: "Filho de Davi, tem compaixão de mim!" ⁴⁰Jesus se deteve e mandou que lho trouxessem. Quando chegou perto, perguntou-lhe: ⁴¹"Que queres que eu te faça?" Ele respondeu: "Senhor, que eu possa ver novamente!" ⁴²Jesus lhe disse: "Vê de novo; tua fé te salvou". ⁴³No mesmo instante, ele recuperou a vista e seguia a Jesus, glorificando a Deus. E, vendo o acontecido, todo o povo celebrou os louvores de Deus.	

§ 203 — A ressurreição de Lázaro (cf. § 187)*

Mt	Mc	Lc	Jo 11,17-46
			¹⁷Ao chegar, Jesus encontrou Lázaro já sepultado havia quatro dias. ¹⁸Betânia ficava perto de Jerusalém, a uns quinze estádios. ¹⁹Muitos judeus tinham vindo até Marta e Ma-

§ 202 Exemplo de como cada Evangelista trata diferentemente o mesmo assunto.
§ 203 Neste § e na parábola do rico gozador (§ 187) ocultam-se traços comuns dificilmente desvendáveis: o nome de Lázaro e os benefícios obtidos depois da morte.

§§ 204-205 — Mt 26,3-5; Mc 14,1-2; Lc 22,1-2; Jo 11,47-53; 11,54-57

Mt	Mc	Lc	Jo
			ria, para as consolar da perda do irmão. ²⁰Quando Marta soube que Jesus chegara, saiu ao seu encontro; Maria porém, continuava sentada, em casa. ²¹Então, disse Marta a Jesus: "Senhor, se estivesses aqui, meu irmão não teria morrido. ²²Mas ainda agora sei que tudo o que pedires a Deus, ele te concederá". ²³Disse-lhe Jesus: "Teu irmão ressuscitará". ²⁴"Sei, disse Marta, que ele ressuscitará na ressurreição, no último dia!" ²⁵Disse-lhe Jesus: "Eu sou a ressurreição. Quem crê em mim, ainda que morra, viverá. ²⁶E quem vive e crê em mim jamais morrerá. Crês nisso?" ²⁷Disse ela: "Sim, Senhor, eu creio que tu és o Cristo, o Filho de Deus que vem ao mundo". ²⁸Tendo dito isso, afastou-se e chamou sua irmã Maria, dizendo baixinho: "O Senhor está aqui e te chama!" ²⁹Esta, ouvindo isso, ergueu-se logo e foi ao seu encontro. ³⁰Jesus não entrara ainda no povoado, mas estava no lugar em que Marta o fora encontrar. ³¹Quando os judeus, que estavam na casa com Marta, consolando-a, viram-na levantar-se rapidamente e sair, acompanharam-na, julgando que fosse ao sepulcro para aí chorar. ³²Chegando ao lugar onde Jesus estava, Maria, vendo-o, prostrou-se a seus pés e lhe disse: "Senhor, se estivesses aqui, meu irmão não teria morrido". ³³Quando Jesus a viu chorar e também os judeus que a acompanhavam, comoveu-se interiormente e ficou conturbado. ³⁴E perguntou: "Onde o colocastes?" Responderam-lhe: "Senhor, vem e vê!" ³⁵Jesus chorou. ³⁶Diziam, então os judeus: "Vede como ele o amava!" ³⁷Alguns deles disseram: "Esse, que abriu os olhos do cego, não poderia ter feito com que ele não morresse!". ³⁸Comoveu-se de novo Jesus e dirigiu-se ao sepulcro. Era uma gruta, com uma pedra sobreposta. ³⁹Disse Jesus: "Retirai a pedra!" Maria, a irmã do morto, disse-lhe: "Senhor, já cheira mal: é o quarto dia!" ⁴⁰Disse-lhe Jesus: "Não te disse que, se creres, verás a glória de Deus?" ⁴¹Retiraram, então, a pedra. Jesus ergueu os olhos para o alto e disse: "Pai, dou-te graças porque me ouviste. ⁴²Eu sabia que sempre me ouves; mas digo isso por causa da multidão que me rodeia, para que creiam que me enviaste". ⁴³Tendo dito isso, gritou em alta voz: "Lázaro, vem para fora!" ⁴⁴O morto saiu, com os pés e mãos enfaixados e com o rosto recoberto com um sudário. Jesus lhes disse: "Desatai-o e deixai-o ir embora". ⁴⁵Muitos dos judeus que tinham vindo à casa de Maria, tendo visto o que ele fizera, creram nele. ⁴⁶Mas alguns dirigiram-se aos fariseus e lhes disseram o que Jesus fizera.

§ 204 — Decretada a morte de Jesus*

Mt 26,3-5	Mc 14,1-2	Lc 22,1-2	Jo 11,47-53
³Então os chefes dos sacerdotes e os anciãos do povo congregaram-se no pátio do Sumo Sacerdote, que se chamava Caifás, ⁴e decidiram juntos que prenderiam a Jesus por um ardil e o matariam. ⁵Diziam, contudo: "Não durante a festa, para não haver tumulto no meio do povo".	¹A Páscoa e os ázimos seriam dois dias depois, e os chefes dos sacerdotes e os escribas procuravam como prender Jesus por meio de um ardil para matá-lo. ²Pois diziam: "Não durante a festa, para não haver tumulto entre o povo!"	¹Aproximava-se a festa dos Ázimos, chamada Páscoa. ²E os chefes dos sacerdotes e os escribas procuravam de que modo eliminá-lo, pois temiam o povo.	⁴⁷Então, os chefes dos sacerdotes e os fariseus reuniram o Conselho e disseram: "Que faremos? Esse homem realiza muitos sinais. ⁴⁸Se o deixarmos assim, todos crerão nele e os romanos virão, destruindo o nosso lugar santo e a nação". ⁴⁹Um deles, porém, Caifás, que era Sumo Sacerdote naquele ano, disse-lhes: "Vós de nada entendeis. ⁵⁰Não compreendeis que é de vosso interesse que um só homem morra pelo povo e não pereça a nação toda?" ⁵¹Não dizia isso por si mesmo, mas sendo Sumo Sacerdote naquele ano, profetizou que Jesus iria morrer pela nação ⁵² — e não só pela nação, mas também para congregar na unidade todos os filhos de Deus dispersos. ⁵³Então, a partir desse dia, resolveram matá-lo.

§ 205 — Jesus esconde-se em Efraim

Mt	Mc	Lc	Jo 11,54-57
			⁵⁴Jesus, por isso, não andava em público, entre os judeus, mas retirou-se para a região próxima do deserto, para a cidade chamada Efraim, e aí permaneceu com os seus discípulos.

§ 204 Jo é mais histórico por fornecer o motivo imediato da decisão das autoridades judaicas, que foi a ressuscitação de Lázaro.

§§ 206-208 — Mt 26,6-13; 26,14-16; 21,1-11.14-17; Mc 13,3-9; 14,10-11; Lc 22,3-6; 19,29-40; Jo 12,1-11; 12,12-19

Mt	Mc	Lc	Jo
			⁵⁵Ora, a Páscoa dos judeus estava próxima, e muitos subiram do campo a Jerusalém, antes da Páscoa, para se purificarem. ⁵⁶Eles procuravam Jesus e, estando no Templo, diziam entre si: "Que pensais? Virá ele à festa?" ⁵⁷Os chefes dos sacerdotes e os fariseus, porém, tinham ordenado que quem soubesse onde Jesus estava, o indicasse, para que o prendessem.

§ 206 — O banquete de Betânia

Mt 26,6-13	Mc 14,3-9	Lc	Jo 12,1-11
⁶Estando Jesus em Betânia, em casa de Simão, o leproso, ⁷aproximou-se dele uma mulher trazendo um frasco de alabastro de perfume precioso e pôs-se a derramá-lo sobre a cabeça de Jesus, enquanto ele estava à mesa. ⁸Ao verem isso, os discípulos ficaram indignados e diziam: "A troco do que esse desperdício? ⁹Pois isto poderia ser vendido caro e distribuído aos pobres". ¹⁰Mas Jesus, ao perceber essas palavras, disse-lhes: "Por que aborreceis a mulher? Ela, de fato, praticou uma boa ação para comigo. ¹¹Na verdade, sempre tereis os pobres convosco, mas a mim nem sempre tereis. ¹²Derramando este perfume sobre o meu corpo, ela o fez para me sepultar. ¹³Em verdade de vos digo que, onde quer que venha a ser proclamado o Evangelho, em todo o mundo, também o que ela fez será contado em sua memória".	³Em Betânia, quando Jesus estava à mesa em casa de Simão, o leproso, aproximou-se dele uma mulher, trazendo um frasco de alabastro cheio de perfume de nardo puro, caríssimo, e, quebrando o frasco, derramou-o sobre a cabeça dele. ⁴Alguns dentre os presentes indignavam-se entre si: "Para que esse desperdício de perfume? ⁵Pois poderia ser vendido esse perfume por mais de trezentos denários e distribuído aos pobres". E a repreendiam. ⁶Mas Jesus disse: "Deixai-a. Por que a aborreceis? Ela praticou uma boa ação para comigo. ⁷Na verdade, sempre tereis os pobres convosco e, quando quiserdes, podeis fazer-lhes o bem, mas a mim nem sempre tereis. ⁸Ela fez o que podia: antecipou-se a ungir o meu corpo para a sepultura. ⁹Em verdade de vos digo que, onde quer que venha a ser proclamado o Evangelho, em todo o mundo, também o que		¹Seis dias antes da Páscoa, Jesus foi a Betânia, onde estava Lázaro, que ele ressuscitara dos mortos. ²Ofereceram-lhe aí um jantar; Marta servia e Lázaro era um dos que estavam à mesa com ele. ³Então Maria, tendo tomado uma libra de um perfume de nardo puro, muito caro, ungiu os pés de Jesus e os enxugou com seus cabelos; e a casa inteira ficou cheia do perfume do bálsamo. ⁴Disse, então, Judas Iscariotes, um de seus discípulos, o que o iria trair: ⁵"Por que não se vendeu este perfume por trezentos denários para dá-los aos pobres?" ⁶Ele disse isso, não porque se preocupasse com os pobres, mas por que era ladrão e, tendo a bolsa comum, roubava o que aí era colocado. ⁷Disse então Jesus: "Deixa-a; que ela o conserva para o dia da minha sepultura! ⁸Pois sempre tereis pobres convosco; mas a mim nem sempre tereis".

Mt 26,14-16	Mc 14,10-11	Lc 22,3-6	Jo

(continuação da coluna Mt, texto anterior) que ela fez será contado em sua memória".

Mt 26,14-16
¹⁴Então um dos Doze chamado Judas Iscariotes, foi até os chefes dos sacerdotes ¹⁵e disse: "O que me dareis se eu o entregar?" *Fixaram-lhe*, então, a quantia de *trinta moedas de prata*. ¹⁶E a partir disso, ele procurava uma oportunidade para entregá-lo.

Mc 14,10-11
¹⁰Judas Iscariot, um dos Doze, foi aos chefes dos sacerdotes para entregá-lo a eles. ¹¹Ao ouvi-lo, alegraram-se e prometeram dar-lhe dinheiro. E ele procurava uma oportunidade para entregá-lo.

Lc 22,3-6
³Satanás entrou em Judas, chamado Iscariotes, do número dos Doze. ⁴Ele foi conferenciar com os chefes dos sacerdotes e com os chefes da guarda sobre o modo de lho entregar. ⁵Alegraram-se e combinaram dar-lhe dinheiro. ⁶Ele aceitou, e procurava uma oportunidade de para entregá-lo a eles, escondido da multidão.

Jo

⁹Uma grande multidão de judeus, tendo sabido que ele estava ali, veio não só por causa de Jesus, mas também para ver Lázaro, que ele ressuscitara dos mortos. ¹⁰Os chefes dos sacerdotes decidiram, então, matar também a Lázaro, ¹¹pois, por causa dele, muitos judeus se afastavam e criam em Jesus.

§ 207 — A traição de Judas

§ 208 — Entrada triunfal em Jerusalém*

Mt 21,1-11.14-17
¹Quando se aproximaram de Jerusalém e chegaram a Betfagé, no monte das Oliveiras, Jesus enviou dois discípulos, ²dizendo-lhes: "Ide ao povoado aí em frente, e lo-

Mc 11,1-11
¹Ao se aproximarem de Jerusalém, diante de Betfagé e de Betânia, perto do monte das Oliveiras, enviou dois dos seus discípulos, ²dizendo-lhes: "Ide ao povoado que está à

Lc 19,29-40
²⁹Ao se aproximar de Betfagé e de Betânia, perto do monte chamado das Oliveiras, enviou dois discípulos, ³⁰"Ide ao povoado da frente e, ao entrardes, encontrareis

Jo 12,12-19
¹²No dia seguinte, a grande multidão que viera para à festa, sabendo que Jesus vinha a Jerusalém, ¹³tomou ramos de palmeira e saiu ao seu encontro, clamando: *"Ho-*

§ 208 Segundo Jo 12,12 fica claro o por quê de tanta gente na entrada solene. A proximidade de Betânia, cenário do grande milagre.

Mt	Mc	Lc	Jo
go encontrareis uma jumenta amarrada e, com ela, um jumentinho. Soltai-a e trazei-me. ³E se alguém vos disser alguma coisa, respondereis que o Senhor está precisando deles, mas logo os devolverá". ⁴Isso aconteceu para se cumprir o que foi dito pelo profeta: ⁵*Dizei à Filha de Sião: eis que o teu rei vem a ti, manso e montado em um jumento, em um jumentinho, filho de uma jumenta.* ⁶Os discípulos foram e fizeram como Jesus lhes ordenara: ⁷trouxeram a jumenta e o jumentinho e puseram sobre eles as suas vestes. E ele sentou-se em cima. ⁸A numerosa multidão estendeu suas vestes pelo caminho, enquanto outros cortavam ramos das árvores e os espalhavam pelo caminho. ⁹As multidões que o precediam e os que o seguiam gritavam: *Hosana* ao Filho de Davi! *Bendito o que vem em nome do Senhor! Hosana* no mais alto dos céus! ¹⁰E, entrando em Jerusalém, a cidade inteira agitou-se e dizia: "Quem é este?" ¹¹A isso as multidões respondiam: "Este é o profeta Jesus, o de Nazaré da Galiléia". ¹⁴Aproximaram-se dele, no Templo, cegos e coxos, e ele, os curou. ¹⁵Os chefes dos sacerdotes e os escribas, vendo os prodígios que fi-	vossa frente. Entrando nele, encontrareis imediatamente um jumentinho amarrado, que ninguém montou ainda. Soltai-o e trazei-o. ³E se alguém vos disser 'Por que fazeis isso?', dizei: 'O Senhor precisa dele, e logo o mandará de volta'". ⁴Foram, e acharam um jumentinho amarrado na rua junto a uma porta, e o soltaram. ⁵Alguns dos que ali se encontravam disseram: "Por que soltais o jumentinho?" ⁶Responderam como Jesus havia dito, e eles os deixaram partir. ⁷Levaram a Jesus o jumentinho, sobre o qual puseram suas vestes. E ele o montou. ⁸Muitos estenderam suas vestes pelo caminho, outros puseram ramos que haviam apanhado nos campos. ⁹Os que iam à frente dele e os que o seguiam clamavam: "*Hosana! Bendito o que vem em nome do Senhor!* ¹⁰*Bendito o Reino que vem, do nosso pai Davi! Hosana* no mais alto dos céus!" ¹¹Entrou no Templo, em Jerusalém e, tendo observado tudo, como fosse já tarde, saiu para Betânia com os Doze.	um jumentinho amarrado que ninguém ainda montou: soltando-o, trazei-o. ³¹E se alguém vos perguntar 'Por que o soltais?', respondereis: "O Senhor precisa dele'". ³²Tendo partido, os enviados encontraram as coisas como ele lhes dissera. ³³Enquanto desamarravam o jumentinho, os donos perguntaram: "Por que soltais o jumentinho?" ³⁴Responderam: "O Senhor precisa dele". ³⁵Levaram-no então a Jesus e, estendendo as suas vestes sobre o jumentinho, fizeram com que Jesus montasse. ³⁶Enquanto ele avançava, o povo estendia suas próprias vestes no caminho. ³⁷Já estava perto da descida do monte das Oliveiras, quando toda a multidão dos discípulos começou, alegremente, a louvar a Deus com voz forte por todos os milagres que eles tinham visto. ³⁸Diziam: "*Bendito aquele que vem, o Rei, em nome do Senhor! Paz no céu e glória no mais alto dos céus!*" ³⁹Alguns fariseus da multidão lhe disseram: "Mestre, repreende teus discípulos". ⁴⁰Ele, porém, respondeu: "Eu vos digo, se eles se calarem, as pedras gritarão".	sana! *Bendito o que vem em nome do Senhor*: o rei de Israel!" ¹⁴Jesus, encontrando um jumentinho, montou nele, como está escrito: ¹⁵*Não temas, filha de Sião! Eis que vem o teu rei montando num jumentinho!* ¹⁶Os discípulos, a princípio, não compreenderam isso; mas quando Jesus foi glorificado, lembraram-se de que essas coisas estavam escritas a seu respeito e que elas tinham sido realizadas. ¹⁷A multidão, que estava com ele quando chamara Lázaro do sepulcro e o ressuscitara dos mortos, dava testemunho. ¹⁸E por isso, a multidão saiu ao seu encontro: soubera que ele havia feito esse sinal. ¹⁹Os fariseus então disseram uns aos outros: "Vede: nada conseguis. Todo mundo vai atrás dele!"

Mt	Mc	Lc	Jo
zera e as crianças que exclamavam no Templo "Hosana ao Filho de Davi!", ficaram indignados ¹⁶e lhe disseram: "Estás ouvindo o que estão a dizer?" Jesus respondeu: "Sim. Nunca lestes que: *Da boca dos pequeninos e das criancinhas de peito preparaste um louvor para ti'?"* ¹⁷Em seguida, deixando-os, saiu fora da cidade e dirigiu-se para Betânia. E ali pernoitou.			

§ 209 — Jesus chora sobre Jerusalém (cf. § 129)

Mt	Mc	Lc	Jo
		Lc 19,41-44 — ⁴¹E, como estivesse perto, viu a cidade e chorou sobre ela, ⁴²dizendo: "Ah! Se neste dia também tu conhecesses a mensagem de paz! Agora, porém, isso está escondido a teus olhos. ⁴³Pois dias virão sobre ti, e os teus inimigos te cercarão com trincheiras, te rodearão e te apertarão por todos os lados. ⁴⁴*Deitarão por terra a ti e a teus filhos* no meio de ti, e não deixarão de ti pedra sobre pedra, porque não reconhecestes o tempo em que foste visitada!"	

§ 210 — Os últimos dias em Jerusalém (cf. Mc 11,11)*

Mt	Mc	Lc	Jo
		Lc 19,47-48 — ⁴⁷E ensinava diariamente no Templo. Os chefes dos sacerdotes e os escribas procuravam fazê-lo perecer, bem como os chefes do povo. ⁴⁸Mas não encontravam o que fazer, pois o povo todo o ouvia, enlevado. Lc 21,37-38 — ³⁷Durante o dia ele ensinava no Templo, mas passava as noites ao relento, no monte chamado das Oliveiras. ³⁸E todo o povo madrugava junto com ele no Templo, para ouvi-lo.	

§ 210 Alguns manuscritos colocam o episódio da adúltera depois de Lc 21,37.

§§ 211-213 — Mt 21,18-22; 21,28-32; Mc 11,12-14.20-24; Jo 12,20-36

§ 211 — A figueira amaldiçoada (cf. § 70)

Mt 21,18-22	Mc 11,12-14.20-24	Lc	Jo
¹⁸De manhã, ao voltar para a cidade, teve fome. ¹⁹E vendo uma figueira à beira do caminho, foi até ela, mas nada encontrou, senão folhas. E disse à figueira: 'Nunca mais produzas fruto!' E a figueira secou no mesmo instante. ²⁰Os discípulos, vendo isso, diziam espantados: "Como assim, a figueira secou de repente?" ²¹Jesus respondeu: "Em verdade vos digo: se tiverdes fé, sem duvidar, fareis não só o que fiz com a figueira, mas até mesmo se disserdes a esta montanha: 'Ergue-te e lança-te ao mar', isso acontecerá. ²²E tudo o que pedirdes com fé, em oração, vós o recebereis".	¹²No dia seguinte, quando saíam de Betânia, teve fome. ¹³Ao ver, a distância, uma figueira coberta de folhagem, foi ver se acharia algum fruto. Mas nada encontrou senão folhas, pois não era tempo de figos. ¹⁴Dirigindo-se à árvore, disse: "Ninguém jamais coma do teu fruto". E os seus discípulos o ouviam. ²⁰Passando por ali de manhã, viram a figueira seca até as raízes. ²¹Pedro se lembrou e disse-lhe: "Rabi, olha a figueira que amaldiçoaste: secou". ²²Jesus respondeu-lhes: "Tende fé em Deus. ²³Em verdade vos digo, se alguém disser a esta montanha: ergue-te e lança-te ao mar, e não duvidar no coração, mas crer que o que diz se realiza, assim lhe acontecerá. ²⁴Por isso vos digo: tudo quanto suplicardes e pedirdes, crede que recebestes, e assim será para vós".		

§ 212 — Os dois filhos desiguais

Mt 21,28-32	Mc	Lc	Jo
²⁸"Que vos parece? Um homem tinha dois filhos. Dirigindo-se ao primeiro, disse: 'Filho, vai trabalhar hoje na vinha'. ²⁹Ele respondeu: 'Não quero'; mas depois, reconsiderando a sua atitude, foi. ³⁰Dirigindo-se ao segundo, disse a mesma coisa. Este respondeu: 'Eu irei, senhor'; mas não foi. ³¹Qual dos dois realizou a vontade do pai?" Responderam-lhe: "O primeiro". Então Jesus lhes disse: "Em verdade vos digo que os publicanos e as prostitutas estão vos precedendo no Reino de Deus. ³²Pois João veio a vós, num caminho de justiça, e não crestes nele. Os publicanos e as prostitutas creram nele. Vós porém, vendo isso, nem sequer reconsiderastes para crer nele".			

§ 213 — Os pagãos no templo. O grão de trigo. A voz do céu (cf. § 41)

Mt	Mc	Lc	Jo 12,20-36
			²⁰Havia alguns gregos, entre os que tinham subido para adorar, durante a festa. ²¹Estes aproximaram-se de Filipe, que era de Betsaida da Galiléia e lhe pediram: "Senhor, que-

remos ver Jesus!" ²²Filipe vem a André e lho diz; André e Filipe o dizem a Jesus. ²³Jesus lhes responde: "É chegada a hora em que será glorificado o Filho do Homem. ²⁴Em verdade, em verdade, vos digo;

Se o grão de trigo que cai na terra não morrer, permanecerá só; mas se morrer, produzirá muito fruto.

²⁵Quem ama sua vida a perde e quem odeia a sua vida neste mundo guardá-la-á para a vida eterna.

²⁶Se alguém quer servir-me, siga-me; e onde estou eu, aí também estará o meu servo. Se alguém me serve, meu Pai o honrará.

²⁷Minha alma está agora conturbada. Que direi? Pai, salva-me desta hora? Mas foi precisamente para esta hora que eu vim.

²⁸Pai, glorifica o teu nome".

Veio, então uma voz do céu:

"Eu o glorifiquei e o glorificarei novamente!"

²⁹A multidão, que ali estava e ouvira, dizia ter sido um trovão. Outros diziam: "Um anjo falou-lhe". ³⁰Jesus respondeu: "Essa voz não ressoou para mim, mas para vós. ³¹É agora o julgamento deste mundo,

agora o príncipe deste mundo será lançado fora;

³²e, quando eu for elevado da terra, atrairei todos a mim".

³³Assim falava para indicar de que morte deveria morrer.

³⁴Respondeu-lhe a multidão: "Sabemos, pela Lei, que o Cristo permanecerá para sempre. Como dizes: 'É preciso que o Filho do Homem seja elevado'? Quem é esse Filho do Homem?" ³⁵Jesus lhes disse: "Por pouco tempo a luz está entre vós. Caminhai enquanto tendes luz, para que as trevas não vos apreendam: quem caminha nas trevas não sabe para onde vai!

³⁶Enquanto tendes a luz, crede na luz, para vos tornardes filhos da luz".

Após ter dito isso, Jesus retirou-se e se ocultou deles.

§§ 214-216 — Mt 22,1-14; 21,23-27; Mc 11,27-33; Lc 14,15-24; 20,1-8; Jo 8,1-11; 5,33-36

§ 214 — A ceia e os convidados*

Mt	Mc	Lc	Jo
Mt 22,1-14 ¹Jesus voltou a falar-lhes em parábolas e disse: ²"O Reino dos Céus é semelhante a um rei que celebrou as núpcias do seu filho. ³Enviou seus servos para chamar os convidados para as núpcias, mas estes não quiseram vir. ⁴Tornou a enviar outros servos, recomendando: 'Dizei aos convidados: eis que preparei meu banquete, meus touros e cevados já foram degolados e tudo está pronto. Vinde às núpcias'. ⁵Eles, porém, sem darem a menor atenção, foram-se, um para o seu campo, outro para o seu negócio, ⁶e os restantes, agarrando os servos, os maltrataram e os mataram. ⁷Diante disso, o rei ficou com muita raiva e, mandando as suas tropas, destruiu aqueles homicidas e incendiou-lhes a cidade. ⁸Em seguida, disse aos servos: 'As núpcias estão prontas, mas os convidados não eram dignos. ⁹Ide, pois, às encruzi[lhada]s e convidai para as núpcias todos os qu[e encontrar]des'. ¹⁰E esses servos, saindo pelos caminh[os, reuniram] todos os que encontraram, maus e bons, de modo que a sala nupcial ficou cheia de convivas. ¹¹Quando o rei entrou para examinar os convivas, viu ali um homem sem a veste nupcial ¹²e disse-lhe: 'Amigo, como entraste aqui sem a veste nupcial?' Ele, porém, ficou calado. ¹³Então disse o rei aos que serviam: "Amarrai-lhe os pés e as mãos e lançai-o fora, nas trevas exteriores. Ali haverá choro e ranger de dentes". ¹⁴Com efeito, muitos são chamados, mas poucos escolhidos".		Lc 14,15-24 ¹⁵Ouvindo isso, um dos comensais lhe disse: "Feliz aquele que tomar refeição no Reino de Deus!" ¹⁶Mas ele respondeu: "Um homem estava dando um grande jantar e convidou a muitos. ¹⁷À hora do jantar, enviou seu servo para dizer aos convidados: 'Vinde, já está tudo pronto'. ¹⁸Mas todos, unânimes, começaram a se desculpar. O primeiro disse-lhe: 'Comprei um terreno e preciso vê-lo; peço que me dês por escusado'. ¹⁹Outro disse: 'Comprei cinco juntas de bois e vou experimentá-las; rogo-te que me dês por escusado'. ²⁰E outro disse: 'Casei-me, e por essa razão não posso ir'. ²¹Voltando, o servo relatou tudo ao seu senhor. Indignado, o dono da casa disse ao seu servo: 'Vai depressa pelas praças e ruas da cidade, e introduz aqui os pobres, os estropiados, os cegos e os coxos'. ²²Disse-lhe o servo: 'Senhor, o que mandaste já foi feito, e ainda há lugar'. ²³O senhor disse então ao servo: 'Vai pelos caminhos e trilhas e obriga as pessoas a entrarem, para que a minha casa fique repleta. ²⁴Pois eu digo que nenhum daqueles que haviam sido convidados provará o meu jantar'".	

§ 215 — A adúltera

Mt	Mc	Lc	Jo
			Jo 8,1-11 ¹Jesus foi para o monte das Oliveiras. ²Antes do nascer do sol, já se achava outra vez no Templo. Todo o povo vinha a ele e,

sentando-se, os ensinava. ³Os escribas e os fariseus trazem, então, uma mulher surpreendida em adultério e, colocando-a no meio, dizem-lhe: ⁴"Mestre, esta mulher foi surpreendida em flagrante delito de adultério. ⁵Na Lei, Moisés nos ordena apedrejar tais mulheres. Tu, pois, que dizes?" ⁶Eles assim diziam para pô-lo à prova, a fim de terem matéria para acusá-lo. Mas Jesus, inclinando-se, escrevia na terra com o dedo. ⁷Como persistissem em interrogá-lo, ergueu-se e lhes disse: "Quem dentre vós estiver sem pecado, seja o primeiro a lhe atirar um pedra!" ⁸Inclinando-se de novo, escrevia na terra. ⁹Eles, porém, ouvindo isso, saíram um após outro, a começar pelos mais velhos. Ele ficou sozinho e a mulher permanecia lá, no meio. ¹⁰Então, erguendo-se, Jesus lhe disse: "Mulher, onde estão eles? Ninguém te condenou?" ¹¹Disse ela: "Ninguém, Senhor". Disse, então, Jesus: "Nem eu te condeno. Vai, e de agora em diante não peques mais".

§ 216 — A autoridade do Cristo (cf. §§ 25 e 113)

Mt 21,23-27	Mc 11,27-33	Lc 20,1-8	Jo 5,33-36
²³Vindo ele ao Templo, estava a ensinar, quando os chefes dos sacerdotes e os anciãos do povo se aproximaram e perguntaram-lhe: "Com que autoridade fazes estas coisas? E quem te concedeu essa autoridade?" ²⁴Jesus respondeu: "Também eu vou propor-vos uma só questão. Se me responderdes, também eu vos direi com que autoridade faço estas coisas: ²⁵O batismo de João, de onde era? Do Céu ou dos homens?" Eles arrazoavam entre si, dizendo: "Se respondermos 'Do Céu', ele nos dirá: 'Por que então não crestes nele?' ²⁶Se respondermos 'Dos homens', te-	²⁷Foram de novo a Jerusalém, e enquanto ele circulava no Templo, aproximaram-se os chefes dos sacerdotes, os escribas e os anciãos ²⁸e lhe perguntavam: "Com que autoridade fazes estas coisas? Ou, quem te concedeu esta autoridade para fazê-las?" ²⁹Jesus respondeu: "Eu vou propor-vos uma só questão. Respondei-me, e eu vos direi com que autoridade faço estas coisas. ³⁰O batismo de João era do Céu ou dos homens? Respondei-me". ³¹Eles arrazoavam uns com os outros dizendo: "Se respondermos 'Do Céu', ele dirá: 'Por que então não crestes nele?' ²⁶Se	¹Aconteceu que, certo dia, enquanto ele ensinava o povo no Templo, anunciando a Boa Nova, os chefes dos sacerdotes, os escribas e os anciãos se apresentaram, ²dizendo-lhe: "Dize-nos com que autoridade de fazes estas coisa, ou quem é que te concedeu esta autoridade?" ³Ele respondeu: "Também eu vou propor-vos uma questão. Dizei-me: ⁴O batismo de João era do Céu ou dos homens?" ⁵Eles, porém, raciocinavam entre si, dizendo: "Se respondermos 'Do Céu', ele dirá: 'Por que não crestes nele?' ⁶Se respondermos 'Dos homens', o povo todo nos apedrejará, porque está convicto de	³³"Vós enviastes emissários a João e ele deu testemunho da verdade. ³⁴Eu, no entanto, não dependo do testemunho de um homem; mas falo isto, para que sejais salvos. ³⁵Ele era a lâmpada que arde e ilumina e vós quisestes vos alegrar, por um momento, com sua luz. ³⁶Eu, porém, tenho um testemunho maior que o de João; as obras que o Pai me encarregou de consumar. Tais obras, eu as faço e elas dão testemunho de que o Pai me enviou.

§ 214 Mt acrescenta o episódio da veste nupcial que poderia ter formado uma própria parábola.

§§ 217-218 — Mt 21,33-46; 22,15-22; Mc 12,1-12; 12,13-17; Lc 20,9-19; 20,20-26

Mt	Mc	Lc	Jo
mos medo da multidão, pois todos consideram João como profeta". ²⁷Diante disso, responderam a Jesus: "Não sabemos". Ao que ele também respondeu: "Nem eu vos digo com que autoridade faço estas coisas".	mos 'Dos homens'?" ³²Temiam a multidão, pois todos pensavam que João era de fato um profeta. ³³Diante disso, responderam a Jesus: "Não sabemos". Jesus então lhes disse: "Nem eu vos digo com que autoridade faço estas coisas".	que João é um profeta". ⁷E responderam que não sabiam de onde era. ⁸Jesus lhes disse: "Nem eu vos digo com que autoridade faço estas coisas".	

§ 217 — Os lavradores rebeldes (cf. § 129)

Mt 21,33-46	Mc 12,1-12	Lc 20,9-19	Jo
³³Escutai outra parábola. Havia um proprietário que *plantou uma vinha, cercou-a com uma sebe, abriu nela um lagar e construiu uma torre*. Depois disso, arrendou-a a vinhateiros e partiu para o estrangeiro. ³⁴Chegada a época de colheita, enviou os seus servos aos vinhateiros, para receberem os seus frutos. ³⁵Os vinhateiros, porém, agarraram os servos, espancaram um, mataram outro e apedrejaram o terceiro. ³⁶Enviou de novo outros servos, em maior número do que os primeiros, mas eles os trataram da mesma forma.³⁷Por fim, enviou-lhes o seu filho, imaginando: 'irão poupar o meu filho'. ³⁸Os vinhateiros, porém, vendo o filho, confabularam: 'Este é o herdeiro: vamos! matemo-lo e apoderemo-nos da sua herança'. ³⁹Agarrando-o, lançaram-no para fora da vinha e o	¹Começou a falar-lhes em parábolas: "Um homem *plantou uma vinha, cercou-a de uma sebe, abriu um lagar, construiu uma torre*. Depois disso, arrendou-a a alguns vinhateiros e partiu de viagem. ²No tempo oportuno, enviou um servo aos vinhateiros para que recebesse uma parte dos frutos da vinha. ³Eles, porém, o agarraram e espancaram, e mandaram-no de volta sem nada. ⁴Enviou-lhes de novo outro servo. Mas bateram-lhe na cabeça e o insultaram. ⁵Enviou ainda um outro, e a esse mataram. Depois mandou muitos outros. Bateram nuns, mataram os outros. ⁶Restava-lhe ainda alguém: o filho amado. Enviou-o por último, dizendo: 'Eles respeitarão meu filho'. ⁷Aqueles vinhateiros, porém, disseram entre si: 'Este é o herdeiro. Vamos, matemo-lo, e a herança será	⁹E começou a contar ao povo esta parábola: "Um homem *plantou uma vinha*, depois arrendou-a a vinhateiros e partiu para o estrangeiro por muito tempo. ¹⁰No tempo oportuno, enviou um servo aos vinhateiros, para que lhe entregassem uma parte do fruto da vinha; os vinhateiros, porém, o despediram sem nada, depois de o terem espancado. ¹¹Enviou de novo outro servo; e a este também espancaram, insultaram e despediram sem nada. ¹²Enviou ainda um terceiro; a este igualmente feriram e o lançaram fora. ¹³Disse então o dono da vinha: 'Que vou fazer?' Enviarei o meu filho amado. Quem sabe vão poupá-lo' ¹⁴Ao vê-lo, porém, os vinhateiros raciocinavam: 'Este é o herdeiro; matemo-lo, para que a herança fique para nós'. ¹⁵E, lançando-o para fora da vi-	

Mt	Mc	Lc
mataram. ⁴⁰Pois bem, quando vier o dono da vinha, que irá fazer com esses vinhateiros?" ⁴¹Responderam-lhe: "Certamente destruirá de maneira horrível esses infames e arrendará a vinha a outros vinhateiros, que entregarão os frutos no tempo devido". ⁴²Disse-lhes então Jesus: "Nunca lestes nas Escrituras: *'A pedra que os construtores rejeitaram tornou-se a pedra angular; isso é obra do Senhor, e é maravilha aos nossos olhos'?* ⁴³Por isso vos afirmo que o Reino de Deus vos será tirado e confiado a um povo que produza seus frutos". [⁴⁴] ⁴⁵Os chefes dos sacerdotes e os fariseus, ouvindo as suas parábolas, perceberam que se referia a eles. ⁴⁶Procuravam prendê-lo, mas ficaram com medo das multidões, pois que elas o consideravam um profeta.	nossa'. ⁸E agarrando-o, mataram-no e o lançaram fora da vinha. ⁹Que fará o dono da vinha? Virá e destruirá os vinhateiros e dará a vinha a outros. ¹⁰Não lestes esta Escritura: *'A pedra que os construtores rejeitaram tornou-se a pedra angular; ¹¹isso é obra do Senhor, e é maravilha aos nossos olhos'?* ¹²Procuravam prendê-lo, mas ficaram com medo da multidão, pois perceberam que ele contara a parábola a respeito deles. E deixando-o, foram embora.	nha, o mataram. Pois bem, que lhes fará o dono da vinha? ¹⁶Virá e destruirá esses vinhateiros, e dará a vinha a outros". Ouvindo isso, disseram: "Que isso não aconteça!" ¹⁷Jesus, porém fixando neles o olhar, disse: "Que significa então o que está escrito: *A pedra que os edificadores tinham rejeitado tornou-se a pedra angular?* ¹⁸Aquele que cair sobre essa pedra vai se quebrar todo, e aquele sobre quem ela cair, ela o esmagará". ¹⁹Os escribas e os chefes dos sacerdotes procuravam deitar a mão sobre ele naquela hora. Tinham percebido que ele contara essa parábola a respeito deles. Mas ficaram com medo do povo.

§ 218 — A questão do tributo

Mt 22,15-22	Mc 12,13-17	Lc 20,20-26	Rm 13,1-7
¹⁵Quando eles partiram, os fariseus fizeram um conselho para tramar como apanhá-lo por alguma palavra. ¹⁶E lhe enviaram os seus discípulos, juntamente com os herodianos, para lhe dizerem: "Mestre, sabemos que és verdadeiro e	¹³Enviaram-lhe, então, alguns dos fariseus e dos herodianos para enredá-lo com alguma palavra. ¹⁴Vindo eles, disseram-lhe: "Mestre, sabemos que és verdadeiro e não dás preferência a ninguém, pois não consideras os homens pelas	²⁰E ficaram de espreita. Enviaram espiões que se fingiram de justos, para surpreendê-lo em alguma palavra sua, a fim de entregá-lo ao poder e à autoridade do governador. ²¹E o interrogaram: "Mestre, sabemos que falas e ensinas com reti-	¹Todo homem se submeta às autoridades constituídas, pois não há autoridade que não venha de Deus, e as que existem foram estabelecidas por Deus. ²De modo que aquele que se revolta contra a autoridade, opõe-se à ordem estabe-

Mt	Mc	Lc	Jo
que, de fato, ensinas o caminho de Deus. Não dás preferência a ninguém, pois não consideras um homem pelas aparências. ¹⁷Dize-nos, pois, que te parece: é lícito pagar imposto a César, ou não?" ¹⁸Jesus, porém, percebendo a sua malícia, disse: "Hipócritas! Por que me pondes à prova? ¹⁹Mostrai-me a moeda do imposto". Apresentaram-lhe um denário. ²⁰Disse ele: "De quem é esta imagem e a inscrição?" ²¹Responderam: "De César". Então lhes disse: "Devolvei, pois, o que é de César a César, e o que é de Deus, a Deus". ²²Ao ouvirem isso, ficaram maravilhados e, deixando-o, foram-se embora.	aparências, mas ensinas, de fato, o caminho de Deus. É lícito pagar imposto a César ou não? Pagamos ou não pagamos?" ¹⁵Ele, porém, conhecendo a sua hipocrisia, disse: "Por que me pondes à prova? Trazei-me um denário para que eu o veja". ¹⁶Eles trouxeram. E ele disse: "De quem é esta imagem e a inscrição?" Responderam-lhe: "De César". ¹⁷Então Jesus disse-lhes: "O que é de César, devolvei a César; o que é de Deus, a Deus". E muito se admiraram dele.	dão, e, sem levar em conta a posição das pessoas, ensinas de fato o caminho de Deus. ²²É lícito a nós pagar o tributo a César ou não?" ²³Ele, porém, penetrando-lhes a astúcia, disse: ²⁴"Mostrai-me um denário. De quem traz a imagem e a inscrição?" Responderam: "De César". ²⁵Ele disse então: "Devolvei, pois, o que é de César a César, e o que é de Deus a Deus". ²⁶E foram incapazes de surpreendê-lo em alguma palavra diante do povo e, espantados com a sua resposta, ficaram em silêncio.	lecida por Deus. E os que se opõem atrairão sobre si a condenação. ³Os que governam incutem medo quando se pratica o mal, não quando se faz o bem. Queres então não ter medo da autoridade? Pratica o bem e dela receberás elogios, ⁴pois ela é instrumento de Deus para te conduzir ao bem. Se, porém, praticares o mal, teme, porque não é à toa que ela traz a espada: ela é instrumento de Deus para fazer justiça e punir quem pratica o mal. ⁵Por isso é necessário submeter-se não somente,por temor do castigo, mas também por dever de consciência. ⁶É também por isso que pagais impostos, pois os que governam são servidores de Deus, que se desincumbem com zelo do seu ofício. ⁷Dai a cada um o que lhe é devido: o imposto a quem é devido; a taxa a quem é devida; a reverência a quem é devida; a honra a quem é devida.

§ 219 — O problema da ressurreição

Mt 22,23-33	Mc 12,18-27	Lc 20,27-40	1Cor 15,35-50
²³Naquele dia, aproximaram-se dele alguns saduceus, que dizem não existir ressurreição, e o interrogaram: ²⁴"Mestre, Moisés disse: *Se alguém morrer sem ter filhos, o seu*	¹⁸Então foram até ele alguns saduceus — os quais dizem não existir ressurreição — e o interrogavam: ¹⁹"Mestre, Moisés deixou-nos escrito: *Se alguém tiver irmão que*	²⁷Aproximando-se alguns dos saduceus — que negam existir ressurreição — ²⁸interrogaram-no: "Mestre, Moisés deixou-nos escrito: *Se alguém tiver um irmão casado e es-*	³⁵Mas, dirá alguém, como ressuscitam os mortos? Com que corpo voltam? ³⁶Insensato! O que semeias não readquire vida a não ser que morra. ³⁷E o que semeias não

irmão se casará com a viúva e suscitará descendência para o seu irmão. ²⁵Ora, havia entre nós sete irmãos. O primeiro, tendo-se casado, morreu e, como não tivesse descendência, deixou a mulher para seu irmão e, ²⁶O mesmo aconteceu com o segundo, com o terceiro, até o sétimo. ²⁷Por fim, depois de todos eles, morreu também a mulher. ²⁸Pois bem, na ressurreição, de qual dos sete será a mulher, pois que todos a tiveram?" ²⁹Jesus respondeu-lhes: "Estais enganados, desconhecendo as Escrituras e o poder de Deus. ³⁰Com efeito, na ressurreição, nem eles se casam e nem elas se dão em casamento, mas são todos como os anjos no céu. ³¹Quanto à ressurreição dos mortos, não lestes o que Deus vos declarou: ³²*Eu sou o Deus de Abraão, o Deus de Isaac e o Deus de Jacó?* Ora, ele não é Deus de mortos, mas sim de vivos". ³³Ao ouvir isso, as multidões ficaram extasiadas com o seu ensinamento.

morra deixando mulher sem filhos, tomará ele a viúva e suscitará descendência para o seu irmão. ²⁰Havia sete irmãos. O primeiro tomou mulher e morreu sem deixar descendência. ²¹O segundo tomou-a e morreu sem deixar descendência. E o mesmo sucedeu ao terceiro. ²²E os sete não deixaram descendência. Depois de todos também a mulher morreu. ²³Na ressurreição, quando ressuscitarem, de qual deles será a mulher? Pois que os sete a tiveram por mulher". ²⁴Jesus disse-lhes: "Não é por isso que errais, desconhecendo tanto as Escrituras como o poder de Deus? ²⁵Pois quando ressuscitarem dos mortos, nem eles se casam, nem elas se dão em casamento, mas são como os anjos nos céus. ²⁶Quanto aos mortos que hão de ressurgir, não lestes no livro de Moisés, no trecho sobre a sarça, como Deus lhe disse: *Eu sou o Deus de Abraão, o Deus de Isaac e o Deus de Jacó?* ²⁷Ora, ele não é Deus de mortos, mas sim de vivos. Errais muito!"

te morrer sem filhos, tomará a viúva e suscitará descendência para seu irmão. ²⁹Ora, havia sete irmãos. O primeiro tomou mulher e morreu sem filhos. ³⁰Também o segundo, ³¹e depois o terceiro o tomaram; e assim os sete morreram sem deixar filhos. ³²Por fim, também a mulher morreu. ³³Essa mulher, na ressurreição, de qual deles vai se tornar mulher? Pois todos os sete a tiveram por mulher".

³⁴Jesus lhes respondeu: "Os filhos deste século casam-se e dão-se em casamento; ³⁵mas os que forem julgados dignos de ter parte no outro século e na ressurreição dos mortos, nem eles se casam, nem elas se dão em casamento; ³⁶pois nem mesmo podem morrer; são semelhantes aos anjos e são filhos de Deus, sendo filhos da ressurreição. ³⁷Ora, que os mortos ressuscitam, também Moisés o indicou na passagem da sarça, quando diz: Senhor *Deus de Abraão, Deus de Isaac e Deus de Jacó.* ³⁸Ora, ele não é Deus de mortos, mas sim de vivos; todos, com efeito, vivem para ele".

³⁹Tomando então a palavra, alguns escribas disseram-lhe: "Mestre, falaste bem". ⁴⁰E já ninguém ousava interrogá-lo sobre coisa alguma.

é o corpo da futura planta que deve nascer, mas um simples grão de trigo ou de qualquer outra espécie. ³⁸A seguir, Deus lhe dá de corpo como quer; a cada uma das sementes ele dá o corpo que lhe é próprio. ³⁹Nenhuma carne é igual às outras, mas uma é a carne dos homens, outra a carne dos quadrúpedes, outra a dos pássaros, outra a dos peixes. ⁴⁰Há corpos celestes e há corpos terrestres. ⁴¹Um é o brilho do sol, outro o brilho da lua, e outro o brilho das estrelas. E até de estrela para estrela há diferença de brilho. ⁴²O mesmo se dá com a ressurreição dos mortos; semeado corruptível, o corpo ressuscita incorruptível; ⁴³semeado desprezível, ressuscita reluzente de glória; semeado na fraqueza, ressuscita cheio de força; ⁴⁴semeado corpo psíquico, ressuscita corpo espiritual.

Se há um corpo psíquico, há também um corpo espiritual. ⁴⁵Assim está escrito: o primeiro *homem, Adão, foi feito alma vivente;* o último Adão tornou-se espírito que dá à vida. ⁴⁶Primeiro foi feito não o que é espiritual, mas o que é psíquico; o que é espiritual vem depois. ⁴⁷O primeiro homem, tirado da terra, é terrestre. O segundo homem vem do céu. ⁴⁸Qual foi o homem terrestre, tais são também os terrestres. Qual foi o homem celes-

§§ 220-222 — Mt 22,34-40; 22,41-46; 23,1-36; Mc 12,28-34; 12,35-37; Lc 10,25-28, 20,41-44; 11,37-54

Mt	Mc	Lc	Jo
		te, tais serão os celestes. ⁴⁹E, assim como trouxemos a imagem do homem terrestre, assim também traremos a imagem do homem celeste. ⁵⁰Digo-vos, irmãos: a carne e o sangue não podem herdar o Reino de Deus, nem a corrupção herdar a incorruptibilidade.	

§ 220 — O primeiro mandamento da Lei (cf. § 171)

Mt 22,34-40	Mc 12,28-34	Lc 10,25-28	Jo
³⁴Os fariseus, ouvindo que ele fechara a boca dos saduceus, reuniram-se em grupo ³⁵e um deles — a fim de pô-lo à prova — perguntou-lhe: ³⁶"Mestre, qual é o maior mandamento da Lei?" ³⁷Ele respondeu: *"Amarás ao Senhor teu Deus de todo o teu coração, de toda a tua alma e de todo o teu entendimento.* ³⁸Esse é o maior e o primeiro mandamento. ³⁹O segundo é semelhante a esse: *Amarás o teu próximo como a ti mesmo.* ⁴⁰Desses dois mandamentos dependem toda a Lei e os Profetas".	²⁸Um dos escribas que ouvira a discussão, reconhecendo que respondera muito bem, perguntou-lhe: "Qual é o primeiro de todos os mandamentos?" ²⁹Jesus respondeu: "O primeiro é: *Ouve, ó Israel, o Senhor nosso Deus é o único Senhor,* ³⁰*e amarás o Senhor teu Deus de todo teu coração, de toda tua alma, de todo teu entendimento, e com toda a tua força.* ³¹O segundo é este: *Amarás o teu próximo como a ti mesmo.* Não existe outro mandamento maior do que esses". ³²O escriba disse-lhe: "Muito bem, Mestre, tens razão de dizer que ele é o único e não existe outro *além dele,* ³³*e amá-lo de todo o coração, de toda a inteligência e com toda a força, e amar o próximo como a si mesmo* é mais do que todos os holocaustos e todos os sa-	²⁵E eis que um legista se levantou e disse para experimentá-lo: "Mestre, que farei para herdar a vida eterna?" ²⁶Ele lhe disse: "Que está escrito na Lei? Como lês?" ²⁷Ele, então, respondeu: *"Amarás o Senhor teu Deus, de todo o teu coração, de toda a tua alma, com toda a tua força e de todo o teu entendimento; e a teu próximo como a ti mesmo".* ²⁸Jesus disse: "Respondeste corretamente; faze isso e viverás".	

Mt 22,41-46	Mc 12,35-37	Lc 20,41-44	Jo
⁴¹Estando os fariseus reunidos, Jesus interrogou-os: ⁴²"Que pensais a respeito do Cristo? Ele é filho de quem?" Responderam-lhe: "De Davi". ⁴³Ao que Jesus lhes disse: "Como então Davi, falando sob inspiração, lhe chama Senhor, ao dizer: ⁴⁴*O Senhor disse ao meu Senhor: senta-te à minha direita, até que eu ponha os teus inimigos debaixo dos teus pés?* ⁴⁵Ora, se Davi lhe chama Senhor, como pode ser seu filho?" ⁴⁶E ninguém podia responder-lhe nada. E a partir daquele dia, ninguém se atreveu a interrogá-lo.	³⁵E prosseguiu Jesus ensinando no Templo dizendo: "Como podem os escribas dizer que o Messias é filho de Davi? ³⁶O próprio Davi disse, pelo Espírito Santo: *O Senhor disse ao meu Senhor: Senta-te à minha direita até que eu ponha os teus inimigos debaixo dos teus pés.* ³⁷O próprio Davi o chama Senhor; como pode, então, ser seu filho?" E a numerosa multidão o escutava com prazer!	⁴¹Disse-lhes então: "Como se pode dizer que o Cristo é filho de Davi? ⁴²Se o próprio Davi diz no livro dos Salmos: *O Senhor disse ao meu Senhor: Senta-te à minha direita, ⁴³até que eu ponha teus inimigos como escabelo para teus pés.* ⁴⁴Davi, portanto, o chama Senhor; então, como pode ser seu filho?"	

crifícios". ³⁴Jesus, vendo que ele respondera com inteligência, disse-lhe: "Tu não estás longe do Reino de Deus". E ninguém mais ousava interrogá-lo.

§ 221 — A origem divina do Messias*

§ 222 — Ai de vós, escribas e fariseus!

Mt 23,1-36	Mc	Lc 11,37-54	Jo
¹Jesus então dirigiu-se às multidões e aos seus discípulos: ²"Os escribas e fariseus estão sentados na cátedra de Moisés. ³Portanto, fazei e observai tudo quanto vos disserem. Mas não imiteis as suas ações,		³⁷Enquanto falava, um fariseu convidou-o para almoçar em sua casa. Entrou e pôs-se à mesa. ³⁸O fariseu, vendo isso, ficou admirado de que ele não fizesse primeiro as abluções antes do almoço. ³⁹O Senhor, po-	

§ 221 É impraticável escolher-se um paralelo de Jo, porquanto o 4º Evangelho inteiro versa sobre este tema.

Mt

pois dizem, mas não fazem. ⁴Amarram fardos pesados e os põem sobre os ombros dos homens, mas eles mesmos nem com um dedo se dispõem a movê-los. ⁵Praticam todas as suas ações com o fim de serem vistos pelos homens. Com efeito, usam largos filactérios e longas franjas. ⁶Gostam do lugar de honra nos banquetes, dos primeiros assentos nas sinagogas, ⁷de receber as saudações nas praças públicas e de que os homens lhes chamem 'Rabi'.
⁸Quanto a vós, não permitais que vos chamem 'Rabi', pois um só é o vosso Mestre e todos vós sois irmãos. ⁹A ninguém na terra chameis 'Pai', pois um só é o vosso Pai, o celeste. ¹⁰Nem permitais que vos chamem 'Guias', pois um só é o vosso guia, Cristo. ¹¹Antes, o maior dentre vós será aquele que vos serve. ¹²Aquele que se exaltar será humilhado e aquele que se humilhar será exaltado.
¹³Ai de vós, escribas e fariseus, hipócritas, porque bloqueais o Reino dos Céus diante dos homens! Pois vós mesmos não entrais, nem deixais entrar os que querem fazê-lo! [¹⁴]
¹⁵Ai de vós, escribas e fariseus, hipócritas, que percorreis o mar e a terra para fazer um prosélito, mas, quando conseguis conquistá-lo, vós o tornais duas vezes mais digno da geena do que vós!
¹⁶Ai de vós, condutores cegos, que dizeis: 'Se alguém jurar pelo santuário, o seu juramento não o obriga, mas se jurar pelo ouro do santuário o seu juramento o obriga'. ¹⁷Insensatos e cegos! Que é maior, o ouro ou o santuário que santifica o ouro? ¹⁸Dizeis mais: 'Se alguém jurar pelo altar, não é nada, mas se jurar pela oferta que está sobre o altar, fica obrigado'. ¹⁹Cegos! Que é maior, a oferta ou o altar que santifica a oferta? ²⁰Pois aquele que jura pelo altar, jura por ele e por tudo o que nele está. ²¹E aquele que jura pe-

Lc

rém, lhe disse: "Agora vós, ó fariseus! Purificais o exterior do copo e do prato, e por dentro estais cheios de rapina e de perversidade! ⁴⁰Insensatos! Quem fez o exterior não fez também o interior? ⁴¹Antes, dai o que tendes em esmola e tudo ficará puro para vós!
⁴²Mas ai de vós, fariseus, que pagais o dízimo da hortelã, da arruda e de todas as hortaliças, mas deixais de lado a justiça e o amor de Deus! Importava praticar estas coisas sem deixar de lado aquelas. ⁴³Ai de vós, fariseus, que aprecíais o primeiro lugar nas sinagogas e as saudações nas praças públicas! ⁴⁴Ai de vós, porque sois como esses túmulos disfarçados, sobre os quais se pode transitar, sem o saber!"
⁴⁵Um dos legistas tomou então a palavra: "Mestre, falando assim, tu nos insultas também!" ⁴⁶Ele respondeu: "Igualmente, ai de vós, legistas, porque imponeis aos homens fardos insuportáveis, e vós mesmos não tocais esses fardos com um dedo sequer!

lo santuário, jura por ele e por aquele que nele habita. ²²E, por fim, aquele que jura pelo céu, jura pelo trono de Deus e por aquele que nele está sentado.
²³Ai de vós, escribas e fariseus, hipócritas, que pagais o dízimo da hortelã, do endro e do cominho, mas omitis as coisas mais importantes da lei: a justiça, a misericórdia e a fidelidade. Importava praticar estas coisas, mas sem omitir aquelas. ²⁴Condutores cegos, que coais o mosquito e tragais o camelo!
²⁵Ai de vós, escribas e fariseus, hipócritas, que limpais o exterior do copo e do prato, mas por dentro estais cheios de rapina e de intemperança! ²⁶Fariseu cego, limpa primeiro o interior do copo para que também o exterior fique limpo!
²⁷Ai de vós, escribas e fariseus, hipócritas! Sois semelhantes a sepulcros caiados, que por fora parecem bonitos, mas por dentro estão cheios de ossos de mortos e de toda podridão. ²⁸Assim também vós; por fora pareceis justos aos homens, mas por dentro estais cheios de hipocrisia e de iniqüidade.
²⁹Ai de vós, escribas e fariseus, hipócritas, que edificais os túmulos dos profetas e enfeitais os sepulcros dos justos ³⁰e dizeis: 'Se estivéssemos vivos nos dias dos nossos pais, não teríamos sido cúmplices seus no derramar o sangue dos profetas'. ³¹Com isso testificais, contra vós, que sois filhos daqueles que mataram os profetas. ³²Completai, pois, a medida dos vossos pais!
³³Serpentes! Raça de víboras! Como haveis de escapar ao julgamento da geena? ³⁴Por isso vos envio profetas, sábios e escribas. A uns matareis e crucificareis, a outros açoitareis em vossas sinagogas e perseguireis de cidade em cidade. ³⁵E assim cairá sobre vós todo o sangue dos justos derramado sobre a terra, desde o sangue do justo Abel até o sangue de Zacarias, filho de Baraquias, que mataste entre o santuário e o

⁴⁷Ai de vós que edificais os túmulos dos profetas, enquanto foram vossos pais que os mataram! ⁴⁸Assim, vós sois testemunhas e aprovais os atos dos vossos pais: eles mataram e vós edificais!
⁴⁹Eis por que a Sabedoria de Deus disse: Eu lhes enviarei profetas e apóstolos; eles matarão e perseguirão a alguns deles, ⁵⁰a fim de que se peçam contas a esta geração do sangue de todos os profetas que foi derramado desde a criação do mundo, ⁵¹do sangue de Abel até o sangue de Zacarias, que pereceu entre o altar e o Santuário. Sim, digo-vos, serão pedidas contas a esta geração!
⁵²Ai de vós, legistas, porque tomastes a chave da ciência! Vós mesmos não entrastes e impedistes os que queriam entrar!"
⁵³Quando ele saiu de lá, os escribas e fariseus co-

§§ 223-225 — Mt 24,1-41; Mc 12,38-40; 12,41-44; 13,1-8.14-32; Lc 16,14-15; 20,45-47; 21,1-4; 21,5-11.20-33

Mt	Mc	Lc	Jo
altar. ³⁶Em verdade vos digo: tudo isso sobrevirá a esta geração!"		meçaram a persegui-lo terrivelmente e a cercá-lo de interrogatórios a respeito de muitas coisas, ⁵⁴armando-lhe ciladas para surpreenderem uma palavra de sua boca.	
		Lc 16,14-15	
		¹⁴Os fariseus, amigos do dinheiro, ouviam tudo isso e zombavam dele. ¹⁵Jesus lhes disse: "Vós sois os que querem passar por justos diante dos homens, mas Deus conhece os corações, o que é elevado para os homens, é abominável diante de Deus.	

§ 223 — Acautelai-vos dos escribas!

Mt	Mc	Lc	Jo
	Mc 12,38-40 ³⁸E dizia no seu ensinamento: "Guardai-vos dos escribas que gostam de circular de toga, de ser saudados nas praças públicas, ³⁹de ocupar os primeiros lugares nas sinagogas e os lugares de honra nos banquetes; ⁴⁰mas devoram as casas das viúvas e simulam fazer longas preces. Esses receberão condenação mais severa".	**Lc 20,45-47** ⁴⁵Como todo o povo o escutava, ele disse aos discípulos: ⁴⁶"Cuidado com os escribas que sentem prazer em circular com togas, gostam de saudações nas praças públicas, dos primeiros lugares nas sinagogas e de lugares de honra nos banquetes, ⁴⁷que devoram as casas das viúvas e simulam fazer longas orações. Esses receberão uma sentença mais severa!"	

§ 224 — O óbolo da viúva

Mt	Mc	Lc	Jo
	Mc 12,41-44 ⁴¹E, sentado frente ao Tesouro do Templo, observava como a multidão lançava pequenas moedas no Tesouro, e muitos ricos lançavam muitas moedas. ⁴²Vindo uma pobre viúva, lançou duas moedinhas, isto é, um quadrante. ⁴³E chamando a si os discípulos, disse-lhes: "Em verdade eu vos digo que esta viúva lançou mais do que todos os que ofereceram moedas ao Te-	**Lc 21,1-4** ¹Levantando os olhos, ele viu os ricos lançando ofertas no Tesouro do Templo. ²Viu também uma viúva indigente, que lançava duas moedinhas, ³e disse: "De fato, eu vos digo que esta pobre viúva lançou mais do que todos, ⁴pois todos aqueles deram do que lhes sobrava para as ofertas; esta, porém, na sua penúria, ofereceu tudo o que possuía para viver".	

§ 225 — O discurso escatológico (cf. § 56)

Mt 24,1-41	Mc 13,1-8.14-32	Lc 21,5-11.20-33	Jo
¹Saindo do Templo, Jesus caminhava e os discípulos se aproximaram dele para mostrar-lhe as construções do Templo. ²Ele disse-lhes: "Estais vendo tudo isto? Em verdade vos digo: não ficará aqui pedra sobre pedra que não seja demolida". ³Estando ele sentado no monte das Oliveiras, os discípulos se aproximaram dele, a sós dizendo: "Dize-nos quando vai ser isso, e qual o sinal da tua Vinda e da consumação dos tempos". ⁴Jesus respondeu: "Atenção para que ninguém vos engane. ⁵Pois muitos virão em meu nome, dizendo: 'O Cristo sou eu', e enganarão a muitos. ⁶Haveis de ouvir sobre guerras e rumores de guerras. Cuidado para não vos alarmardes. *É preciso que aconteçam*, mas ainda não é o fim. ⁷Pois se levantará nação contra nação e reino contra reino. E haverá fome e terremotos em todos os lugares. ⁸Tudo isso será o princípio das dores. ⁹Nesse tempo, vos entregarão à tri-	¹Ao sair do Templo, disse-lhe um dos seus discípulos: "Mestre, vê que pedras e que construções!" ²Disse-lhe Jesus: "Vês estas grandes construções? Não ficará pedra sobre pedra que não seja demolida". ³Sentado no monte das Oliveiras, frente ao Templo, Pedro, Tiago, João e André lhe perguntavam em particular: ⁴"Dize-nos: quando será isso e qual o sinal de que todas essas coisas estarão para acontecer?" ⁵Então Jesus começou a dizer-lhes: "Atenção para que ninguém vos engane. ⁶Muitos virão em meu nome, dizendo 'Sou eu', e enganarão a muitos. ⁷Quando ouvirdes falar de guerras e de rumores de guerra, não vos alarmeis; *é preciso que aconteçam*, mas ainda não é o fim. ⁸Pois *levantar-se-á nação contra nação e reino contra reino*. E haverá terremotos em todos os lugares, e haverá fome. Isso é o princípio das dores do parto.	⁵Como alguns estavam dizendo a respeito do Templo que era ornado de belas pedras e de ofertas votivas, ele disse: ⁶"Estais contemplando essas coisas... Dias virão em que não ficará pedra sobre pedra que não seja demolida!" ⁷Perguntaram-lhe então: "Quando será isso, Mestre, e qual o sinal de que essas coisas estarão para acontecer?" ⁸Respondeu: "Atenção para não serdes enganados, pois muitos virão em meu nome, dizendo 'Sou eu!' e ainda: 'O tempo está próximo!' Não o sigais! ⁹Quando ouvirdes falar de guerras e subversões, não vos atemorizeis; pois *é preciso que* primeiro *aconteça* isso, mas não será logo o fim". ¹⁰Disse-lhes então: "*Levantar-se-á nação contra nação e reino contra reino*. ¹¹E haverá grandes terremotos e pestes e fomes em todos os lugares; aparecerão fenômenos pavorosos e grandes sinais vindos do céu.	

§ 225 Devido à sua estrutura mais ou menos uniforme, o discurso escatológico não foi dividido em §§ separados.

Mt

bulação e vos matarão, e sereis odiados de todos os povos por causa do meu nome. ¹⁰E então muitos ficarão escandalizados e se entregarão mutuamente e se odiarão uns aos outros. ¹¹E surgirão falsos profetas em grande número e enganarão a muitos. ¹²E pelo crescimento da iniqüidade, o amor de muitos esfriará. ¹³Aquele, porém, que perseverar até o fim, esse será salvo.

¹⁴E este Evangelho do Reino será proclamado no mundo inteiro, como testemunho para todas as nações. E então virá o Fim.

¹⁵Quando, portanto, virdes *a abominação da desolação*, de que fala o profeta Daniel, instalada no lugar santo — que o leitor entenda! — ¹⁶então, os que estiverem na Judéia fujam para as montanhas, ¹⁷aquele que estiver no terraço, não desça para apanhar as coisas da sua casa, ¹⁸e aquele que estiver no campo não volte atrás para apanhar a sua veste! ¹⁹Ai daquelas que estiverem grávidas e estiverem amamentando naqueles dias! ²⁰Pedi para que a vossa fuga não aconteça no inverno ou num sábado. ²¹Pois naquele tempo haverá uma grande tribulação, *tal como não houve desde o princípio do mundo até agora*, nem tornará a haver jamais. ²²E se aqueles dias não

Mc

¹⁴Quando virdes a *abominação da desolação* instalada onde não devia estar — que o leitor entenda — então os que estiverem na Judéia fujam para as montanhas, ¹⁵aquele que estiver no terraço não desça nem entre para apanhar alguma coisa em sua casa, ¹⁶aquele que estiver no campo não volte para trás a fim de apanhar a sua veste. ¹⁷Ai daquelas que estiverem grávidas e estiverem amamentando naqueles dias! ¹⁸Pedi para que isso não aconteça no inverno. ¹⁹Pois naqueles dias haverá *uma tribulação tal, como não houve desde o princípio do mundo que Deus criou até agora*, e não haverá jamais. ²⁰E se o Senhor não abreviasse esses dias, nenhuma vida se salvaria; mas, por

Lc

²⁰Quando virdes Jerusalém cercada de exércitos, sabei que está próxima a sua devastação. ²¹Então, os que estiverem na Judéia fujam para os montes, os que estiverem dentro da cidade saiam e os que estiverem nos campos não entrem nela, ²²porque serão *dias de punição*, nos quais deverá cumprir-se tudo o que foi escrito. ²³Ai daquelas que estiverem grávidas e estiverem amamentando naqueles dias!

Com efeito, haverá uma grande angústia na terra e cólera contra este povo. ²⁴E cairão ao fio da espada, levados cativos para todas as nações, e *Jerusalém será pisada por nações* até que se cumpram os tempos das nações.

²⁵Haverá sinais no sol, na lua e nas

Jo

fossem abreviados, nenhuma vida se salvaria. Mas, por causa dos eleitos, aqueles dias serão abreviados. ²³Então, se alguém vos disser: "Olha o Cristo aqui!" ou 'ali', não creiais. ²⁴Pois hão de surgir falsos cristos e *falsos profetas, que apresentarão grandes sinais e prodígios* de modo a enganar, se possível, até mesmo os eleitos. ²⁵Eis que eu vo-lo predisse.

²⁶Se, portanto, vos disserem: 'Ei-lo no deserto', não vades até lá; 'Ei-lo em lugares retirados', não creiais. ²⁷Pois assim como o relâmpago parte do oriente e brilha até o poente, assim será a vinda do Filho do Homem. ²⁸Onde estiver o cadáver, aí se ajuntarão abutres.

²⁹Logo após a tribulação daqueles dias, *o sol escurecerá, a lua não dará a sua claridade, as estrelas cairão do céu e os poderes dos céus serão abalados.* ³⁰Então aparecerá no céu o sinal do Filho do Homem *e todas as tribos da terra baterão no peito e verão o Filho do Homem vindo sobre as nuvens do céu com poder e grande glória.* ³¹Ele enviará os seus anjos que, *ao som da grande trombeta,* reunirão os seus eleitos dos quatro ventos, de uma extremidade até a outra extremidade do céu.

³²Aprendei da figueira esta parábola: quando o seu ramo se torna | causa dos eleitos que escolheu, ele abreviou os dias. ²¹Então, se alguém vos disser 'Eis o Messias aqui!' ou 'Ei-lo ali!', não creiais. ²²Hão de surgir falsos messias e *falsos profetas, os quais apresentarão sinais e prodígios para enganar,* se possível, os eleitos. ²³Quanto a vós, porém, ficai atentos. Eu vos predisse tudo.

²⁴Naqueles dias, porém, depois daquela tribulação, *o sol escurecerá, a lua não dará a sua claridade,* ²⁵*as estrelas estarão caindo do céu, e os poderes que estão nos céus serão abalados.* E verão *o Filho do Homem vindo entre nuvens com grande poder e glória.* ²⁷Então ele enviará os anjos e *reunirá* seus eleitos, *dos quatro ventos, da extremidade da terra à extremidade do céu.*

²⁸Aprendei, pois, a parábola da figueira. Quando o seu ramo se tor- | estrelas; e na terra, as *nações estarão em angústia, inquietas pelo bramido do mar e das ondas;* ²⁶os homens desfalecerão de medo, na expectativa do que ameaçará o mundo habitado, pois *os poderes dos céus serão abalados.* ²⁷E então verão o filho do homem vindo numa nuvem com poder e grande glória. ²⁸Quando começarem a acontecer essas coisas, erguei-vos e levantai a cabeça, pois está próxima a vossa libertação".

²⁹Em seguida contou-lhes uma parábola: "Vede a figueira e as árvo- |

§§ 226-227 — Lc 21,34-36; 17,20-37

Mt	Mc	Lc	Jo
tenro e as suas folhas começam a brotar, sabeis que o verão está próximo. ³³Da mesma forma também vós, quando virdes todas essas coisas, sabei que ele está próximo, às portas. ³⁴Em verdade vos digo que esta geração não passará sem que tudo isso aconteça. ³⁵Passarão o céu e a terra. Minhas palavras, porém, não passarão. ³⁶Daquele dia e da hora, ninguém sabe, nem os anjos dos céus, nem o Filho, mas só o Pai. ³⁷Como nos dias de Noé, será a Vinda do Filho do Homem. ³⁸Com efeito, como naqueles dias que precederam o dilúvio, estavam eles comendo e bebendo, casando-se e dando-se em casamento, até o dia em que *Noé entrou na arca*, ³⁹e não perceberam nada até que veio o dilúvio e os levou a todos. Assim acontecerá na Vinda do Filho do Homem. ⁴⁰E estarão dois homens no campo: um será tomado e o outro deixado. ⁴¹Estarão duas mulheres moendo no moinho: uma será tomada e a outra deixada.	na tenro e as suas folhas começam a brotar, sabeis que o verão está próximo. ²⁹Da mesma forma, também vós, quando virdes essas coisas acontecerem, sabei que ele está próximo, às portas. ³⁰Em verdade vos digo que esta geração não passará até que tudo isso aconteça. ³¹Passarão o céu e a terra. Minhas palavras, porém, não passarão. ³²Daquele dia e da hora, ninguém sabe, nem os anjos no céu, nem o Filho, somente o Pai.	res todas. ³⁰Quando brotam, olhando-as, sabeis que o verão já está próximo. ³¹Da mesma forma também vós, quando virdes essas coisas acontecerem, sabei que o Reino de Deus está próximo. ³²Em verdade vos digo que esta geração não passará sem que tudo aconteça. ³³O céu e a terra passarão: minhas palavras, porém, não passarão.	

§ 226 — *Vigilância e temperança*

Mt	Mc	Lc 21,34-36	1Cor 7,29-31
		³⁴Cuidado para que vossos corações não fiquem pesados pela devassidão, pela embriaguez, pelas preocu-	²⁹Eis o que vos digo, irmãos: o tempo se fez curto. Resta, pois, que aqueles que têm esposa, sejam como

§ 227 — Como nos dias de Noé...

Lc 17,20-37

20 Interrogado pelos fariseus sobre quando chegaria o Reino de Deus, respondeu-lhes: "A vinda do Reino de Deus não é observável. 21 Não se poderá dizer: 'Ei-lo aqui! Ei-lo ali!', pois eis que o Reino de Deus está no meio de vós" 22 Disse ainda a seus discípulos: "Dias virão em que desejareis ver apenas um dos dias do Filho do Homem, mas não o vereis. 23 E vos dirão: 'Ei-lo aqui! Ei-lo ali!' — não saiais, não sigais. 24 De fato, como o relâmpago relampeja de um ponto do céu e fulgura até o outro, assim acontecerá com o Filho do Homem em seu Dia. 25 Mas será preciso primeiro que ele sofra muito e seja rejeitado por esta geração. 26 Como aconteceu nos dias de Noé, assim também ocorrerá nos dias do Filho do Homem. 27 Comiam, bebiam, casavam e davam-se em casamento até o dia em que *Noé entrou na arca*; então veio o dilúvio, que os fez perecer a todos. 28 Do mesmo modo como aconteceu nos dias de Ló: comiam, bebiam, compravam, vendiam, plantavam, construíam, 29 mas no dia em que Ló saiu de Sodoma, *caiu do céu fogo e enxofre*, eliminando a todos. 30 Será desse modo o Dia em que o Filho do Homem for revelado. 31 Naquele Dia, quem estiver no terraço e tiver utensílios em casa, não desça para pegá-los; igualmente quem estiver no campo, *não volte atrás*. 32 Lembrai-vos da mulher de Ló. 33 Quem procurar ganhar sua vida, vai perdê-la, e quem a perder vai conservá-la. 34 Digo-vos, naquela noite dois estarão num leito; um será tomado e o outro deixado; 35 duas mulheres estarão moendo juntas, uma será tomada e a outra deixada". [36] 37 Tomando a palavra, perguntaram-lhe então: "Onde, Senhor?" Jesus lhes respondeu: "Onde estiver o corpo, aí também se reunirão os abutres".

---

pações da vida, e não se abata repentinamente sobre vós aquele Dia, 35 como um *laço*; pois ele sobrevirá a todos os *habitantes da face* de toda *a terra*. 36 Ficai acordados, portanto, orando em todo momento, para terdes a força de escapar de tudo o que deve acontecer e de ficar de pé diante do Filho do Homem".

---

se não a tivessem; 30 aqueles que choram, como se não chorassem; aqueles que se regozijam, como se não regozijassem; aqueles que compram, como se não possuíssem; 31 aqueles que usam deste mundo, como se não usassem plenamente. Pois passa a figura deste mundo".

§§ 228-229 — Mt 25,14-30; 24,42-51; Mc 13,33-37; Lc 19,11-27; 12,35-48

§ 228 — Os talentos e as minas*

Mt 25,14-30	Mc	Lc 19,11-27	Jo
¹⁴Pois será como um homem que, viajando para o estrangeiro, chamou os seus próprios servos e entregou-lhes os seus bens. ¹⁵A um deu cinco talentos, a outros dois, a outro um. A cada um de acordo com a sua capacidade. E partiu. Imediatamente, ¹⁶o que recebera cinco talentos saiu a trabalhar com eles e ganhou outros cinco. ¹⁷Da mesma maneira, o que recebera dois ganhou outros dois. ¹⁸Mas aquele que recebera um só tomou-o e foi abrir uma cova no chão. E enterrou o dinheiro do seu senhor. ¹⁹Depois de muito tempo, o senhor daqueles servos voltou e pôs-se a ajustar contas com eles. ²⁰Chegando aquele que recebera cinco talentos, entregou-lhe outros cinco, dizendo: 'Senhor, tu me confiaste cinco talentos. Aqui estão outros cinco que ganhei'. ²¹Disse-lhe o senhor: 'Muito bem, servo bom e fiel! Sobre o pouco foste fiel, sobre o muito te colocarei. Vem alegrar-te com o teu senhor!' ²²Chegando também o dos dois talentos, disse: 'Senhor, tu me confiaste dois talentos. Aqui estão outros dois talentos que ganhei'. ²³Disse-lhe o senhor: 'Muito bem, servo bom e fiel! Sobre o pouco foste fiel, sobre o muito te colocarei. Vem alegrar-te com o teu senhor!' ²⁴Por fim, chegando o que recebera um talento, disse: 'Senhor, eu sabia que és um homem severo, que colhes onde não semeaste e ajuntas onde não espalhaste. ²⁵Assim, amedrontado, fui enterrar o teu talento no chão. Aqui tens o que é teu'. ²⁶A isso respondeu-lhe o senhor: 'Servo mau e preguiçoso, sabias que eu colho onde não semeei e que ajunto onde não espalhei? ²⁷Pois então devias ter depositado o meu dinheiro com os banqueiros e, ao voltar, eu receberia com juros o que é meu. ²⁸Tirai-lhe o talento que tem e dai-o àquele que tem dez, ²⁹porque a todo aquele que tem será dado e terá em abundância, mas daquele que não		¹¹Como eles ouviam isso, Jesus acrescentou uma parábola, porque estava perto de Jerusalém, e eles pensavam que o Reino de Deus ia se manifestar imediatamente. ¹²Disse então: "Um homem de nobre origem partiu para uma região longínqua a fim de ser investido da realeza e voltar. ¹³Chamando dez de seus servos, deu-lhes dez minas e disse-lhes: 'Fazei-as render até que eu volte!' ¹⁴Ora, seus cidadãos o odiavam. E enviaram atrás dele uma embaixada para dizer: 'Não queremos que este reine sobre nós'. ¹⁵Quando ele regressou, após ter recebido a realeza, mandou chamar aqueles servos aos quais havia confiado dinheiro, para saber o que cada um tinha feito render. ¹⁶Apresentou-se o primeiro e disse: 'Senhor, tua mina rendeu dez minas'. ¹⁷'Muito bem, servo bom', disse ele, 'uma vez que te mostraste fiel no pouco, recebe autoridade sobre dez cidades'. ¹⁸Veio o segundo e disse: 'Senhor, tua mina produziu cinco minas'. ¹⁹Também a este ele disse: 'Tu também, fica à frente de cinco cidades'. ²⁰Veio o outro e disse: 'Senhor, eis aqui a tua mina, que depositei num lenço, ²¹pois tive medo de ti, porque és um homem severo, tomas o que não depositaste e colhes o que não semeaste'. ²²Então ele disse: 'Servo mau, eu te julgo pela tua própria boca. Sabias que eu sou um homem severo, que tomo o que não depositei e colho o que não semeei. ²³Por que, então, não confiaste o meu dinheiro ao banco? À minha volta eu o teria recuperado com juros'. ²⁴E disse aos que lá estavam: 'Tirai-lhe a mina e dai-a ao que tem dez minas'. ²⁵Responderam-lhe: 'Senhor, ele já tem dez minas...'. ²⁶'Digo-vos, a quem tem, será dado; mas àquele que não tem, será tirado até mesmo o que tem. ²⁷Quanto a esses meus inimigos, que não queriam que	

Mt 24,42-51	Mc 13,33-37	Lc 12,35-48	Jo

§ 229 — Os servos vigilantes*

Mt 24,42-51	Mc 13,33-37	Lc 12,35-48	Jo
⁴²Vigiai, portanto, porque não sabeis em que dia vem o vosso Senhor. ⁴³Compreendei isto: se o dono da casa soubesse em que vigília viria o ladrão, vigiaria e não permitiria que sua casa fosse arrombada. ⁴⁴Por isso, também vós, ficai preparados, porque o Filho do Homem virá numa hora que não pensais. ⁴⁵Quem é, pois, o servo fiel e prudente que o senhor constituiu sobre a criadagem, para dar-lhe o alimento em tempo oportuno? ⁴⁶Feliz aquele servo a quem o seu senhor, ao chegar, encontrar fazendo assim! ⁴⁷Em verdade vos digo: ele o porá à frente de todos os seus bens. ⁴⁸Mas se aquele mau servo disser no seu coração: 'Meu senhor tarda', ⁴⁹e começar a espancar seus companheiros, a comer e a beber com os ébrios, ⁵⁰virá o senhor daquele servo num dia em que ele não o espera e numa hora que ele não sabe, ⁵¹e o partirá ao meio, e lhe dará por sorte estar com os hipócritas. Ali haverá choro e ranger de dentes!	³³Atenção, e vigiai, pois não sabeis quando será o momento. ³⁴Será como um homem que partiu de viagem: deixou sua casa, deu autoridade a seus servos, distribuiu a cada um sua responsabilidade e ao porteiro ordenou que vigiasse. ³⁵Vigiai, portanto, porque não sabeis quando o senhor da casa voltará: à tarde, à meia-noite, ao canto do galo, ou de manhã, ³⁶para que, vindo de repente, não vos encontre dormindo. ³⁷E o que vos digo, digo a todos: vigiai!"	³⁵Tende os rins cingidos e as lâmpadas acesas. ³⁶Sede semelhantes a homens que esperam seu senhor voltar das núpcias, a fim de lhe abrirem, logo que ele vier e bater. ³⁷Felizes os servos que o Senhor, à sua chegada, encontrar vigilantes. Em verdade vos digo, ele se cingirá e os colocará à mesa e, passando de um a outro, os servirá. ³⁸E caso venha pela segunda ou pela terceira vigília, felizes serão se assim os encontrar! ³⁹Compreendei isto: se o dono da casa soubesse em que hora viria o ladrão, não deixaria que sua casa fosse arrombada. ⁴⁰Vós também, ficai preparados, porque o Filho do Homem virá numa hora que não pensais". ⁴¹Então Pedro disse: "Senhor, é para nós que estás contando essa parábola ou para todos?" ⁴²O Senhor respondeu: "Qual é, então, o administrador fiel e prudente que	

(Continuação à esquerda:) tem, até o que tem será tirado. ³⁰Quanto ao servo inútil, lançai-o fora nas trevas. Ali haverá choro e ranger de dentes!'

(À direita, continuação de Lc:) eu reinasse sobre eles, trazei-os aqui e trucidai-os em minha presença'".

§ 228 Mt mantém-se no terreno puramente doutrinário (parábola); Lc tem ante os olhos o caso concreto de um pretendente ao trono (alegoria).
§ 229 Em Mt e Lc temos duas parábolas: a dos servos vigilantes e a do bom administrador. Se aqui figuram como uma só, é por causa de Lc 12,41 que reúne as duas através da pergunta de Pedro.

§§ 230-233 — Mt 25,1-13; 26,1-2; Lc 13,6-9; Jo 12,37-50

Mt	Mc	Lc	Jo
⁴⁶Feliz daquele servo que o Senhor, ao chegar, encontrar assim ocupado. ⁴⁷Em verdade vos digo, ele o constituirá sobre todos os seus bens. ⁴⁸Se aquele mau servo disser em seu coração: 'Meu senhor tarda', ⁴⁹e começar a espancar os seus companheiros, a comer e beber em companhia dos bebedores, ⁵⁰senhor daquele servo virá em dia imprevisto e hora ignorada. ⁵¹Ele o partirá ao meio e lhe imporá a sorte dos hipócritas. Ali haverá choro e ranger de dentes.		o senhor constituirá sobre o seu pessoal para dar em tempo oportuno a ração de trigo? ⁴³Feliz aquele servo que o senhor, ao chegar, encontrar assim ocupado! ⁴⁴Verdadeiramente, eu vos digo, ele o constituirá sobre todos os seus bens. ⁴⁵Se aquele servo, porém, disser em seu coração: 'O meu senhor tarda a vir', e começar a espancar servos e servas, a comer, a beber e a se embriagar, ⁴⁶o senhor daquele servo virá em dia imprevisto e em hora ignorada; ele o partirá ao meio e lhe imporá a sorte dos infiéis. ⁴⁷Aquele servo que conheceu a vontade de seu senhor, mas não se preparou e não agiu conforme sua vontade, será açoitado muitas vezes. ⁴⁸Todavia, aquele que não a conheceu e tiver feito coisas dignas de chicotadas, será açoitado poucas vezes. Àquele a quem muito se deu, muito será pedido, e a quem muito se houver confiado, mais será reclamado.	

§ 230 — *As dez virgens nas bodas do Cristo*

Mt 25,1-13	Mc	Lc	Jo
¹Então o Reino dos Céus será semelhante a dez virgens que, tomando as suas lâmpadas, saíram ao encontro do noivo. ²Cinco eram insensatas e cinco, prudentes. ³As insensatas, ao pegarem as lâmpadas, não levaram azeite consigo, ⁴enquanto as prudentes levaram vasos de azeite com suas lâmpadas. ⁵Atrasando o noivo, todas elas acabaram			

cochilando e dormindo. ⁶Quando foi aí pela meia-noite, ouviu-se um grito: 'O noivo vem aí! Saí ao seu encontro!' ⁷Todas as virgens levantaram-se, então, e trataram de aprontar as lâmpadas. ⁸As insensatas disseram às prudentes: 'Dai-nos do vosso azeite, porque as nossas lâmpadas estão se apagando'. ⁹As prudentes responderam: 'De modo algum, o azeite poderia não bastar para nós e para vós. Ide antes aos que vendem e comprai para vós'. ¹⁰Enquanto foram comprar o azeite, o noivo chegou e as que estavam prontas entraram com ele para o banquete de núpcias. E fechou-se a porta. ¹¹Finalmente, chegaram as outras virgens, dizendo: 'Senhor, senhor, abre-nos!' ¹²Mas ele respondeu: 'Em verdade vos digo: não vos conheço!' ¹³Vigiai, portanto, porque não sabeis nem o dia nem a hora".

§ 231 — A figueira estéril (cf. § 211)*

Mt	Mc	Lc 13,6-9	Jo
		⁶Contou ainda esta parábola: "Um homem tinha uma figueira plantada em sua vinha. Veio a ela procurar frutos, mas não encontrou. ⁷Então disse ao vinhateiro: "Há três anos que venho buscar frutos nesta figueira e não encontro. Corta-a; por que há de tornar a terra infrutífera?' ⁸Ele, porém, respondeu: 'Senhor, deixa-a ainda este ano para que eu cave ao redor e coloque adubo. ⁹Depois, talvez, dê frutos... Caso contrário, tu a cortarás' ".	

§ 232 — Última predição da morte (cf. § 67)

Mt 26,1-2	Mc	Lc	Jo
¹Quando Jesus terminou essas palavras todas, disse aos discípulos: ²"Sabeis que daqui a dois dias será a Páscoa, e o Filho do Homem será entregue para ser crucificado".			

§ 233 — Reflexões finais do Evangelista João

Mt	Mc	Lc	Jo 12,37-50
(cf. 2Rs 17,7-23) ⁷Isso aconteceu porque os filhos de Israel pecaram contra Iahweh seu Deus, que os fizera subir da terra do Egito, libertando-os da opressão do faraó, rei do			³⁷Apesar de ter realizado tantos sinais diante deles, não creram nele, ³⁸ᵃ fim de se cumprir a palavra dita pelo profeta Isaías: *Senhor, quem creu naquilo que ou-*

§ 231 Os três anos da espera do dono poderiam aludir à duração da vida pública de Jesus. Por isso o § foi colocado aqui pelo fim desta vida.

Mt	Mc	Lc	Jo

Mt

Egito. Adoraram outros deuses ⁸e seguiram os costumes das nações que Iahweh havia expulsado de diante deles. ⁹Os filhos de Israel proferiram palavras inconvenientes contra Iahweh seu Deus, construíram para si lugares altos em todas as cidades onde moravam, desde as torres de vigia até as cidades fortificadas. ¹⁰Erigiram para si estelas e postes sagrados sobre toda a colina elevada e debaixo de toda árvore verdejante. ¹¹Sacrificaram em todos os lugares altos, imitando as nações que Iahweh havia expulsado de diante deles, e cometeram ações más, provocando a ira de Iahweh. ¹²Prestaram culto aos ídolos, embora Iahweh lhes houvesse dito: "Vós não fareis tal coisa." ¹³No entanto, Iahweh tinha feito esta advertência a Israel e a Judá, por meio de todos os profetas e videntes: "Convertei-vos de vossa má conduta e observai meus mandamentos e meus estatutos, conforme toda a Lei que prescrevi a vossos pais e que lhes comuniquei por intermédio de meus servos, os profetas." ¹⁴Mas eles não obedeceram e endureceram a sua cerviz mais do que o haviam feito seus pais, que não tinham acreditado em Iahweh seu Deus. ¹⁵Desprezaram seus estatutos, bem como a aliança que ele havia concluído com seus pais, e as ordens que lhes havia dado. Correndo atrás da Vaidade, eles próprios se tornaram vaidade, como as nações ao redor, apesar de Iahweh lhes ter ordenado que não agissem como elas. ¹⁶Rejeitaram todos os mandamentos de Iahweh seu Deus, fabricaram para si estátuas de metal fundido, os dois bezerros de ouro, fizeram um poste sagrado, adoraram todo o exército do céu e prestaram culto a Baal. ¹⁷Fizeram passar pelo fogo seus filhos e filhas, praticaram a adivinhação e a feitiçaria, e venderam-se para fazer o mal na presença de Iahweh, provocando sua ira. ¹⁸Então Iahweh irritou-se sobremaneira contra Is-

Jo

viu de nós? E o braço do Senhor, a quem foi revelado? ³⁹Não podiam crer, porque disse ainda Isaías: ⁴⁰Cegou-lhes os olhos e endureceu-lhes o coração, para que seus olhos não vejam, seu coração não compreenda e não se convertam e eu não os cure. ⁴¹Isaías disse essas palavras, porque contemplou a sua glória e falou a respeito dele. ⁴²Contudo, muitos chefes creram nele, mas, por causa dos fariseus, não o confessavam, para não serem expulsos da sinagoga, ⁴³pois amaram mais a glória dos homens do que a de Deus. ⁴⁴Jesus clamou: "Quem crê em mim não é em mim que crê, mas em quem me enviou, ⁴⁵e quem me vê vê aquele que me enviou. ⁴⁶Eu, a luz, vim ao mundo para que aquele que crê em mim não permaneça nas trevas. ⁴⁷Se alguém ouvir minhas palavras e não as guardar, eu não o julgo, pois não vim para julgar o mundo, mas para salvar o mundo. ⁴⁸Quem me rejeita e não acolhe minhas palavras tem seu juiz: a palavra que proferi é que o julgará no último dia; ⁴⁹porque não falei por mim mesmo, mas o Pai, que me enviou, me prescreveu o que dizer e o que falar ⁵⁰e sei que seu mandamento é vida eterna. O que digo, portanto, eu o digo como o Pai me disse".

rael e arrojou-o para longe de sua face. Restou apenas a tribo de Judá.
¹⁹Judá tampouco guardou os mandamentos de Iahweh seu Deus; seguiu os estatutos que Israel praticava. ²⁰Por isso, Iahweh rejeitou toda a raça de Israel, humilhou-a e entregou-a aos saqueadores, e enfim baniu-a para longe de sua face. ²¹Ele, com efeito, havia separado Israel da casa de Davi e Israel tinha proclamado como rei Jeroboão, filho de Nabat; Jeroboão afastou Israel de Iahweh e levou-o a cometer um grande pecado. ²²Os filhos de Israel imitaram o pecado que Jeroboão cometera e dele não se afastaram, ²³até que finalmente Iahweh baniu Israel de sua presença, como o havia anunciado por intermédio de seus servos, os profetas; deportou Israel para longe de sua terra, para a Assíria, onde está até hoje.

DA ÚLTIMA CEIA ATÉ O FIM

§ 234 — Os preparativos para a ceia pascal

Mt 26,17-19	Mc 14,12-16	Lc 22,7-18	Jo
¹⁷No primeiro dia dos ázimos, os discípulos aproximaram-se de Jesus dizendo: "Onde queres que te preparemos para comer a Páscoa?" ¹⁸Ele respondeu: "Ide à cidade, à casa de alguém e dizei-lhe: 'O Mestre diz: o meu tempo está próximo. Em tua casa irei celebrar a Páscoa com meus discípulos'". ¹⁹Os discípulos fizeram como Jesus lhes ordenara e prepararam a Páscoa.	¹²No primeiro dia dos ázimos, quando se imolava a Páscoa, os seus discípulos lhe disseram: "Onde queres que façamos os preparativos para comeres a Páscoa?" ¹³Enviou então dois dos seus discípulos e disse-lhes: "Ide à cidade. Um homem levando uma bilha d'água virá ao vosso encontro. Segui-o. ¹⁴Onde ele entrar, dizei ao dono da casa: 'O Mestre pergunta: Onde está a minha sala, em que comerei a Páscoa com os meus discípulos?' ¹⁵E ele vos mostrará, no andar superior, uma grande sala arrumada com almofadas. Preparai-a ali para nós". ¹⁶Os discípulos partiram e foram à cidade. Acharam tudo como lhes fora dito e prepararam a Páscoa.	⁷Veio o dia dos Ázimos, quando devia ser imolada a Páscoa. ⁸Jesus então enviou Pedro e João, dizendo: "Ide preparar-nos a Páscoa para comermos". ⁹Perguntaram-lhe: "Onde queres que a preparemos?" ¹⁰Respondeu-lhes: "Logo que entrardes na cidade, encontrareis um homem levando uma bilha de água. Segui-o até à casa em que ele entrar. ¹¹Direis ao dono da casa: 'O Mestre te pergunta: onde está a sala em que comerei a Páscoa com os meus discípulos?' ¹²E ele vos mostrará, no andar superior, uma grande sala, provida de almofadas; preparai ali". ¹³Eles foram, acharam tudo como dissera Jesus, e prepararam a Páscoa. ¹⁴Quando chegou a hora, ele se pôs à mesa com seus apóstolos ¹⁵e disse-lhes: "Desejei ardentemente comer esta Páscoa convosco antes de sofrer; ¹⁶pois eu vos digo que já não a comerei até que ela se cumpra no Reino de Deus". ¹⁷Então, tomando um cálice, deu	

160

				Jo
				graças e disse: "Tomai isto e reparti entre vós; ¹⁸pois eu vos digo que doravante não beberei do fruto da videira, até que venha o Reino de Deus".

§ 235 — O caso da precedência (cf. §§ 76 e 236)*

Mt	Mc	Lc 22,24-30	Jo
		²⁴Houve também uma discussão entre eles: qual seria o maior? ²⁵Jesus lhes disse: "Os reis das nações as dominam, e os que as tiranizam são chamados Benfeitores. ²⁶Quanto a vós, não deverá ser assim; pelo contrário, o maior dentre vós torne-se como o mais jovem, e o que governa como aquele que serve. ²⁷Pois, qual é o maior: o que está à mesa, ou aquele que serve? Não é aquele que está à mesa? Eu, porém, estou no meio de vós como aquele que serve! ²⁸Vós sois os que permanecestes constantemente comigo em minhas tentações; ²⁹também eu disponho para vós o Reino, como o meu Pai o dispôs para mim, ³⁰a fim de que comais à minha mesa em meu Reino, e vos senteis em tronos para julgar as doze tribos de Israel.	

§ 236 — O lava-pés

Mt	Mc	Lc	Jo 13,1-17
			¹Antes da festa da Páscoa, sabendo Jesus que chegara a sua hora de passar deste mundo para o Pai, tendo amado os seus que estavam no mundo, amou-os até o fim. ²Durante a ceia, quando já o diabo colocara no coração de Judas Iscariotes, filho de Simão, o projeto de entregá-lo, ³sabendo que o Pai tudo colocara em suas mãos e que ele viera de Deus e a Deus voltava, ⁴levanta-se da mesa, depõe o manto e, tomando uma toalha, cinge-se com ela. ⁵Depois coloca água numa bacia e começa a lavar os pés dos discípulos e a enxugá-los com a toalha com que estava cingido. ⁶Chega, então, a Simão Pedro, que lhe diz: "Senhor, tu, lavar-me os pés?!" ⁷Respondeu-lhe Jesus: "O que faço, não compreendes agora, mas o compreenderás mais tarde". ⁸Disse-lhe Pedro: "Jamais me lavarás os pés!" Jesus respondeu-lhe: "Se eu não te lavar, não

§ 235 O lava-pés foi ocasionado pela discussão dos discípulos durante a ceia narrada neste §.

§§ 237-238 — Mt 26,20-25; 26,26-29; Mc 14,17-21; 14,22-25; Lc 22,21-23; 22,19.20; Jo 13,18-30

§ 237 — A indicação do traidor

Mt	Mc	Lc	Jo
Mt 26,20-25	Mc 14,17-21	Lc 22,21-23	Jo 13,18-30
²⁰Ao cair da tarde, ele pôs-se à mesa com os Doze ²¹e, enquanto comiam, disse-lhes: "Em verdade vos digo que um de vós me entregará". ²²Eles, muito entristecidos, puseram-se — um por um — a perguntar-lhe: "Acaso sou eu, Senhor?" ²³Ele respondeu: "O que comigo põe a mão no prato, esse me entregará. ²⁴Com efeito, o Filho do Homem vai, conforme está escrito a seu respeito, mas ai daquele homem por quem o Filho do Homem for entregue! Melhor seria para aquele homem não ter nascido!" ²⁵Então Judas, seu traidor, perguntou: "Porventura sou eu, Rabi?" Jesus respondeu-lhe: "Tu o dizes".	¹⁷Ao cair da tarde, ele foi para lá com os Doze. ¹⁸E quando estavam à mesa, comendo, Jesus disse: "Em verdade vos digo: um de vós *que come comigo* há de me entregar". ¹⁹Começaram a ficar tristes e a dizer-lhe, um após outro: "Acaso sou eu?" ²⁰Ele, porém, disse-lhes: "Um dos Doze, que coloca a mão no mesmo prato comigo. ²¹Porque, na verdade, o Filho do Homem vai, conforme está escrito a seu respeito. Mas, ai daquele homem por quem o Filho do Homem for entregue! Melhor seria para aquele homem não ter nascido!"	²¹Eis, porém, que a mão do que me trai está comigo, sobre a mesa. ²²O Filho do Homem vai, segundo o que foi determinado, mas ai daquele homem por quem ele for entregue!" ²³Começaram então a indagar entre si qual deles iria fazer tal coisa.	¹⁸Não falo de todos vós; eu conheço os que escolhi. Mas é preciso que se cumpra a Escritura: *Aquele que come o meu pão levantou contra mim o seu calcanhar!* ¹⁹Digo-vos isso agora antes que aconteça, para que, quando acontecer, creiais que EU SOU. ²⁰Em verdade, em verdade, vos digo: quem recebe aquele que eu enviar, a mim recebe e quem me recebe, recebe aquele que me enviou". ²¹Tendo dito isso, Jesus perturbou-se interiormente e declarou: "Em verdade, em verdade, vos digo: um de vós me entregará". ²²Os discípulos entreolhavam-se, sem saber de quem falava. ²³Estava

Jo

terás parte comigo". ⁹Simão Pedro lhe disse: "Senhor, não apenas meus pés, mas também as mãos e a cabeça". ¹⁰Jesus lhe disse: "Quem se banhou não tem necessidade de se lavar, porque está inteiramente puro. Vós também estais puros, mas não todos". ¹¹Ele sabia, com efeito, quem o entregaria; por isso, disse: "Nem todos estais puros".
¹²Depois que lhes lavou os pés, retomou o seu manto, voltou à mesa e lhes disse: "Compreendeis o que vos fiz? ¹³Vós me chamais de Mestre e Senhor e dizeis bem, pois eu o sou. ¹⁴Se, portanto, eu, o Mestre e o Senhor, vos lavei os pés, também deveis lavar-vos os pés uns aos outros. ¹⁵Dei-vos o exemplo para que, como eu vos fiz, também vós o façais.
¹⁶Em verdade, em verdade, vos digo: o servo não é maior do que o seu senhor, nem o enviado maior do que quem o enviou.
¹⁷Se compreenderdes isso e o praticardes, felizes sereis.

à mesa, ao lado de Jesus, um de seus discípulos, aquele que Jesus amava. ²⁴Simão Pedro faz-lhe, então, um sinal e diz-lhe: "Pergunta-lhe quem é aquele de que fala". ²⁵Ele, então, reclinando-se sobre o peito de Jesus, diz-lhe: "Quem é, Senhor?" ²⁶Responde Jesus: "É aquele a quem eu der o pão que vou umedecer no molho". Tendo umedecido o pão, ele o toma e dá a Judas, filho de Simão Iscariotes. ²⁷Depois do pão, entrou nele Satanás. Jesus lhe diz: "Faze depressa o que estás fazendo". ²⁸Nenhum dos que estavam à mesa compreendeu porque lhe dissera isso. ²⁹Como era Judas quem guardava a bolsa comum, alguns pensavam que Jesus lhe dissera: "Compra o necessário para a festa", ou que desse algo aos pobres. ³⁰Tomando, então, o pedaço de pão, Judas saiu imediatamente. Era noite.

§ 238 — A instituição da Eucaristia*

Mt 26,26-29	Mc 14,22-25	Lc 22,19.20	1Cor 11,23-25
²⁶Enquanto comiam, Jesus tomou um pão	²²Enquanto comiam, ele tomou um pão,	¹⁹E tomou um pão,	²³Eu mesmo recebi do Senhor o que vos transmiti: na noite em que foi entregue, o Senhor Jesus
e, tendo-o abençoado, partiu-o e, distribuindo-o	abençoou, partiu-o e distribuiu-	deu graças, partiu e distribuiu-o	

§ 238 Jo 6,51c alude ao caráter sacrifical da Eucaristia (da ceia).

§ 239 — Mt 26,30-35; Mc 14,26-31; Lc 22,31-34; Jo 13,31-33.36-38

Mt	Mc	Lc	Jo
aos discípulos, disse:	-lhes, dizendo:	a eles, dizendo:	tomou o pão ²⁴e, depois de dar graças, partiu-o
			e disse:
"Tomai e comei, isto é o meu corpo".	"Tomai, isto é o meu corpo".	"Isto é o meu corpo que é dado por vós.	"Isto é o meu corpo, que é para vós

(Cf. Jo 6,51c) "O pão que eu darei é a minha carne para a vida do mundo".

Mt	Mc	Lc	Jo
		Fazei isto em minha memória". ²⁰E, depois de comer, fez o mesmo com o cálice,	fazei isto em memória de mim". ²⁵Do mesmo modo, após a ceia, também tomou o cálice,
²⁷Depois, tomou um cálice e, dando graças, deu-lho	²³Depois, tomou um cálice e, dando graças, deu-lhes, e todos dele beberam.		
dizendo: "Bebei dele todos, ²⁸pois isto é o meu sangue, *o sangue da Aliança,*	²⁴E disse-lhes: Isto é o meu sangue, *o sangue da Aliança,*	dizendo: "Este cálice é a nova *Aliança* em *meu sangue,* que é derramado em favor de vós,	dizendo: "Este cálice é a nova Aliança em meu sangue;
que é derramado por muitos para remissão dos pecados.	que é derramado em favor de muitos.		

§ 239 — Jesus prediz a negação de Pedro*

Mt 26,30-35

²⁹Eu vos digo: desde agora não beberei deste fruto da videira até aquele dia em que convosco beberei o vinho novo no Reino do meu Pai".

³⁰Depois de terem cantado o hino, saíram para o monte das Oliveiras. ³¹Jesus disse-lhes então: "Essa noite todos vós vos escandalizareis por minha causa, pois está escrito: *Ferirei o pastor e as ovelhas do rebanho se dispersarão*. ³²Mas, depois que eu ressurgir, eu vos precederei na Galiléia". ³³Pedro, tomando a palavra, disse-lhe: "Ainda que todos se escandalizem por tua causa, eu jamais me escandalizarei". ³⁴Jesus lhe declarou: "Em verdade te digo que esta noite, antes que o galo cante, três vezes me negarás!" ³⁵Ao que Pedro disse: "Mesmo que tivesse de morrer contigo, não te negarei". O mesmo disseram todos os discípulos.

Mc 14,26-31

²⁵Em verdade vos digo, já não beberei do fruto da videira até aquele dia em que beberei o vinho novo no Reino de Deus".

²⁶Depois de terem cantado o hino, saíram para o monte das Oliveiras. ²⁷Jesus disse-lhes: "Todos vós vos escandalizareis, porque está escrito: *Ferirei o pastor e as ovelhas se dispersarão*. ²⁸Mas, depois que eu ressurgir, eu vos precederei na Galiléia". ²⁹Pedro lhe disse: "Ainda que todos se escandalizem, eu não o farei!" ³⁰Disse-lhe Jesus: "Em verdade te digo que hoje, esta noite, antes que o galo cante duas vezes, três vezes me negarás!" ³¹Ele, porém, reafirmou com mais veemência: "Mesmo que tivesse de morrer contigo, não te negarei". E todos diziam o mesmo.

Lc 22,31-34

³¹Simão, Simão, eis que Satanás pediu insistentemente para vos peneirar como trigo; ³²eu, porém, orei por ti, a fim de que tua fé não desfaleça. Quando, porém, te converteres, confirma teus irmãos". ³³Disse ele: "Senhor, estou pronto a ir contigo à prisão e à morte". ³⁴Ele, porém, replicou: "Pedro, eu te digo: o galo não cantará hoje sem que por três vezes tenhas negado conhecer-me".

Jo 13,31-33.36-38

todas as vezes que dele beberdes, fazei-o em memória de mim".

³¹Quando ele saiu, disse Jesus: "Agora o Filho do Homem foi glorificado e Deus foi glorificado nele. ³²Se Deus foi nele glorificado, Deus também o glorificará em si mesmo e o glorificará logo. ³³Filhinhos, por pouco tempo ainda estou convosco. Vós me procurareis e, como eu havia dito aos judeus, agora também vo-lo digo: Para onde vou vós não podeis ir. ³⁶Simão Pedro lhe diz: "Senhor, para onde vais?" Respondeu-lhe Jesus: "Não podes seguir-me agora aonde vou, mas me seguirás mais tarde". ³⁷Pedro lhe diz: "Por que não posso seguir-te agora? Darei a minha vida por ti". ³⁸Jesus lhe responde: "Darás a tua vida por mim? Em verdade, em verdade, te digo: o galo não cantará sem que me renegues três vezes.

§ 239 Cada Evangelista motiva diferentemente a afirmação irrefletida de Pedro.

§§ 240-242 — Lc 22,35-38; Jo 13,34-35; 14; 15; 16

§ 240 — O novo mandamento

Jo 13,34-35

³⁴"Dou-vos um mandamento novo: que vos ameis uns aos outros. Como eu vos amei, amai-vos também uns aos outros. ³⁵Nisso reconhecerão todos que sois meus discípulos, se tiverdes amor uns pelos outros".

§ 241 — As duas espadas

Lc 22,35-38

³⁵E disse-lhes: "Quando eu vos enviei sem bolsa, nem alforje, nem sandálias, faltou-vos alguma coisa?" — "Nada", responderam. ³⁶Ele continuou: "Agora, porém, aquele que tem uma bolsa tome-a, como também aquele que tem um alforje; e quem não tiver uma espada, venda a veste para comprar uma. ³⁷Pois eu vos digo, é preciso que se cumpra em mim o que está escrito: *Ele foi contado entre os iníquos*. Pois também o que me diz respeito tem um fim". ³⁸Disseram eles: "Senhor, eis aqui duas espadas". Ele respondeu. "É suficiente!"

§ 242 — Últimos colóquios depois da ceia*

Jo 14

¹"Não se perturbe o vosso coração! Credes em Deus, crede também em mim. ²Na casa de meu Pai há muitas moradas. Se não fosse assim, eu vos teria dito, pois vou preparar-vos um lugar, ³e quando eu me for e vos tiver preparado um lugar, virei novamente e vos levarei comigo, a fim de que, onde eu estiver, estejais vós também. ⁴E para onde vou, conheceis o caminho".
⁵Tomé lhe diz: "Senhor, não sabemos para onde vais. Como podemos conhecer o caminho?"
⁶Diz-lhe Jesus: "Eu sou o Caminho, a Verdade e a Vida. Ninguém vem ao Pai a não ser por mim. ⁷Se me conheceis, também conhecereis a meu Pai. Desde agora o conheceis e o vistes".
⁸Filipe lhe diz: "Senhor, mostra-nos o Pai e isso nos basta!"
⁹Diz-lhe Jesus: "Há tanto tempo estou convosco e tu não me conheces, Filipe? Quem me viu, viu o Pai. Como podes dizer: 'Mostra-nos o Pai!'? ¹⁰Não crês que estou no Pai e o Pai está em mim? As palavras que vos digo, não as digo por mim mesmo, mas o Pai, que permanece em mim, realiza suas obras. ¹¹Crede-me: eu estou no Pai e o Pai em mim. Crede-o, ao menos, por causa dessas obras.

Mt	Mc	Lc	
			¹²Em verdade, em verdade, vos digo: quem crê em mim fará as obras que faço e fará até maiores do que elas, porque vou para o Pai. ¹³E o que pedirdes em meu nome, eu o farei a fim de que o Pai seja glorificado no Filho. ¹⁴Se me pedirdes algo em meu nome, eu o farei. ¹⁵Se me amais, observareis meus mandamentos, ¹⁶e rogarei ao Pai e ele vos dará outro Paráclito, para que convosco permaneça para sempre, ¹⁷o Espírito da Verdade, que o mundo não pode acolher, porque não o vê nem o conhece. Vós o conheceis, porque permanece convosco. ¹⁸Não vos deixarei órfãos. Eu virei a vós. ¹⁹Ainda um pouco e o mundo não mais me verá, mas vós me vereis porque eu vivo e vós vivereis. ²⁰Nesse dia compreendereis que estou em meu Pai e vós em mim e eu em vós. ²¹Quem tem meus mandamentos e os observa é que me ama; e quem me ama será amado por meu Pai. Eu o amarei e me manifestarei a ele". ²²Judas — não o Iscariotes — lhe diz: "Senhor, por que te manifestarás a nós e não ao mundo?" ²³Respondeu-lhe Jesus: "Se alguém me ama, guardará minha palavra e o meu Pai o amará e a ele viremos e nele estabeleceremos morada. ²⁴Quem não me ama não guarda minhas palavras; e a palavra que ouvis não é minha, mas do Pai que me enviou. ²⁵Essas coisas vos tenho dito estando entre vós. ²⁶Mas o Paráclito, o Espírito Santo que o Pai enviará em meu nome, vos ensinará tudo e vos recordará tudo o que eu vos disse. ²⁷Deixo-vos a paz, a minha paz vos dou; não vo-la dou como o mundo dá. Não se perturbe nem se intimide vosso coração. ²⁸Vós ouvistes o que vos disse: Vou e retorno a vós. Se me amásseis, ficaríeis alegres por eu ir para o Pai, porque o Pai é maior do que eu. ²⁹Eu vo-lo disse agora, antes que aconteça, para que, quando acontecer, creiais. ³⁰Já não conversarei muito, pois o príncipe do mundo vem; contra mim, ele nada pode, ³¹mas o mundo saberá que amo o Pai e faço como o Pai me ordenou. Levantai-vos! Partamos daqui!

Jo 15

¹Eu sou a verdadeira videira e meu Pai é o agricultor. ²Todo ramo em mim que não produz fruto ele o corta, e todo o que produz fruto ele o poda, para que produza mais fruto ainda. ³Vós já estais puros, por causa da palavra que vos fiz ouvir. ⁴Permanecei em mim, como eu em vós. Como o ramo não pode dar fruto por si mesmo, se não permanece na videira, assim também vós, se não permanecerdes em mim. ⁵Eu sou a videira e vós os ramos. Aquele que permanece em mim e eu |

§ 242 Neste longo trecho existem, aqui e acolá, logions conhecidos dos Sinóticos. Apesar disso, ele é um diálogo progressivo que não precisa ser recortado em setores.

			Jo
Mt	Mc	Lc	nele produz muito fruto; porque, sem mim, nada podeis fazer. ⁶Se alguém não permanece em mim é lançado fora, como o ramo, e seca; tais ramos são recolhidos, lançados ao fogo e se queimam. ⁷Se permanecerdes em mim e minhas palavras permanecerem em vós, pedi o que quiserdes e vós o tereis. ⁸Meu Pai é glorificado quando produzis muito fruto e vos tornais meus discípulos. ⁹Assim como o Pai me amou também eu vos amei. Permanecei em meu amor. ¹⁰Se observais meus mandamentos, permanecereis no meu amor, como eu guardei os mandamentos de meu Pai e permaneço no seu amor. ¹¹Eu vos digo isso para que a minha alegria esteja em vós e vossa alegria seja plena. ¹²Este é o meu mandamento: amai-vos uns aos outros como eu vos amei. ¹³Ninguém tem maior amor do que aquele que dá a vida por seus amigos. ¹⁴Vós sois meus amigos, se praticais o que vos mando. ¹⁵Já não vos chamo servos, porque o servo não sabe o que seu senhor faz; mas eu vos chamo amigos, porque tudo o que ouvi de meu Pai eu vos dei a conhecer. ¹⁶Não fostes vós que me escolhestes, mas fui eu que vos escolhi e vos designei para irdes e produzirdes fruto e para que o vosso fruto permaneça, a fim de que tudo o que pedirdes ao Pai em meu nome ele vos dê. ¹⁷Isto vos mando: amai-vos uns aos outros. ¹⁸Se o mundo vos odeia, sabei que, primeiro, me odiou a mim. ¹⁹Se fôsseis do mundo, o mundo amaria o que era seu; mas, porque não sois do mundo e minha escolha vos separou do mundo, o mundo, por isso, vos odeia. ²⁰Lembrai-vos da palavra que vos disse: O servo não é maior que seu senhor. Se eles me perseguiram, também vos perseguirão; se guardaram minha palavra, também guardarão a vossa. ²¹Mas tudo isso eles farão contra vós, por causa do meu nome, porque não conhecem quem me enviou. ²²Se eu não tivesse vindo e não lhes tivesse falado, não seriam culpados de pecado; mas agora não têm desculpa para o seu pecado. ²³Quem me odeia, odeia também meu Pai. ²⁴Se eu não tivesse feito entre eles as obras que nenhum outro fez, não seriam culpados de pecado; mas eles viram e nos odeiam, a mim e ao Pai. ²⁵Mas é para que se cumpra a palavra escrita na sua Lei: *Odiaram-me sem motivo*. ²⁶Quando vier o Paráclito, que vos enviarei de junto do Pai, o Espírito da Verdade, que vem do Pai, ele dará testemunho de mim. ²⁷E vós também dareis testemunho, porque estais comigo desde o princípio.

			Jo 16
Mt	Mc	Lc	¹Digo-vos isto para que não vos escandalizeis. ²Expulsar-vos-ão das sinagogas. E mais ainda: virá a hora em que aquele que vos matar julgará realizar um ato de culto a Deus.

³E isso farão porque não reconheceram o Pai nem a mim. ⁴Mas eu vos digo tais coisas para que, ao chegar a sua hora, vos lembreis de que eu vos havia dito.

Não vos disse isso desde o princípio porque estava convosco. ⁵Agora, porém, vou para aquele que me enviou e nenhum de vós me pergunta: 'Para onde vais?' ⁶Mas porque vos disse isso, a tristeza encheu vossos corações. ⁷No entanto, eu vos digo a verdade: é de vosso interesse que eu parta, pois, se eu não for, o Paráclito não virá a vós. Mas se eu for, enviá-lo-ei a vós. ⁸E quando ele vier, estabelecerá a culpabilidade do mundo a respeito do pecado, da justiça e do julgamento: ⁹do pecado, porque não crêem em mim; ¹⁰da justiça, porque vou para o Pai e não mais me vereis; ¹¹do julgamento, porque o Príncipe deste mundo está julgado. ¹²Tenho ainda muito que vos dizer, mas não podeis agora suportar. ¹³Quando vier o Espírito da Verdade, ele vos conduzirá à verdade plena, pois não falará de si mesmo, mas dirá tudo o que tiver ouvido e vos anunciará as coisas futuras. ¹⁴Ele me glorificará porque receberá do que é meu e vos anunciará. ¹⁵Tudo o que o Pai tem é meu. Por isso vos disse: ele receberá do que é meu e vos anunciará.

¹⁶Um pouco de tempo e já não me vereis, mais um pouco de tempo ainda e me vereis". ¹⁷Disseram entre si alguns de seus discípulos: "Que é isto que ele nos diz: 'Um pouco e não me vereis e novamente um pouco e me vereis'? e 'Vou para o Pai'?" ¹⁸Eles diziam: "Que é 'um pouco'? Não sabemos de que fala". ¹⁹Compreendeu Jesus que queriam interrogá-lo e lhes disse: "Vós vos interrogais sobre o que eu disse: 'Um pouco de tempo e já não me vereis, mais um pouco ainda e me vereis'? ²⁰Em verdade, em verdade, vos digo: chorareis e vos lamentareis, mas o mundo se alegrará. Vós vos entristecereis, mas a vossa tristeza se transformará em alegria. ²¹Quando a mulher está para dar à luz, entristece-se porque a sua hora chegou; quando, porém, dá à luz a criança ela já não se lembra dos sofrimentos, pela alegria de ter vindo ao mundo um homem. ²²Também vós, agora, estais tristes; mas eu vos verei de novo e vosso coração se alegrará e ninguém vos tirará a vossa alegria.

²³Nesse dia, nada me perguntareis. Em verdade, em verdade, vos digo: o que pedirdes ao Pai, ele vos dará em meu nome. ²⁴Até agora, nada pedistes em meu nome; pedi e recebereis, para que a vossa alegria seja completa.

²⁵Disse-vos essas coisas por figuras. Chega a hora em que já não vos falarei em figuras, mas claramente vos falarei do Pai. ²⁶Nesse dia, pedireis em meu nome e não vos digo que intervirei junto ao Pai por vós, ²⁷pois o próprio Pai vos ama, porque me amastes e crestes que vim de Deus. ²⁸Saí do Pai e vim ao mundo; de novo deixo o mundo e vou para o Pai?'

²⁹Seus discípulos lhe dizem: "Eis que agora falas claramente, sem figuras! ³⁰Agora ve-

§§ 243-244 — Mt 26,36-46; Mc 14,32-42; Lc 22,39-46; Jo 17; 18,1; 12,27

Mt	Mc	Lc	Jo
			mos que sabes tudo e não tens necessidade de que alguém te interrogue. Por isso cremos que saíste de Deus". ³¹Jesus lhes responde: "Credes agora? ³²Eis que chega a hora — e ela chegou — em que vos dispersareis, cada um para o seu lado, e me deixareis sozinho. Mas eu não estou só, porque o Pai está comigo. ³³Eu vos disse tais coisas para terdes paz em mim. No mundo tereis tribulações, mas tende coragem: eu venci o mundo!"

§ 243 — Oração sacerdotal de Jesus

Mt	Mc	Lc	Jo 17
			¹Assim falou Jesus, e, erguendo os olhos ao céu, disse: "Pai, chegou a hora: glorifica teu Filho, para que teu Filho te glorifique, ²e que, pelo poder que lhe deste sobre toda carne, ele dê a vida eterna a todos os que lhe deste! ³Ora, a vida eterna é esta: que eles te conheçam a ti, o único Deus verdadeiro, e aquele que enviaste, Jesus Cristo. ⁴Eu te glorifiquei na terra, conclui a obra que me encarregaste de realizar. ⁵E agora, glorifica-me, Pai, junto de ti, com a glória que eu tinha junto de ti antes que o mundo existisse. ⁶Manifestei o teu nome aos homens que do mundo me deste. Eram teus e os deste a mim e eles guardaram a tua palavra. ⁷Agora reconheceram que tudo quanto me deste vem de ti, ⁸porque as palavras que me deste eu as dei-a eles, e eles as acolheram e reconheceram verdadeiramente que saí de junto de ti e creram que me enviaste. ⁹Por eles eu rogo; não rogo pelo mundo, mas pelos que me deste, porque são teus, ¹⁰e tudo o que é meu é teu e tudo o que é teu é meu, e neles sou glorificado. ¹¹Já não estou no mundo; mas eles permanecem no mundo e eu volto a ti. Pai santo, guarda-os em teu nome que me deste, para que sejam um como nós. ¹²Quando eu estava com eles, eu os guardava em teu nome que me deste; guardei-os e nenhum deles se perdeu, exceto o filho da perdição, para cumprir-se a Escritura. ¹³Agora, porém, vou para junto de ti e digo isso no mundo, a fim de que tenham em si minha plena alegria. ¹⁴Eu lhes dei a tua palavra, mas o mundo os odiou, porque não são do mundo, como eu não sou do mundo. ¹⁵Não peço que os tires do mundo, mas que os guardes do Maligno. ¹⁶Eles não são do mundo como eu não sou do mundo. ¹⁷Santifica-os na verdade; a tua palavra é verdade. ¹⁸Como tu me enviaste ao mundo, também eu os enviei ao mundo. ¹⁹E, por eles, a mim mesmo me santifico para que sejam santificados na verdade. ²⁰Não rogo somente por eles, mas pelos que, por meio de sua palavra, crerão em mim: ²¹a fim de que todos sejam um. Como tu, Pai, estás em mim e eu em ti, que eles estejam em nós, para que

o mundo creia que tu me enviaste. ²²Eu lhes dei a glória que me deste para que sejam um, como nós somos um: ²³Eu neles e tu em mim, para que sejam perfeitos na unidade e para que o mundo reconheça que me enviaste e os amaste como amaste a mim. ²⁴Pai, aqueles que me deste quero que, onde eu estou, também eles estejam comigo, para que contemplem minha glória, que me deste, porque me amaste antes da fundação do mundo. ²⁵Pai justo, o mundo não te conheceu, mas eu te conheci e estes reconheceram que tu me enviaste. ²⁶Eu lhes dei a conhecer o teu nome e lhes darei a conhecê-lo, a fim de que o amor com que me amaste esteja neles e eu neles".

§ 244 — No horto das Oliveiras

Mt 26,36-46

³⁶Então Jesus foi com eles a um lugar chamado Getsêmani e disse aos discípulos: "Sentai-vos aí enquanto vou até ali para orar". ³⁷Levando Pedro e os dois filhos de Zebedeu, começou a entristecer-se e a angustiar-se. ³⁸Disse-lhes, então: *"Minha alma está triste até a morte*. Permanecei aqui e vigiai comigo". ³⁹E, indo um pouco adiante, prostrou-se com o rosto em terra e orou: "Meu Pai, se é possível, que passe de mim este cálice; contudo, não seja como eu quero, mas como tu queres". ⁴⁰E, ao voltar para junto dos discípulos, encontra-os dormindo. E diz a Pedro: "Como assim? Não fostes capazes de vigiar comigo por uma hora! ⁴¹Vigiai e orai, para que não entreis em tentação, pois o espírito está pronto, mas a carne é fraca". ⁴²Afastando-se de novo pela segunda vez, orou: "Meu Pai, se não é possível que is-

Mc 14,32-42

³²E foram a um lugar cujo nome é Getsêmani. E ele disse a seus discípulos: "Sentai-vos aqui enquanto vou orar". ³³E, levando consigo Pedro, Tiago e João, começou a apavorar-se e a angustiar-se. ³⁴E disse-lhes: *"A minha alma está triste até a morte*. Permanecei aqui e vigiai". ³⁵E, indo um pouco adiante, caiu por terra, e orava para que, se possível, passasse dele a hora. ³⁶E dizia: *"Abba!* Ó Pai! Tudo é possível para ti: afasta de mim este cálice; porém, não o que eu quero, mas o que tu queres". ³⁷Ao voltar, encontra-os dormindo e diz a Pedro: "Simão, estás dormindo? Não foste capaz de vigiar por uma hora? ³⁸Vigiai e orai para que não entreis em tentação: pois o espírito está pronto, mas a carne é fraca". ³⁹E, afastando-se de novo, orava dizendo a mesma coisa. ⁴⁰E, ao voltar, de novo encontrou-os dormindo,

Lc 22,39-46

³⁹Ele saiu e, como de costume, dirigiu-se ao monte das Oliveiras. Os discípulos o acompanharam. ⁴⁰Chegando ao lugar, disse-lhes: "Orai para não entrardes em tentação". ⁴¹E afastou-se deles mais ou menos a um tiro de pedra, e, dobrando os joelhos, orava: ⁴²"Pai, se queres, afasta de mim este cálice! Contudo, não a minha vontade, mas a tua seja feita!" ⁴³Apareceu-lhe um anjo do céu, que o confortava. ⁴⁴E, cheio de angústia, orava com mais insistência ainda, e o suor se lhe tornou semelhante a espesas gotas de sangue que caíam por terra. ⁴⁵Erguendo-se após a oração, veio para junto dos discípulos e encontrou-os adormecidos de tristeza. ⁴⁶E disse-lhes: "Por que estais dormindo? Levantai-vos e orai, para que não entreis em tentação!"

Jo 18,1

Tendo dito isso, Jesus foi com seus discípulos para o outro lado da torrente do Cedron. Havia ali um jardim, onde Jesus entrou com seus discípulos.

Jo 12,27

²⁷Minha alma está agora conturbada. Que direi? Pai, salva-me desta hora? Mas foi precisamente para esta hora que eu vim.

§§ 245-247 — Mt 26,47-56; Mc 14,43-50; 14,51.52; Lc 22,47-53; Jo 18,2-11; 18,12-14.19-24

Mt	Mc	Lc	Jo
to passe sem que eu o beba, seja feita a tua vontade!" ⁴³E ao voltar de novo, encontrou-os dormindo, pois os seus olhos estavam pesados de sono. ⁴⁴Deixando-os, afastou-se e orou pela terceira vez, dizendo de novo as mesmas palavras. ⁴⁵Vem, então, para junto dos discípulos e lhes diz: "Dormi agora e repousai: eis que a hora está chegando e o Filho do Homem está sendo entregue às mãos dos pecadores. ⁴⁶Levantai-vos! Vamos! Eis que meu traidor está chegando".	pois os seus olhos estavam pesados de sono. E não sabiam o que dizer-lhe. ⁴¹E, vindo pela terceira vez, disse-lhes: "Dormi agora e repousai. Basta! A hora chegou! Eis que o Filho do Homem está sendo entregue às mãos dos pecadores. ⁴²Levantai-vos! Vamos! Eis que o meu traidor está chegando".		

§ 245 — Jesus é preso

Mt 26,47-56	Mc 14,43-50	Lc 22,47-53	Jo 18,2-11
⁴⁷E enquanto ainda falava, eis que veio Judas, um dos Doze acompanhado de grande multidão com espadas e paus, da parte dos chefes dos sacerdotes e dos anciãos do povo. ⁴⁸O seu traidor dera-lhes um sinal, dizendo: "É aquele que eu beijar; prendei-o". ⁴⁹E logo, aproximando-se de Jesus, disse: "Salve, Rabi!" E o beijou. ⁵⁰Jesus respondeu-lhe: "Amigo, para que estás aqui?" Então, avançando, deitaram a mão em Jesus e o prenderam. ⁵¹E eis que um dos que estavam com Jesus, estendendo a mão, desembainhou a espada e, ferindo o servo do Sumo Sacerdote, decepou-	⁴³E, imediatamente, enquanto ainda falava, chegou Judas, um dos Doze, com uma multidão trazendo espadas e paus, da parte dos chefes dos sacerdotes, escribas e anciãos. ⁴⁴O seu traidor dera-lhes uma senha, dizendo: "É aquele que eu beijar. Prendei-o e levai-o bem guardado". ⁴⁵Tão logo chegou, aproximando-se dele, disse: "Rabi!" E o beijou. ⁴⁶Eles lançaram a mão sobre ele e o prenderam. ⁴⁷Um dos que estavam presentes, tomando da espada, feriu o servo do Sumo Sacerdote e decepou-lhe a orelha. ⁴⁸Jesus, tomando a palavra, disse:	⁴⁷Enquanto ainda falava, eis que chegou uma multidão. À frente estava o chamado Judas, um dos Doze, que se aproximou de Jesus para beijá-lo. ⁴⁸Jesus lhe disse: "Judas, com um beijo entregas o Filho do Homem?" ⁴⁹Vendo o que estava para acontecer, os que se achavam com ele disseram-lhe: "Senhor, e se ferirmos à espada?" ⁵⁰E um deles feriu o servo do Sumo Sacerdote, decepando-lhe a orelha direita. ⁵¹Jesus, porém, tomou a palavra e disse. "Deixai! Basta!" E tocando-lhe a orelha, curou-o. ⁵²Depois, Jesus dirigiu-se àqueles que vieram de encontro a ele, che-	²Ora, Judas, que o estava traindo, conhecia também esse lugar, porque, freqüentemente, Jesus e seus discípulos aí se reuniam. ³Judas, então, levando a coorte e guardas destacados pelos chefes dos sacerdotes e pelos fariseus, aí chega, com lanternas, archotes e armas. ⁴Sabendo Jesus tudo o que lhe aconteceria, adiantou-se e lhes disse: "A quem procurais?" ⁵Responderam: "Jesus, o Nazareu". Disse-lhes: "Sou eu". Judas, que o estava traindo, estava também com eles. ⁶Quando Jesus lhes disse "Sou eu", recuaram e caíram por terra. ⁷Perguntou-lhes, então, novamen-

Mt	Mc	Jo
lhe a orelha. ⁵²Mas Jesus lhe disse: "Guarda a tua espada no seu lugar, pois todos os que pegam a espada pela espada perecerão. ⁵³Ou pensas tu que eu não poderia apelar para o meu Pai, para que ele pusesse à minha disposição, agora mesmo, mais de doze legiões de anjos? ⁵⁴E como se cumpririam então as Escrituras, segundo as quais isso deve acontecer?" ⁵⁵E naquela hora, disse Jesus às multidões: "Como a um ladrão, saístes para prender-me com espadas e paus! Eu estive convosco no Templo ensinando todos os dias e não me prendestes. Mas é para que as Escrituras se cumpram". ⁵⁶Então, abandonando-o, fugiram.	fes dos sacerdotes, chefes da guarda do Templo e anciãos: "Como a um ladrão saístes com espadas e paus? ⁵³Eu estava convosco no Templo todos os dias e não pusestes a mão sobre mim. Mas é a vossa hora, e o poder das Trevas". "Como a um ladrão, saístes para prender-me com espadas e paus! ⁴⁹Eu estive convosco no Templo, ensinando todos os dias, e não me prendestes. Mas é para que as Escrituras se cumpram". ⁵⁰Então, abandonando-o, fugiram todos.	te: "A quem procurais?" Disseram: "Jesus, o Nazareu". ⁸Jesus respondeu: "Eu vos disse que sou eu. Se, então, é a mim que procurais, deixai que estes se retirem", ⁹a fim de se realizar a palavra que diz: *Não perdi nenhum dos que me deste*. ¹⁰Então, Simão Pedro, que trazia uma espada, tirou-a, feriu o servo do Sumo Sacerdote, a quem decepou a orelha direita. O nome do servo era Malco. ¹¹Jesus disse a Pedro. "Embainha a tua espada. Deixarei eu de beber o cálice que o Pai me deu?"

§ 246 — O jovem no horto das Oliveiras

Mc 14,51.52

Mt	Mc	Lc	Jo
	⁵¹Um jovem o seguia, e a sua roupa era só um lençol enrolado no corpo. E foram agarrá-lo. ⁵²Ele, porém, deixando o lençol, fugiu nu.		

§ 247 — Jesus diante de Anás

Jo 18,12-14.19-24

Mt	Mc	Lc	Jo
			¹²Então a coorte, o tribuno e os guardas dos judeus prenderam a Jesus e o ataram. ¹³Conduziram-no primeiro a Anás, que era sogro de Caifás, o Sumo Sacerdote daquele ano. ¹⁴Caifás fora o que aconselhara aos judeus: "É melhor que um só homem morra pelo povo".

§§ 248-249 — Mt 26,69-75; 26,57-66; Mc 14,66-72; 14,53-64; Lc 22,54-62; 22,54a; Jo 18,15-18.25-27

Mt	Mc	Lc	Jo
			¹⁹O Sumo Sacerdote interrogou Jesus sobre os seus discípulos e sobre a sua doutrina. ²⁰Jesus lhe respondeu: "Falei abertamente ao mundo. Sempre ensinei na sinagoga e no Templo, onde se reúnem todos os judeus; nada falei às escondidas. ²¹Por que me interrogas? Pergunta aos que ouviram o que lhes falei; eles sabem o que eu disse". ²²A essas palavras, um dos guardas, que ali se achavam, deu uma bofetada em Jesus, dizendo: "Assim responde ao Sumo Sacerdote?" ²³Respondeu Jesus: "Se falei mal, testemunha sobre o mal; mas, se falei bem, por que me bates?" ²⁴Anás, então, o enviou manietado a Caifás, o Sumo Sacerdote.

§ 248 — A negação de Pedro

Mt 26,69-75

⁶⁹Pedro estava sentado fora, no pátio. Aproximou-se dele uma criada, dizendo: "Também tu estavas com Jesus, o Galileu!" ⁷⁰Ele, porém, negou diante de todos, dizendo: "Não sei o que dizes". ⁷¹Saindo para o pórtico, uma outra viu-o e disse aos que ali estavam: "Ele estava com Jesus, o Nazareu". ⁷²De novo ele negou, jurando que não conhecia o homem. ⁷³Pouco depois, os que lá estavam disseram a Pedro: "De fato, também tu és um deles; pois o teu dialeto te denuncia". ⁷⁴Então ele começou a praguejar e a jurar, dizendo: "Não conheço o homem!" E imediatamente o galo cantou. ⁷⁵E Pedro se lembrou da palavra que Jesus dissera: "Antes que o galo cante, três vezes me negarás". Saindo dali, ele chorou amargamente.

Mc 14,66-72

⁶⁶Quando Pedro estava embaixo, no pátio, chegou uma das criadas do Sumo Sacerdote. ⁶⁷E, vendo a Pedro que se aquecia, fitou-o e disse: "Também tu estavas com Jesus Nazareno". ⁶⁸Ele, porém, negou, dizendo: "Não sei nem compreendo o que dizes". E foi para fora, para o pátio anterior. E o galo cantou. ⁶⁹E a criada, vendo-o, começou de novo a dizer aos presentes: "Este é um deles!" ⁷⁰Ele negou de novo! Pouco depois, os presentes novamente disseram a Pedro: "De fato, também tu és um deles; pois és galileu". ⁷¹Ele, porém, começou a maldizer e a jurar: "Não conheço esse homem de quem falais!" ⁷²E, imediatamente, pela segunda vez, o galo cantou. E Pedro se lembrou da palavra que Jesus lhe havia dito: "Antes que o galo cante duas vezes, me

Lc 22,54-62

⁵⁴Prenderam-no e levaram-no, introduzindo-o na casa do Sumo Sacerdote. Pedro seguia de longe. ⁵⁵Tendo eles acendido uma fogueira no meio do pátio, sentaram-se ao redor, e Pedro sentou-se no meio deles. ⁵⁶Ora, uma criada viu-o sentado perto do fogo e, encarando-o, disse: "Este também estava em companhia dele!" ⁵⁷Ele, porém, negou: "Mulher, eu não o conheço". ⁵⁸Pouco depois, um outro, tendo-o visto, afirmou: "Tu também és um deles!" Mas Pedro declarou: "Homem, não sou". ⁵⁹Decorrida mais ou menos uma hora, outro insistia: "Certamente, este também estava com ele, pois é galileu!" Pedro disse: ⁶⁰"Homem, não sei o que dizes"! Imediatamente, enquanto ele ainda falava, o galo cantou, ⁶¹e o Senhor, voltando-

Jo 18,15-18.25-27

¹⁵Ora, Simão Pedro, junto com outro discípulo, seguia Jesus. Esse discípulo era conhecido do Sumo Sacerdote e entrou com Jesus no pátio do Sumo Sacerdote. ¹⁶Pedro, entretanto, ficou junto à porta, de fora. Então, o outro discípulo, conhecido do Sumo Sacerdote, saiu, falou com a porteira e introduziu Pedro.

¹⁷A criada que guardava a porta diz então a Pedro: "Não és, tu também, um dos discípulos deste homem?" Respondeu ele: "Não sou". ¹⁸Os servos e os guardas tinham feito uma fogueira, porque estava frio; em torno dela se aqueciam. Pedro também ficou com eles, aquecendo-se.

²⁵Simão Pedro continuava lá, de pé, aquecendo-se. Disseram-lhe então: "Não és tu também um dos

Mt	Mc	Lc	Jo
negarás três vezes". E começou a chorar.	se, fixou o olhar em Pedro. Pedro então lembrou-se da palavra que o Senhor lhe dissera: "Antes que o galo cante hoje, tu me terás negado três vezes". ⁶²E saindo para fora, chorou amargamente.		seus discípulos?" Ele negou e respondeu: "Não sou". ²⁶Um dos servos do sumo sacerdote, parente daquele a quem Pedro decepara a orelha, disse: "Não te vi no jardim com ele?" ²⁷Pedro negou novamente. E logo o galo cantou.

§ 249 — Primeiro inquérito perante Caifás

Mt 26,57-66	Mc 14,53-64	Lc 22,54a	Jo
⁵⁷Os que prenderam Jesus levaram-no ao Sumo Sacerdote Caifás, onde os escribas e os anciãos estavam reunidos. ⁵⁸Pedro seguiu-o de longe até o pátio do Sumo Sacerdote e, penetrando no interior, sentou-se com os servidores para ver o fim. ⁵⁹Ora, os chefes dos sacerdotes e todo o Sinédrio procuravam um falso testemunho contra Jesus, a fim de matá-lo, ⁶⁰mas nada encontravam, embora se apresentassem muitas falsas testemunhas. Por fim, se apresentaram duas ⁶¹que afirmaram: "Este homem declarou: Posso destruir o Templo de Deus e edificá-lo depois de três dias". ⁶²Levantando-se então o Sumo Sacerdote, disse-lhe: "Nada respondes? O que testemunham estes contra ti?" ⁶³Jesus, porém, ficou calado.	⁵³Levaram Jesus ao Sumo Sacerdote, e todos os chefes dos sacerdotes, os anciãos e os escribas estavam reunidos. ⁵⁴Pedro seguira-o de longe, até o interior do pátio do Sumo Sacerdote, e, sentado junto com os criados, aquecia-se ao fogo. ⁵⁵Ora, os chefes dos sacerdotes e todo o Sinédrio procuravam um testemunho contra Jesus para matá-lo, mas nada encontravam. ⁵⁶Pois muitos davam falso testemunho contra ele, mas os testemunhos não eram congruentes. ⁵⁷Alguns, levantando-se, davam falso testemunho contra ele: ⁵⁸"Nós mesmos o ouvimos dizer: Eu destruirei este Templo feito por mãos humanas e, depois de três dias, edificarei outro, não feito por mãos humanas". ⁵⁹Mas nem quanto a essa acusação o testemunho deles era congruente.	⁵⁴Prenderam-no e levaram-no, introduzindo-o na casa do Sumo Sacerdote.	

§§ 250-252 — Mt 26,67-68; 27,1; 27,2.11-14; Mc 14,65; 15,1a; 15,1b-5; Lc 22,63-65; 22,66-71; 23,1-5; Jo 18,28-38

Mt	Mc	Lc	Jo
	⁶⁰Levantando então o Sumo Sacerdote no meio deles, interrogou a Jesus, dizendo: "Nada respondes? O que testemunham estes contra ti?" ⁶¹Ele, porém, ficou calado e nada respondeu. O Sumo Sacerdote o interrogou de novo: "És tu o Messias, o Filho do Deus Bendito?" ⁶²Jesus respondeu: "Eu sou. E vereis o Filho do Homem sentado à direita do Poderoso e vindo com as nuvens do céu". ⁶³O Sumo Sacerdote, então, rasgando as suas túnicas, disse: "Que necessidade temos ainda de testemunhas? ⁶⁴Ouvistes a blasfêmia. Que vos parece?" E todos julgaram-no réu de morte.	E o Sumo Sacerdote lhe disse: "Eu te conjuro pelo Deus Vivo que nos declares se tu és o Cristo, o Filho de Deus". ⁶⁴Jesus respondeu: "Tu o disseste. Aliás, eu vos digo que, de ora em diante, vereis o Filho do Homem sentado à direita do Poderoso e vindo sobre as nuvens do céu." ⁶⁵O Sumo Sacerdote então rasgou suas vestes, dizendo: "Blasfemou! Que necessidade temos ainda de testemunhas? Vede: vós ouvistes neste instante a blasfêmia. ⁶⁶Que pensais?" Eles responderam: "É réu de morte".	

§ 250 — Escárnios

Mt 26,67-68	Mc 14,65	Lc 22,63-65	Jo
⁶⁷E cuspiram-lhe no rosto e o esbofetearam. Outros lhe davam bordoadas, ⁶⁸dizendo: "Faze-nos uma profecia, Cristo: quem é que te bateu?"	⁶⁵Alguns começaram a cuspir nele, a cobrir-lhe o rosto, a esbofeteá-lo e a dizer: "Faça uma profecia!" E os criados o esbofeteavam.	⁶³Os guardas caçoavam de Jesus, espancavam-no, ⁶⁴cobriam-lhe o rosto e o interrogavam: "Faça uma profecia: quem é que te bateu?" ⁶⁵E proferiam contra ele muitos outros insultos.	

§ 251 — Segundo inquérito perante Caifás*

Mt 27,1	Mc 15,1a	Lc 22,66-71	Jo
¹Chegada a manhã, todos os chefes dos sacerdotes e os anciãos do	¹Logo de manhã, os chefes dos sacerdotes fizeram um conselho com	⁶⁶Quando se fez dia, reuniu-se o conselho dos anciãos do povo, che-	

povo convocaram um conselho contra Jesus, a fim de levá-lo à morte.

os anciãos e os escribas e todo o Sinédrio.

fes dos sacerdotes e escribas, e levaram-no para o Sinédrio, ⁶⁷dizendo: "Se tu és o Cristo, dize-nos!" Ele respondeu: "Se eu vos disser, não acreditareis, ⁶⁸e se eu vos interrogar, não respondereis. ⁶⁹Mas, desde agora, o *Filho do Homem estará sentado à direita do Poder de Deus!* ⁷⁰Todos então disseram: "És, portanto, o Filho de Deus?" Ele lhes declarou: "Vós dizeis que eu sou!" ⁷¹Replicaram. "Que necessidade temos ainda de testemunho? Ouvimo-lo de sua própria boca!"

§ 252 — Perante Pilatos

Mt 27,2.11-14	Mc 15,1b-5	Lc 23,1-5	Jo 18,28-38
²Assim, amarrando-o, levaram-no e entregaram-no a Pilatos, o governador. ¹¹Jesus foi posto perante o governador e o governador interrogou-o: "És tu o rei dos judeus?" Jesus declarou: "Tu o dizes". ¹²E ao ser acusado pelos chefes dos sacerdotes e anciãos, nada respondeu. ¹³Então lhe disse Pilatos: "Não estás ouvindo de quanta coisa te acusam?" ¹⁴Mas ele não lhe respondeu sequer uma palavra, de tal sorte que o governador ficou muito impressionado.	E manietando a Jesus, levaram-no e entregaram-no a Pilatos. ²Pilatos o interrogou: "És tu o rei dos judeus?" Respondendo, ele disse: "Tu o dizes". ³E os chefes dos sacerdotes acusavam-no de muitas coisas. ⁴Pilatos o interrogou de novo: "Nada respondes? Vê de quanto te acusam!" ⁵Jesus, porém, nada mais respondeu, de sorte que Pilatos ficou impressionado.	¹Toda a multidão se levantou; e conduziram-no a Pilatos. ²Começaram então a acusá-lo, dizendo: "Encontramos este homem subvertendo nossa nação, impedindo de se pagarem os impostos a César e pretendendo ser Cristo Rei". ³Pilatos o interrogou: "És tu o rei dos judeus?" Respondendo, ele declarou: "Tu o dizes". ⁴Pilatos disse, então, aos chefes dos sacerdotes e às multidões: "Não encontro nesse homem motivo algum de condenação". ⁵Eles, porém, insistiam: "Ele subleva o povo, ensinan-	²⁸Então de Caifás conduziram Jesus ao pretório. Era de manhã. Eles não entraram no pretório para não se contaminarem e poderem comer a Páscoa. ²⁹Pilatos, então, saiu para fora ao encontro deles e disse: "Que acusação trazeis contra este homem?" ³⁰Responderam-lhe: "Se não fosse um malfeitor, não o entregaríamos a ti". ³¹Disse-lhes Pilatos: "Tomai-o vós mesmos, e julgai-o conforme a vossa Lei". Disseram-lhe os judeus: "Não nos é permitido condenar ninguém à morte", ³²a fim de se cumprir a palavra de

§ 251 Lc não se refere ao inquérito da véspera, por isso ele deve repetir de manhã a interrogação fatal de Caifás em nome do sinédrio. De modo geral, a cronologia da Paixão não é clara; cada Evangelho contém algo que não combina com outros três.

§§ 253-255 — Mt 27,3-10; Lc 23,6-12; 23,13-16; Jo 19,4-12

Mt	Mc	Lc	Jo
		do por toda a Judéia, desde a Galiléia, onde começou, até aqui".	Jesus, com a qual indicara de que morte deveria morrer. ³³Então Pilatos entrou novamente no pretório, chamou Jesus e lhe disse: "Tu és o rei dos judeus?" ³⁴Jesus lhe respondeu: "Falas assim por ti mesmo ou outros te disseram isso de mim?" ³⁵Respondeu Pilatos: "Sou, por acaso, judeu? Teu povo e os chefes dos sacerdotes entregaram-te a mim. Que fizestes?" ³⁶Jesus respondeu: "Meu reino não é deste mundo. Se meu reino fosse deste mundo, meus súditos teriam combatido para que eu não fosse entregue aos judeus. Mas meu reino não é daqui". ³⁷Pilatos lhe disse: "Então, tu és rei?" Respondeu Jesus: "Tu o dizes: eu sou rei. Para isso nasci e para isto vim ao mundo: para dar testemunho da verdade. Quem é da verdade escuta a minha voz". ³⁸Disse-lhe Pilatos: "Que é a verdade?" E tendo dito isso, saiu de novo e foi ao encontro dos judeus e lhes disse: "Nenhuma culpa encontro nele".

§ 253 — O fim de Judas Iscariotes*

Mt 27,3-10	Mc	Lc	
³Então Judas, que o entregara, vendo que Jesus fora condenado, sentiu remorsos e veio devolver aos chefes dos sacerdotes e aos anciãos as trinta moedas de prata, ⁴dizendo: "Pequei, entregando um sangue inocente". Mas estes responderam: "Que temos nós com			

Mt	Mc	Lc	Jo
isso? O problema é teu". ⁵Ele, atirando as moedas no Templo, retirou-se e foi enforcar-se. ⁶Os chefes dos sacerdotes, tomando as moedas, disseram: "Não é lícito depositá-las no tesouro do Templo, porque se trata de preço de sangue". ⁷Assim, depois de deliberarem em conselho, compraram com elas o campo do Oleiro para o sepultamento dos estrangeiros. ⁸Eis porque até hoje aquele campo se chama "Campo de Sangue". ⁹Com isso se cumpriu o oráculo do profeta Jeremias: *E tomaram as trinta moedas de prata, o preço do Precioso, daquele que os filhos de Israel avaliaram,* ¹⁰*e deram-nas pelo campo do Oleiro, conforme o Senhor me ordenara.*			(cf. At 1,18.19) ¹⁸Ora, este homem adquiriu um terreno com o salário da iniqüidade e, *caindo de cabeça para baixo, arrebentou pelo meio, derramando-se todas as suas entranhas.* ¹⁹O fato foi tão conhecido de todos os habitantes de Jerusalém que esse terreno foi denominado, na língua deles, Hacéldama, isto é, "Campo do Sangue".

§ 254 — Perante Herodes Antipas

Mt	Mc	Lc 23,6-12	Jo
		⁶A essas palavras, Pilatos perguntou se ele era galileu. ⁷E certificando-se de que pertencia à jurisdição de Herodes, transferiu-o a Herodes que, naqueles dias, também se encontrava em Jerusalém. ⁸Vendo a Jesus, Herodes ficou muito contente; havia muito tempo que queria vê-lo, pelo que ouvia dizer dele; e esperava ver algum milagre feito por ele. ⁹Interrogou-o com muitas perguntas; ele, porém, nada lhe respondeu. ¹⁰Entretanto, os chefes dos sacerdotes e os escribas lá se achavam, e acusavam-no com veemência. ¹¹Herodes, juntamente com a sua escolta, tratou-o com desprezo e escárnio; e, vestindo-o com uma veste brilhante, remeteu-o a Pilatos. ¹²E nesse mesmo dia Herodes e Pilatos ficaram amigos entre si, pois antes eram inimigos.	

§ 255 — Pela segunda vez perante Pilatos

Mt	Mc	Lc 23,13-16	Jo 19,4-12
		¹³Depois de convocar os chefes dos sacerdotes, os chefes e o povo, Pilatos ¹⁴disse-lhes: "Vós me apresentastes este homem como um agitador do povo; ora, eu o interroguei diante de vós e não encontrei neste ho-	⁴Pilatos, de novo, saiu fora e lhes disse: "Vede: eu vo-lo trago aqui fora, para saberdes que não encontro nele motivo algum de condenação". ⁵Jesus, então, saiu fora, trazendo a coroa de espinhos e o manto de púrpu-

§ 253 O paralelo dos Atos reproduz uma tradição totalmente diversa da geralmente citada segundo Mt.

§§ 256-258 — Mt 27,15-21; 27,19; 27,26b-30; Mc 15,6-14a; 15,15b,16-20a; Jo 18,39-40; 19,1-3

§ 256 — Jesus e Barrabás

Mt 27,15-21

¹⁵Por ocasião da Festa, era costume o governador soltar um preso que a multidão desejasse. ¹⁶Nessa ocasião, tinham ele um preso famoso, chamado Barrabás. ¹⁷Como estivessem reunidos, Pilatos lhes disse: "Quem quereis que vos solte, Barrabás ou Jesus, que chamam de Cristo?" ¹⁸Ele sabia, com efeito, que eles o haviam entregue por inveja. ²⁰Os chefes dos sacerdotes e os an-

Mc 15,6-14a

⁶Por ocasião da Festa, ele lhes soltava um preso que pedissem. ⁷Ora, havia um, chamado Barrabás, preso com outros amotinadores que, numa revolta, haviam cometido um homicídio. ⁸A multidão, tendo subido, começou a pedir que lhes fizesse como sempre tinha feito. ⁹Pilatos, então, perguntou-lhes: "Quereis que eu vos solte o rei dos judeus?" ¹⁰Porque ele sabia, com efeito, que os chefes dos sacerdo-

Lc 23,17-23

¹⁸Eles, porém, vociferaram todos juntos: "Morra esse homem! Solta-nos Barrabás!" ¹⁹Este último havia sido preso por um motim na cidade e por homicídio. ²⁰Pilatos, querendo soltar Jesus, dirigiu-lhes de novo a Palavra. ²¹Mas eles gritavam: "Crucifica-o! Crucifica-o!" ²²Pela terceira vez, disse-lhes: "Que mal fez este homem? Nenhum motivo de morte encontrei nele! Por isso vou soltá-

Jo 18,39-40

³⁹É costume entre vós que eu vos solte um preso, na Páscoa. Quereis que vos solte o rei dos judeus?" ⁴⁰Então eles gritaram de novo, clamando: "Esse não, mas Barrabás!" Barrabás era um bandido.

Lc (continuação)

mem motivo algum de condenação, como o acusais. ¹⁵Tampouco Herodes, uma vez que ele o enviou novamente a nós. Como vedes, este homem nada fez que mereça a morte. ¹⁶Por isso eu vou soltá-lo, depois de o castigar".

Jo (continuação)

ra. E Pilatos lhes disse: "Eis o homem!" ⁶Quando os chefes dos sacerdotes e os guardas o viram, gritaram: "Crucifica-o! Crucifica-o!" Disse-lhes Pilatos: "Tomai-o vós e crucificai-o, porque eu não encontro culpa nele", ⁷Os judeus responderam-lhe: "Nós temos uma lei e, conforme essa Lei, ele deve morrer, porque se fez Filho de Deus".

⁸Quando Pilatos ouviu essa palavra, ficou ainda mais aterrado. ⁹Tornando a entrar no pretório, disse a Jesus: "De onde és tu?" Mas Jesus não lhe deu resposta. ¹⁰Disse-lhe, então, Pilatos: "Não me respondes? Não sabes que eu tenho poder para te libertar e poder para te crucificar?" ¹¹Respondeu-lhe Jesus: "Não terias poder algum sobre mim, se não te fosse dado do alto; por isso, quem a ti me entregou tem maior pecado".

¹²Daí em diante, Pilatos procurava libertá-lo. Mas os judeus gritavam: "Se o soltas, não és amigo de César! Todo aquele que se faz rei opõe-se a César!"

Mt	Mc	Lc	Jo
ciãos, porém, persuadiram as multidões a que pedissem Barrabás e que fizessem Jesus perecer. ²¹O governador respondeu-lhes: "Qual dos dois quereis que vos solte?" Disseram: "Barrabás".	tes o tinham entregue por inveja. ¹¹Os chefes dos sacerdotes, porém, incitavam o povo para que pedisse que, antes, lhes soltasse Barrabás. ¹²Pilatos perguntou-lhes de novo: "Que farei de Jesus, que dizeis ser o rei dos judeus?" ¹³Eles gritaram de novo: "Crucifica-o!" ¹⁴Disse-lhes Pilatos: "Mas que mal ele fez?" Eles, porém, gritaram com mais veemência: "Crucifica-o!" ¹⁵Pilatos, então, querendo contentar a multidão, soltou-lhes Barrabás.	lo depois de o castigar". ²³Eles, porém, insistiam com grandes gritos, pedindo que fosse crucificado; e seus clamores aumentavam.	

§ 257 — A esposa de Pilatos*

Mt 27,19	Mc	Lc	Jo
¹⁹Enquanto estava sentado no tribunal, sua mulher lhe mandou dizer: "Não te envolvas com esse justo, porque muito sofri hoje em sonho por causa dele".			

§ 258 — Flagelação e coroação de espinhos

Mt 27,26b-30	Mc 15,15b,16-20a	Lc	Jo 19,1-3
Quanto a Jesus, depois de açoitá-lo, entregou-o para que fosse crucificado. ²⁷Em seguida, os soldados do governador, levando Jesus para o Pretório, reuniram contra ele toda a coorte. ²⁸Despiram-no e puseram-lhe uma capa escarlate. ²⁹Depois, tecendo uma coroa de espinhos, puseram-na em sua cabeça e um caniço na mão direita. E, ajoelhando-	Depois de fazer açoitar a Jesus, entregou-o para que fosse crucificado. ¹⁶Os soldados o levaram ao interior do palácio, isto é, do Pretório, e convocaram toda a coorte. ¹⁷Em seguida, vestiram-no de púrpura e tecendo uma coroa de espinhos, lha impuseram. ¹⁸E começaram a saudá-lo: "Salve, rei dos judeus!" ¹⁹E batiam-lhe na cabeça com um ca-		¹Pilatos, então, tomou Jesus e o mandou flagelar. ²Os soldados, tecendo uma coroa de espinhos, puseram-na em sua cabeça e jogaram sobre ele um manto de púrpura. ³Aproximando-se dele, diziam: "Salve, rei dos judeus!" E o esbofeteavam.

§ 257 A lenda chama a esposa de Pilatos Prócula. Cada Evangelista enriquece com pormenores a história da Paixão.

§§ 259-262 — Mt 27,22-26; 27,31-33; 27,34-38; Mc 15,15ac; 15,20b-22; 15,23-28; Lc 23,24.25; 23,26; 23,27-32; 23,33-34; Jo 19,13-16; 19,17; 19,18-34

Mt	Mc	Lc	Jo
se diante dele, diziam-lhe, caçoando: "Salve, rei dos judeus!" ³⁰E cuspindo nele, tomaram o caniço e batiam-lhe na cabeça.	niço. Cuspiram nele e, de joelhos, o adoravam. ²⁰Depois de caçoarem dele.		

§ 259 — Condenado à morte

Mt 27,22-26	Mc 15,15ac	Lc 23,24.25	Jo 19,13-16
²²Pilatos perguntou: "Que farei de Jesus, que chamam de Cristo?" Todos responderam: "Seja crucificado!" ²³Tornou a dizer-lhes: "Mas que mal ele fez?" Eles, porém, gritavam com mais veemência: "Seja crucificado!" ²⁴Vendo Pilatos que nada conseguia, mas, ao contrário, a desordem aumentava, pegou água e, lavando as mãos na presença da multidão, disse: "Estou inocente desse sangue. A responsabilidade é vossa". ²⁵A isso todo o povo respondeu: "O seu sangue caia sobre nós e sobre nossos filhos". ²⁶Então soltou-lhes Barrabás. Quanto a Jesus, depois de açoitá-lo, entregou-o para que fosse crucificado.	¹⁵Pilatos, então, querendo contentar a multidão, depois de fazer açoitar a Jesus, entregou-o para que fosse crucificado.	²⁴Então Pilatos setenciou que se atendesse ao pedido deles. ²⁵Soltou aquele que fora posto na prisão por motim e homicídio, e que eles reclamavam. Quanto a Jesus, entregou-o ao arbitrío deles.	¹³Ouvindo tais palavras, Pilatos trouxe Jesus para fora, fê-lo sentar-se no tribunal, no lugar chamado Pavimento, em hebraico Gábata. ¹⁴Era o dia da preparação da Páscoa, perto da sexta hora. Disse Pilatos aos judeus: "Eis o vosso rei!" ¹⁵Eles gritavam: "À morte! À morte! Crucifica-o!" Disse-lhes Pilatos: "Crucificarei o vosso rei?!" Os chefes dos sacerdotes responderam: "Não temos outro rei a não ser César!" ¹⁶Então Pilatos o entregou para ser crucificado.

§ 260 — O caminho da cruz

Mt 27,31-33	Mc 15,20b-22	Lc 23,26	Jo 19,17
³¹Depois de caçoarem dele, despiram-lhe a capa escarlate e tornaram a vesti-lo com as suas próprias vestes, e levaram-no para o crucificar. ³²Ao saírem, encontraram um homem de Cirene, de nome Simão. E	Despiram-lhe a púrpura e tornaram a vesti-lo com as suas próprias vestes. E levaram-no fora para que o crucificassem. ²¹Requisitaram um certo Simão Cireneu, que passava por	²⁶Enquanto o levavam, tomaram um certo Simão de Cirene, que vinha do campo, e impuseram-lhe a cruz para levá-la atrás de Jesus.	Então eles tomaram a Jesus. ¹⁷E ele saiu, carregando a sua cruz, e chegou ao chamado "Lugar da Caveira" — em hebraico chamado Gólgota,

	Mt	Mc	Lc	Jo

o requisitaram para que carregasse a cruz. ³³Chegando a um lugar chamado Gólgota, isto é, lugar que chamavam de Caveira,

ali vindo do campo, para que carregasse a cruz. Era o pai de Alexandre e de Rufo. ²²E levaram Jesus ao lugar chamado Gólgota, que, traduzido, quer dizer o lugar da Caveira.

§ 261 — Filhas de Jerusalém!

Lc 23,27-32

²⁷Grande multidão do povo o seguia, como também mulheres que batiam no peito e se lamentavam por causa dele. ²⁸Jesus, porém, voltou-se para elas e disse: "Filhas de Jerusalém, não choreis por mim; chorai, antes, por vós mesmas e por vossos filhos! ²⁹Pois, eis que virão dias em que se dirá: Felizes as estéreis, as entranhas que não conceberam e os seios que não amamentaram! ³⁰Então começarão a *dizer às montanhas: Caí sobre nós! e às colinas: Cobri-nos!* ³¹Porque se fazem assim com o lenho verde, o que acontecerá com o seco?" ³²Eram conduzidos também dois malfeitores para serem executados com ele.

§ 262 — A crucificação

Mt 27,34-38

³⁴deram-lhe de beber vinho misturado com fel. Ele provou, mas não quis beber. ³⁵E após crucificá-lo repartiram entre si as suas vestes, lançando-as à sorte. ³⁶E, sentando-se, ali montavam-lhe a guarda. ³⁷E colocaram acima da sua cabeça, por escrito, o motivo da sua condenação: "Este é Jesus, o Rei dos judeus". ³⁸Com ele foram crucificados dois ladrões, um à direita, outro à esquerda.

Mc 15,23-28

²³Deram-lhe o vinho com mirra, que ele não tomou. ²⁴Então o crucificaram. E *repartiram as suas vestes, lançando sorte sobre elas*, para saber com o que cada um ficaria. ²⁵Era a terceira hora quando o crucificaram. ²⁶E acima dele estava a inscrição da sua culpa: "O Rei dos judeus". ²⁷Com ele crucificaram dois ladrões, um à sua direita, o outro à esquerda. [²⁸]. E cumpriu-se a Escritura que diz: E ele foi contado entre os malfeitores.

Lc 23,33-34

³³Chegando ao lugar chamado Caveira, lá o crucificaram, bem como aos malfeitores, um à direita e outro à esquerda. ³⁴Jesus dizia: "Pai, perdoa-lhes: não sabem o que fazem". Depois, *repartindo suas vestes, sorteavam-nas*.

Jo 19,18-34

¹⁸onde o crucificaram; e, com ele, dois outros: um de cada lado e Jesus no meio. ¹⁹Pilatos redigiu também um letreiro e fez colocar sobre a cruz; nele estava escrito: "Jesus Nazareu, o rei dos judeus". ²⁰Esse letreiro, muitos judeus o leram, porque o lugar onde Jesus fora crucificado era próximo da cidade; e estava escrito em hebraico, latim e grego. ²¹Disseram então a Pilatos os chefes dos sacerdotes dos judeus: "Não escrevas: 'O rei dos judeus'", mas: 'Este homem disse: Eu sou o rei dos judeus'". ²²Pila-

§§ 263-264 — Mt 27,39-44; Mc 15,29-32; Lc 23,35-38; Jo 19,23.24

Mt	Mc	Lc	Jo
			tos respondeu: "O que escrevi, escrevi". ²³Os soldados, quando crucificaram Jesus, tomaram suas roupas e repartiram em quatro partes, uma para cada soldado, e a túnica. Ora, a túnica era sem costura, tecida como uma só peça, de alto a baixo. ²⁴Disseram entre si: "Não a rasguemos, mas tiremos a sorte, para ver com quem ficará". Isso a fim de se cumprir a Escritura que diz: *Repartiram entre si minhas roupas e sortearam minha veste.* Foi o que fizeram os soldados. ²⁵Perto da cruz de Jesus, permaneciam de pé sua mãe, a irmã de sua mãe, Maria, mulher de Clopas, e Maria Madalena. ²⁶Jesus, então, vendo sua mãe e, perto dela, o discípulo a quem amava, disse à sua mãe: "Mulher, eis o teu filho!" ²⁷Depois disse ao discípulo: "Eis a tua mãe!" E a partir dessa hora, o discípulo a recebeu em sua casa. ²⁸Depois, sabendo Jesus que tudo estava consumado, disse, para que se cumprisse a Escritura até o fim: *"Tenho sede!"* ²⁹Estava ali um vaso cheio de vinagre. Fixando, então, uma esponja embebida de vinagre num ramo de hissopo, levaram-na à sua boca. ³⁰Quando Jesus tomou o vinagre, disse: "Está consumado!" E, incli-

nando a cabeça, entregou o espírito. ³¹Como era a Preparação, os judeus, para que os corpos não ficassem na cruz durante o sábado — porque esse sábado era um grande dia! — pediram a Pilatos que lhes quebrassem as pernas e fossem retirados. ³²Vieram, então, os soldados e quebraram as pernas do primeiro e depois do outro, que fora crucificado com ele. ³³Chegando a Jesus e vendo-o já morto, não lhe quebraram as pernas, ³⁴mas um dos soldados traspassou-lhe o lado com a lança e imediatamente saiu sangue e água.

§ 263 — As vestimentas e a túnica

Mt	Mc	Lc	Jo 19,23.24
			²³Os soldados, quando crucificaram Jesus, tomaram suas roupas e repartiram em quatro partes, uma para cada soldado, e a túnica. Ora, a túnica era sem costura, tecida como uma só peça, de alto a baixo. ²⁴Disseram entre si: "Não a rasguemos, mas tiremos a sorte, para ver com quem ficará". Isso a fim de se cumprir a Escritura que diz: *Repartiram entre si minhas roupas e sortearam minha veste.* Foi o que fizeram os soldados.

§ 264 — Escárnios

Mt 27,39-44	Mc 15,29-32	Lc 23,35-38	Sl 22,8.9.13
³⁹Os transeuntes injuriavam-no, meneando a cabeça ⁴⁰e dizendo: "Tu que destróis o Templo e em três	²⁹Os transeuntes injuriavam-no, meneando a cabeça e dizendo: "Ah! tu, que destróis o Templo e em três	³⁵O povo permanecia lá, a olhar. Os chefes, porém, *zombavam* e diziam: "A outros salvou, que salve	⁸Todos os que me vêem caçoam de mim, abrem a boca e meneiam a cabeça: ⁹"Voltou-se a Iahweh, que

186 §§ 265-268 — Mt 27,55-56; 27,45-50; 27,51-54; Mc 15,40-41; 15,33-37; 15,38.39; Lc 23,39-43; 23,49; 23,44-45.47-48; Jo 19,25-27; 19,28-30

Mt	Mc	Lc	Jo
dias o edificas, salva a ti mesmo, se és Filho de Deus, e desce da cruz!" ⁴¹Do mesmo modo, também os chefes dos sacerdotes, juntamente com os escribas e anciãos, caçoavam dele: ⁴²"A outros salvou, a si mesmo não pode salvar! Rei de Israel que é, que desça agora da cruz e creremos nele! ⁴³*Confiou em Deus: pois que o livre agora, se é que se interessa por ele!* Já que ele disse: Eu sou filho de Deus". ⁴⁴E até os ladrões, que foram crucificados junto com ele, o insultavam.	dias o edificas, ³⁰salva-te a ti mesmo, desce da cruz!" ³¹Do mesmo modo, também os chefes dos sacerdotes, caçoando dele entre si e com os escribas, diziam: "A outros salvou, a si mesmo não pode salvar! ³²O Messias, o Rei de Israel... que desça agora da cruz, para que vejamos e creiamos!" E até os que haviam sido crucificados com ele o ultrajavam.	a si mesmo, se é o Cristo de Deus, o Eleito!" ³⁶Os soldados também caçoavam dele; aproximando-se, traziam-lhe *vinagre*, ³⁷e diziam: "Se és o rei dos judeus, salva-te a ti mesmo". ³⁸E havia uma inscrição acima dele: "Este é o Rei dos judeus".	ele o liberte, que o salve, se é que o ama!" ¹³Cercam-me touros numerosos, touros fortes de Basã me rodeiam.

Sb 2,12.13.17.18

¹²Cerquemos o justo, porque nos incomoda e se opõe às nossas ações, nos censura as faltas contra a Lei, nos acusa de faltas contra a nossa educação. ¹³Declara ter o conhecimento de Deus e se diz filho do Senhor; ¹⁷Vejamos se suas palavras são verdadeiras, experimentemos o que será do seu fim: ¹⁸Pois se o justo é filho de Deus, Ele o assistirá e o libertará das mãos de seus adversários. |

§ 265 — O Bom Ladrão

Mt	Mc	Lc 23,39-43	Jo
		³⁹Um dos malfeitores suspensos à cruz o insultava, dizendo: "Não és tu o Cristo? Salva-te a ti mesmo e a nós". ⁴⁰Mas o outro, tomando a palavra, o repreendia: "Nem sequer temes a Deus, estando na mesma condenação? ⁴¹Quanto a nós, é de justiça; estamos pagando por nossos atos; mas ele não fez nenhum mal". ⁴²E acrescentou: "Jesus, lembra-te de mim, quando vieres com teu reino". ⁴³Ele respondeu: "Em verdade, eu te digo, hoje estarás comigo no Paraíso".	

§ 266 — Maria e as mulheres ao pé da cruz (cf. §§ 24 e 168)

Mt 27,55-56	Mc 15,40-41	Lc 23,49	Jo 19,25-27
⁵⁵Estavam ali muitas mulheres, olhando de longe. Haviam acompanhado Jesus desde a Galiléia, a	⁴⁰E também estavam ali algumas mulheres, olhando de longe. Entre elas, Maria Madalena, mãe de Tia-	⁴⁹Todos os seus *amigos*, bem como as mulheres que o haviam acompanhado desde a Galiléia, *permane-*	²⁵Perto da cruz de Jesus, permaneciam de pé sua mãe, a irmã de sua mãe, Maria, mulher de Clopas, e

Mt 27,45-50	Mc 15,33-37	Lc 23,44-46	Jo 19,28-30

...rvi-lo. ⁵⁶Entre elas, Maria Madalena, Maria, mãe de Tiago e de José, e a mãe dos filhos de Zebedeu. | ...go, o Menor, e de Joset, e Salomé. ⁴¹Elas o seguiam e serviam enquanto esteve na Galiléia. E ainda muitas outras que subiram com ele para Jerusalém. | ...ciam *a distância*, observando essas coisas. | Maria Madalena. ²⁶Jesus, então, vendo sua mãe e, perto dela, o discípulo a quem amava, disse à sua mãe: "Mulher, eis o teu filho!" ²⁷Depois disse ao discípulo: "Eis a tua mãe!" E a partir dessa hora, o discípulo a recebeu em sua casa.

§ 267 — A agonia e morte de Jesus Cristo

Mt 27,45-50	Mc 15,33-37	Lc 23,44-46	Jo 19,28-30
⁴⁵Desde a hora sexta até a hora nona, houve treva em toda a terra. ⁴⁶Lá pela hora nona, Jesus deu um grande grito: *"Eli, Eli, lemá sabachtáni?"*, isto é: *Deus meu, Deus meu, por que me abandonaste?* ⁴⁷Alguns dos que tinham ficado ali, ouvindo-o, disseram: "Está chamando Elias!" ⁴⁸Imediatamente um deles saiu correndo, pegou uma esponja, embebeu-a em vinagre e, fixando-a numa vara, *dava-lhe de beber*. ⁴⁹Mas os outros diziam: "Deixa, vejamos se Elias vem salvá-lo!" ⁵⁰Jesus, porém, tornando a dar um grande grito, entregou o espírito.	³³À hora sexta, houve trevas sobre toda a terra, até a hora nona. ³⁴E, à hora nona, Jesus deu um grande grito, dizendo: *"Eloí, Eloí, lemá sabachtáni"* que, traduzido, significa: *"Deus meu, Deus meu, por que me abandonaste?"* ³⁵Alguns dos presentes, ao ouvirem isso, disseram: "Eis que ele chama por Elias!" ³⁶E um deles, correndo, encheu uma esponja de *vinagre* e, fixando-a numa vara, *dava-lhe de beber*, dizendo: "Deixai! Vejamos se Elias vem descê-lo!" ³⁷Jesus, então, dando um grande grito, expirou.	⁴⁴Era já mais ou menos a hora sexta quando houve treva sobre a terra inteira até à hora nona, ⁴⁵tendo desaparecido o sol. O véu do Santuário rasgou-se ao meio, ⁴⁶e Jesus deu um grande grito: *"Pai em tuas mãos entrego o meu espírito"*. Dizendo isso, expirou.	²⁸Depois, sabendo Jesus que tudo estava consumado, disse, para que se cumprisse a Escritura até o fim: *"Tenho sede!"* ²⁹Estava ali um vaso cheio de vinagre. Fixando, então, uma esponja embebida de vinagre num ramo de hissopo, levaram-na à sua boca. ³⁰Quando Jesus tomou o vinagre, disse: "Está consumado!" E, inclinando a cabeça, entregou o espírito.

§ 268 — Depois da morte

Mt 27,51.54	Mc 15,38.39	Lc 23,44-45.47-48	Jo
⁵¹Nisso, o véu do Santuário se rasgou em duas partes, de cima a baixo, a terra tremeu e as rochas se fenderam. ⁵²Abriram-se os túmulos e muitos corpos dos santos falecidos	³⁸E o véu do Santuário se rasgou em duas partes, de cima a baixo. ³⁹O centurião, que se achava bem defronte dele, vendo que havia expirado desse modo, disse: "Verda-	⁴⁴Era já mais ou menos a hora sexta quando houve treva sobre a terra inteira até à hora nona, ⁴⁵tendo desaparecido o sol. O véu do Santuário rasgou-se ao meio.	

§§ 269-272 — Mt 27,57-61; 27,62-66; 28,17; Mc 15,42-47; 16,1-7; Lc 23,50-56; 24,1-8; Jo 19,31-37; 19,38-42; 20,1.2

Mt	Mc	Lc	Jo
ressuscitaram. ⁵³E, saindo dos túmulos após a ressurreição de Jesus, entraram na Cidade Santa e foram vistos por muitos. ⁵⁴O centurião e os que com ele guardavam a Jesus, ao verem o terremoto e tudo mais que estava acontecendo, ficaram muito amedrontados e disseram: "De fato, este era filho de Deus!"	deiramente este homem era filho de Deus!"	⁴⁷O centurião, vendo o que acontecera, glorificava a Deus, dizendo: "Realmente, este homem era um justo!" ⁴⁸E toda a multidão que havia acorrido para o espetáculo, vendo o que havia acontecido, voltou, batendo no peito.	

§ 269 — O lado aberto pela lança

Jo 19,31-37

Mt	Mc	Lc	Jo
			³¹Como era a Preparação, os judeus, para que os corpos não ficassem na cruz durante o sábado — porque esse sábado era um grande dia! — pediram a Pilatos que lhes quebrassem as pernas e fossem retirados. ³²Vieram, então, os soldados e quebraram as pernas do primeiro e depois do outro, que fora crucificado com ele. ³³Chegando a Jesus e vendo-o já morto, não lhe quebraram as pernas, ³⁴mas um dos soldados traspassou-lhe o lado com a lança e imediatamente saiu sangue e água. ³⁵Aquele que viu dá testemunho e seu testemunho é verdadeiro; e ele sabe que diz a verdade, para que também vós creais, ³⁶pois isso aconteceu para que se cumprisse a Escritura: *Nenhum osso lhe será quebrado.* ³⁷E uma outra Escritura diz ainda: *Olharão para aquele que traspassaram.*

§ 270 — O sepultamento

Mt 27,57-61	Mc 15,42-47	Lc 23,50-56	Jo 19,38-42
⁵⁷Chegada a tarde, veio um homem rico de Arimatéia, chamado José, o qual também se tornara discípulo de Jesus. ⁵⁸E dirigindo-se a Pilatos, pediu-lhe o corpo de Jesus. Então Pilatos mandou que lhe fosse entregue. ⁵⁹José, tomando o corpo,	⁴²E, já chegada a tarde, sendo dia da Preparação, isto é a véspera de sábado, ⁴³veio José, de Arimatéia, ilustre membro do Conselho, que também esperava o Reino de Deus. Ousando entrar onde estava Pilatos, pediu-lhe o corpo de Jesus.	⁵⁰Eis que havia um homem chamado José, membro do Conselho, homem bom e justo, ⁵¹que não concordara nem com o desígnio, nem com a ação deles. Era de Arimatéia, cidade dos judeus, e esperava o Reino de Deus. ⁵²Indo pro-	³⁸Depois, José de Arimatéia, que era discípulo de Jesus, mas secretamente, por medo dos judeus, pediu a Pilatos que lhe permitisse retirar o corpo de Jesus. Pilatos o permitiu. Vieram, então, e retiraram seu corpo. ³⁹Nicodemos,

Mt	Mc	Lc	Jo
envolveu-o num lençol limpo ⁶⁰e o pôs em seu túmulo novo, que talhara na rocha. Em seguida rolando uma grande pedra para a entrada do túmulo retirou-se. ⁶¹Ora, Maria Madalena e a outra Maria estavam ali sentadas em frente ao sepulcro.	⁴⁴Pilatos ficou admirado de que ele já estivesse morto, e, chamando o centurião, perguntou-lhe se fazia muito tempo que morrera. ⁴⁵Informado pelo centurião, cedeu o cadáver a José, ⁴⁶o qual, comprando um lençol, desceu-o, enrolou-o no lençol e pôs num túmulo que fora talhado na rocha. Em seguida, rolou uma pedra, fechando a entrada do túmulo. ⁴⁷Maria Madalena e Maria, mãe de José, observavam onde ele fora posto.	curar Pilatos, pediu o corpo de Jesus. ⁵³E, descendo-o, envolveu-o num lençol e colocou-o numa tumba talhada na pedra, onde ninguém ainda havia sido posto. ⁵⁴Era o dia da Preparação, e o sábado começava a luzir. ⁵⁵As mulheres, porém, que tinham vindo da Galiléia com Jesus, haviam seguido a José; observaram o túmulo e como o corpo de Jesus fora ali depositado. ⁵⁶Em seguida, voltaram e prepararam aromas e perfumes. E, no sábado, observaram o repouso prescrito.	aquele que anteriormente procurara Jesus à noite, também veio, trazendo cerca de cem livras de uma mistura de mirra e aloés. ⁴⁰Eles tomaram então o corpo de Jesus e o envolveram em panos de linho com os aromas, como os judeus costumam sepultar. ⁴¹Havia um jardim, no lugar onde ele fora crucificado e, no jardim, um sepulcro novo, no qual ninguém fora ainda colocado. ⁴²Ali, então, por causa da Preparação dos judeus e porque o sepulcro estava perto, eles depositaram Jesus.

§ 271 — O sepulcro é selado

Mt 27,62-66	Mc	Lc	Jo
⁶²No dia seguinte, um dia depois da Preparação, os chefes dos sacerdotes e os fariseus, reunidos junto a Pilatos, ⁶³diziam: "Senhor, lembramo-nos de que aquele impostor disse, quando ainda vivo: 'Depois de três dias ressuscitarei!' ⁶⁴Ordena, pois, que o sepulcro seja guardado com segurança até o terceiro dia, para que os discípulos não venham roubá-lo e depois digam ao povo: 'Ele ressuscitou dos mortos!' e a última impostura será pior do que a primeira". ⁶⁵Pilatos respondeu: "Tendes uma guarda; ide, guardai o sepulcro, como entendeis". ⁶⁶E, saindo, eles puseram em segurança o sepulcro, selando a pedra e montando guarda.			

§ 272 — As mulheres dirigem-se ao sepulcro vazio

Mt 28,1-7	Mc 16,1-7	Lc 24,1-8	Jo 20,1.2
¹Após o sábado, ao raiar do primeiro dia da semana, Maria Madalena e a outra Maria vieram ver o sepulcro.	¹Passando o sábado, Maria Madalena e Maria, mãe de Tiago, e Salomé compraram aromas para ir ungi-lo. ²De madrugada, no pri-	¹No primeiro dia da semana, muito cedo ainda, elas foram à tumba, levando os aromas que tinham preparado.	¹No primeiro dia da semana, Maria Madalena vai ao sepulcro, de madrugada, quando ainda estava escuro, e vê que a pedra fora retirada

§§ 273-275 — Mt 28,8-10; 28,11-15; Mc 16,8; 16,9-11; Lc 24,9-11; Jo 20,11-18

Mt	Mc	Lc	Jo
²E eis que houve um grande terremoto: pois o Anjo do Senhor, descendo do céu e aproximando-se, removeu a pedra e sentou-se sobre ela. ³O seu aspecto era como o do relâmpago e a sua roupa, alva como a neve. ⁴Os guardas tremeram de medo dele e ficaram como mortos. ⁵Mas o Anjo, dirigindo-se às mulheres, disse-lhes: "Não temais! Sei que estais procurando Jesus o crucificado. ⁶Ele não está mais aqui, pois ressuscitou, conforme havia dito. Vinde ver o lugar onde ele jazia. ⁷Ide já contar aos discípulos que ele ressuscitou dos mortos, e que ele vos precede na Galiléia. Ali o vereis. Vede bem, eu vo-lo disse!"	meiro dia da semana, elas foram ao túmulo ao nascer do sol. ³E diziam entre si: "Quem rolará a pedra da entrada do túmulo para nós?" ⁴E erguendo os olhos, viram que a pedra já fora removida. Ora, a pedra era muito grande. ⁵Tendo entrado no túmulo, elas viram um jovem sentado à direita, vestido com uma túnica branca, e ficaram cheias de espanto. ⁶Ele, porém, lhes disse: "Não vos espanteis! Estais procurando Jesus de Nazaré, o Crucificado. Ressuscitou, não está aqui. Vede o lugar onde o puseram. ⁷Mas ide dizer aos seus discípulos e a Pedro que ele vos precede na Galiléia. Lá o vereis, como vos tinha dito."	²Encontraram a pedra do túmulo removida, ³mas, ao entrar, não encontraram o corpo do Senhor Jesus. ⁴E aconteceu que, estando perplexas com isso, dois homens se postaram diante delas, com veste fulgurante. ⁵Cheias de medo, inclinaram o rosto para o chão; eles, porém, disseram: "Por que procurais Aquele que vive entre os mortos? ⁶Ele não está aqui; ressuscitou. Lembrai-vos de como vos falou, quando ainda estava na Galiléia: ⁷'É preciso que o Filho do Homem seja entregue às mãos dos pecadores, seja crucificado, e ressuscite ao terceiro dia'". ⁸E elas se lembraram de suas palavras.	rada do sepulcro. ²Corre então e vai a Simão Pedro e ao outro discípulo, que Jesus amava, e lhes diz: "Retiraram o Senhor do sepulcro e não sabemos onde o colocaram".

§ 273 — Jesus aparece às mulheres

Mt 28,8-10	Mc 16,8	Lc 24,9-11	Jo
⁸Elas, partindo depressa do túmulo, com medo e grande alegria, correram a anunciá-lo aos seus discípulos ⁹E eis que Jesus veio ao seu encontro e lhes disse: "Alegrai-vos". Elas, aproximando-se, abraçaram-lhe os pés, prostrando-se diante dele. ¹⁰Então Jesus disse: "Não temais! Ide anunciar a meus irmãos que se dirijam para a Galiléia; lá me verão".	⁸Elas saíram e fugiram do túmulo, pois um tremor e um estupor se apossaram delas. E nada contaram a ninguém, pois tinham medo...	⁹Ao voltarem do túmulo, anunciaram tudo isso aos Onze, bem como a todos os outros. ¹⁰Eram Maria Madalena, Joana e Maria, mãe de Tiago. As outras mulheres que estavam com elas disseram-no também aos apóstolos; ¹¹essas palavras, porém, lhes pareceram desvario, e não lhes deram crédito.	

§ 274 — A ressurreição é negada pelos judeus

Mt 28,11-15	Mc	Lc	Jo
¹¹Enquanto elas iam, eis que alguns da guarda foram à cidade e anunciaram aos chefes dos sacerdotes tudo o que acontecera. ¹²Estes, depois de se reunirem com os anciãos e deliberarem com eles, deram aos soldados uma vultosa quantia de dinheiro, ¹³recomendando: "Dizei que os seus discípulos vieram de noite, enquanto dormíeis, e o roubaram. ¹⁴Se isso chegar aos ouvidos do governador, nós o convenceremos e vos deixaremos sem complicação". ¹⁵Eles pegaram o dinheiro e agiram de acordo com as instruções recebidas. E espalhou-se essa história entre os judeus até o dia de hoje.			

§ 275 — O Ressuscitado e Maria Madalena*

Mt	Mc 16,9-11	Lc	Jo 20,11-18
	⁹Ora, tendo ressuscitado na madrugada do primeiro dia da semana, ele apareceu primeiro a Maria Madalena, de quem havia expulsado sete demônios. ¹⁰Ela foi anunciá-lo àqueles que tinham estado em companhia dele e que estavam aflitos e choravam. ¹¹Eles, ouvindo que ele estava vivo e que fora visto por ela, não creram.		¹¹Maria estava junto ao sepulcro, de fora, chorando. Enquanto chorava, inclinou-se para o interior do sepulcro ¹²e viu dois anjos vestidos de branco, sentados no lugar onde o corpo de Jesus fora colocado, um à cabeceira e outro aos pés. ¹³Disseram-lhe então: "Mulher, por que choras?" Ela lhes diz: "Levaram o meu Senhor e não sei onde o colocaram!" ¹⁴Dizendo isso, voltou-se e viu Jesus de pé. Mas não sabia que era Jesus. ¹⁵Jesus lhe diz: "Mulher, por que choras? A quem procuras?" Pensando ser ele o jardineiro, ela lhe diz: "Senhor, se foste tu que o levaste, dize-me onde o puseste e eu o irei buscar!" ¹⁶Diz-lhe Jesus: "Maria!" Voltando-se, ela lhe diz em hebraico: "Rabbuni!", que quer dizer "Mestre". ¹⁷Jesus lhe diz: "Não me retenhas, pois ainda não subi ao Pai. Vai, porém, a meus irmão e dize-lhes: Subo a meu Pai e vosso Pai; a meu Deus e vosso Deus". ¹⁸Maria Madalena foi anunciar aos discípulos: "Vi o Senhor", e as coisas que ele lhe disse.

§ 275 Mc 16,9-20 é um mosaico de citações emprestadas dos demais Evangelhos. Estes versículos não podem ser atribuídos a Marcos.

§§ 276-279 — Mc 16,12-13; 16,14-18; Lc 24,12; 24,13-35; 24,36-48; Jo 20,3-10; 20,19-25

§ 276 — Pedro (e João) visita(m) o sepulcro

Mt	Mc	Lc 24,12	Jo 20,3-10
		¹²Pedro, contudo, levantou-se e correu ao túmulo. Inclinando-se, porém, viu apenas os lençóis. E voltou para casa, muito surpreso com o que acontecera.	³Pedro saiu, então, com o outro discípulo e se dirigiram ao sepulcro. ⁴Os dois corriam juntos, mas o outro discípulo correu mais depressa que Pedro e chegou primeiro ao sepulcro. ⁵Inclinando-se, viu os panos de linho por terra, mas não entrou. ⁶Então, chega também Simão Pedro, que o seguia, e entrou no sepulcro; vê os panos de linho por terra, ⁷e o sudário que cobrira a cabeça de Jesus. O sudário não estava com os panos de linho no chão, mas enrolado em um lugar, à parte. ⁸Então, entrou também o outro discípulo que chegara primeiro ao sepulcro: e viu e creu. ⁹Pois ainda não tinham compreendido que, conforme a Escritura, ele devia ressuscitar dos mortos. ¹⁰Os discípulos, então, voltaram para casa.

§ 277 — Dois discípulos em caminho para o campo

Mt	Mc 16,12-13	Lc	Jo
	¹²Depois disso, ele se manifestou de outra forma a dois deles, enquanto caminhavam para o campo. ¹³Eles foram anunciar aos restantes, mas nem nestes creram.		

§ 278 — Os discípulos de Emaús

Mt	Mc	Lc 24,13-35	Jo
		¹³Eis que dois deles viajavam nesse mesmo dia para um povoado chamado Emaús, a sessenta estádios de Jerusalém; ¹⁴e conversavam sobre todos esses acontecimentos. ¹⁵Ora, enquanto conversavam e discutiam entre si, o próprio Jesus aproximou-se e pôs-se a caminhar com eles; ¹⁶seus olhos, porém, estavam impedidos de reconhecê-lo. ¹⁷Ele lhes disse: "Que palavras são essas que trocais enquanto ides caminhando?" E eles pararam, com o rosto sombrio. ¹⁸Um deles, chamado Cléofas, lhe perguntou: "Tu és o único forasteiro em Jerusalém que ignora os fatos que nela aconteceram nestes dias?" — ¹⁹"Quais?", disse-lhes ele. Responderam: "O que aconteceu a Jesus, o Nazareno, que foi um profeta poderoso em obra	

e em palavra, diante de Deus e diante de todo o povo: ²⁰nossos chefes dos sacerdotes e nossos chefes o entregaram para ser condenado à morte e o crucificaram. ²¹Nós esperávamos que fosse ele quem iria redimir Israel; mas, com tudo isso, faz três dias que todas essas coisas aconteceram! ²²É verdade que algumas mulheres, que são dos nossos, nos assustaram. Tendo ido muito cedo ao túmulo ²³e não tendo encontrado o corpo, voltaram dizendo que tinham tido uma visão de anjos a declararem que ele está vivo. ²⁴Alguns dos nossos foram ao túmulo e encontraram as coisas tais como as mulheres haviam dito; mas não o viram!"

²⁵Ele, então, lhes disse: "Insensatos e lentos de coração para crer tudo o que os profetas anunciaram! ²⁶Não era preciso que o Cristo sofresse tudo isso e entrasse em sua glória?" ²⁷E, começando por Moisés e por todos os Profetas, interpretou-lhes em todas as Escrituras o que a ele dizia respeito.

²⁸Aproximando-se do povoado para onde iam, Jesus simulou que ia mais adiante. ²⁹Eles, porém, insistiram, dizendo: "Permanece conosco, pois cai a tarde e o dia já declina". Entrou então para ficar com eles. ³⁰E, uma vez à mesa com eles, tomou o pão, abençoou-o, depois partiu-o e distribuiu-o a eles. ³¹Então seus olhos se abriram e o reconheceram; ele, porém, ficou invisível diante deles. ³²E disseram um ao outro: "Não ardia o nosso coração quando ele nos falava pelo caminho, quando nos explicava as Escrituras?"

³³Naquela mesma hora, levantaram-se e voltaram para Jerusalém. Acharam aí reunidos os Onze e seus companheiros, ³⁴que disseram: "É verdade! O Senhor ressuscitou e apareceu a Simão!" ³⁵E eles narraram os acontecimentos do caminho e como o haviam reconhecido na fração do pão.

§ 279 — Aparição no cenáculo

Mc 16,14-18

¹⁴Finalmente, ele se manifestou aos Onze, quando estavam à mesa, e censurou-lhes a incredulidade e a dureza de coração, porque não haviam dado crédito aos que o tinham visto ressuscitado.

(cf. At 1,4-8)

⁴Então, no decurso de uma refeição com eles, ordenou-lhes que não se afastassem de Jerusalém, mas que aguardassem a promessa do Pai, "a qual, disse ele, ouvistes de minha boca: ⁵pois João batizou com água, mas vós sereis batizados com o Espírito Santo dentro de poucos dias".

Lc 24,36-48

³⁶Falavam ainda, quando ele próprio se apresentou no meio deles e disse: "A paz esteja convosco!" ³⁷Tomados de espanto e temor, imaginavam ver um espírito. ³⁸Mas ele disse: "Por que estais perturbados e por que surgem tais dúvidas em vossos corações? ³⁹Vede minhas mãos e meus pés: sou eu!

Jo 20,19-25

¹⁹À tarde desse mesmo dia, o primeiro da semana, estando fechadas as portas onde se achavam os discípulos, por medo dos judeus, Jesus veio e, pondo-se no meio deles, lhes disse: "A paz esteja convosco!" ²⁰Tendo dito isso, mostrou-lhes as mãos e o lado. Os discípulos, então, ficaram cheios de alegria por

§§ 280-281 — Jo 20,26-29; 21,1-23

Mt	Mc	Lc	Jo
⁶Estando, pois, reunidos, eles assim o interrogaram: "Senhor é agora o tempo em que irás restaurar a realeza em Israel?" ⁷E ele respondeu-lhes: "Não compete a vós conhecer os tempos e os momentos que o Pai fixou com sua própria autoridade. ⁸Mas recebereis uma força, a do Espírito Santo que descerá sobre vós, e sereis minhas testemunhas em Jerusalém, em toda a Judéia e a Samaria, e até os confins da terra".	¹⁵E disse-lhes: "Ide por todo o mundo, proclamai o Evangelho a toda criatura. ¹⁶Aquele que crer e for batizado será salvo; o que não crer será condenado. ¹⁷Estes são os sinais que acompanharão aos que tiverem crido: em meu nome expulsarão demônios, falarão em novas línguas, ¹⁸pegarão em serpentes, e se beberem algum veneno mortífero, nada sofrerão; imporão as mãos sobre os enfermos, e estes ficarão curados".	Apalpai-me e entendei que um espírito não tem carne, nem ossos, como estais vendo que eu tenho". ⁴⁰Dizendo isso, mostrou-lhes as mãos e os pés. ⁴¹E como, por causa da alegria, não podiam acreditar ainda e permaneciam surpresos, disse-lhes: "Tendes o que comer?" ⁴²Apresentaram-lhe um pedaço de peixe assado. ⁴³Tomou-o, então, e comeu-o diante deles. ⁴⁴Depois disse-lhes: "São estas as palavras que eu vos falei, quando ainda estava convosco: era preciso que se cumprisse tudo o que está escrito sobre mim na Lei de Moisés, nos Profetas e nos Salmos". ⁴⁵Então abriu-lhes a mente para que entendessem as Escrituras, ⁴⁶e disse-lhes: "Assim está escrito que o Cristo devia sofrer e ressuscitar dos mortos ao terceiro dia, ⁴⁷e que, em seu Nome, fosse proclamado o arrependimento para a remissão dos pecados a todas as nações, a começar por Jerusalém. ⁴⁸Vós sois testemunhas disso.	verem o Senhor. ²¹Ele lhes disse de novo: "A paz esteja convosco! Como o Pai me enviou, também eu vos envio". ²²Dizendo isso, soprou sobre eles e lhes disse: "Recebei o Espírito Santo. ²³Àqueles a quem perdoardes os pecados ser-lhes-ão perdoados; aqueles aos quais retiverdes ser-lhes-ão retidos". ²⁴Um dos Doze, Tomé, chamado Dídimo, não estava com eles, quando veio Jesus. ²⁵Os outros discípulos, então, lhe disseram: "Vimos o Senhor!" Mas ele lhes disse: "Se eu não vir em suas mãos o lugar dos cravos e se não puser meu dedo no lugar dos cravos e minha mão no seu lado, não crerei".

§ 280 — Oito dias depois da ressurreição

Jo 20,26-29

Mt	Mc	Lc	Jo
			²⁶Oito dias depois, achavam-se os discípulos, de novo, dentro de casa, e Tomé com eles. Jesus veio, estando as portas fechadas, pôs-se no meio deles e disse: "A paz esteja convosco!" ²⁷Disse depois a Tomé: "Põe teu dedo aqui e vê minhas mãos! Estende tua mão e põe-na no meu lado e não sejas incrédulo, mas crê!" ²⁸Respondeu-lhe Tomé: "Meu

Mt	Mc	Lc	
			Senhor e meu Deus!" ²⁹Jesus lhe disse: "Porque viste, creste. Felizes os que não viram e creram!"

§ 281 — Aparição junto ao lago de Genesaré (cf. §§ 35 e 40)

Jo 21,1-23

¹Depois disso, Jesus manifestou-se novamente aos discípulos, às margens do mar de Tiberíades. Manifestou-se assim: ²Estavam juntos Simão Pedro e Tomé, chamado Dídimo, Natanael, que era de Caná da Galiléia, os filhos de Zebedeu e dois outros de seus discípulos. ³Simão Pedro lhes disse: "Vou pescar". Eles lhe disseram: "Vamos nós também contigo". Saíram e subiram ao barco e, naquela noite, nada apanharam. ⁴Já amanhecera. Jesus estava de pé, na praia, mas os discípulos não sabiam que era Jesus. ⁵Então Jesus lhes disse: "Jovens, acaso tendes algum peixe?" Responderam-lhe: "Não!" ⁶Disse-lhes: "Lançai a rede à direita do barco e achareis". Lançaram, então, e já não tinham força para puxá-la, por causa da quantidade de peixes. ⁷Aquele discípulo que Jesus amava disse então a Pedro: "É o Senhor!" Simão Pedro, ouvindo dizer "É o Senhor!", vestiu sua roupa — porque estava nu — e atirou-se ao mar. ⁸Os outros discípulos, que não estavam longe da terra, mas cerca de duzentos côvados, vieram com o barco, arrastando a rede com os peixes. ⁹Quando saltaram em terra, viram brasas acesas, tendo por cima peixe e pão. ¹⁰Jesus lhes disse: "Trazei alguns dos peixes que apanhastes". ¹¹Simão Pedro subiu então ao barco e arrastou para a terra a rede, cheia de cento e cinqüenta e três peixes grandes; e apesar de serem tantos, a rede não se rompeu. ¹²Disse-lhes Jesus: "Vinde comer!" Nenhum dos discípulos ousava perguntar-lhe: "Quem és tu?", porque sabiam que era o Senhor. ¹³Jesus aproxima-se, toma o pão e o distribui entre eles; e faz o mesmo com o peixe. ¹⁴Foi esta a terceira vez que Jesus se manifestou aos discípulos, depois de ressuscitado dos mortos.

¹⁵Depois de comerem, Jesus disse a Simão Pedro: "Simão, filho de João, tu me amas mais do que estes"? Ele lhe respondeu: "Sim, Senhor, tu sabes que te amo". Jesus lhe disse: "Apascenta os meus cordeiros". ¹⁶Uma segunda vez lhe disse: "Simão, filho de João, tu me amas?" — "Sim, Senhor", disse ele, "tu sabes que te amo". Disse-lhe Jesus: "Apascenta as minhas ovelhas". ¹⁷Pela terceira vez disse-lhe: "Simão, filho de João, tu me amas?" Entristeceu-se Pedro porque pela terceira vez lhe perguntara "Tu me amas?" e lhe disse: "Senhor, tu sabes tudo; tu sabes que te amo". Jesus lhe disse: "Apascenta as minhas ovelhas.

¹⁸Em verdade, em verdade, te digo: quando eras jovem, tu te cingias e andavas por onde querias; quando fores velho, estenderás as mãos e outro te cingirá e te conduzirá aon-

§§ 282-285 — Mt 28,16-20; 16,20; Mc 16,19; Lc 24,50-53; Jo 20,17

Mt	Mc	Lc	Jo
			de não queres". ¹⁹Disse isso para indicar com que espécie de morte Pedro daria glória a Deus. Tendo falado assim, disse-lhe: "Segue-me". ²⁰Pedro, voltando-se, viu que o seguia o discípulo que Jesus amava, aquele que, na ceia, se reclinara sobre seu peito e perguntara: "Senhor, quem é que te vai entregar?" ²¹Pedro, vendo-o, disse a Jesus: "Senhor, e este?" ²²Jesus lhe disse: "Se eu quero que ele permaneça até que eu venha, que te importa? Quanto a ti, segue-me". ²³Divulgou-se, então, entre os irmãos, a notícia de que aquele discípulo não morreria. Jesus, porém, não disse que ele não morreria, mas: "Se quero que ele permaneça até que eu venha, que te importa?"

§ 282 — Final de Mateus

Mt 28,16-20	Mc	Lc	Jo
¹⁶Os onze discípulos caminharam para a Galiléia, à montanha que Jesus lhes determinara. ¹⁷Ao vê-lo, prostraram-se diante dele. Alguns, porém, duvidaram. ¹⁸Jesus, aproximando-se deles, falou: "Toda a autoridade sobre o céu e sobre a terra me foi entregue. ¹⁹Ide, portanto, e fazei que todas as nações se tornem discípulos, batizando-as em nome do Pai, do Filho e do Espírito Santo ²⁰e ensinando-as a observar tudo quanto vos ordenei. E eis que eu estou convosco todos os dias, até a consumação dos séculos!"			

§ 283 — Ascensão ao céu

Mt	Mc 16,19	Lc	Jo
(cf. At 1,1-11) ¹Fiz meu primeiro relato, ó Teófilo, a respeito de todas as coisas que Jesus fez e ensinou desde o início, ²até o dia em que foi arrebatado, depois de ter dado instruções aos apóstolos que escolhera sob a ação do Espírito Santo. ³Ainda a eles, apresentou-se vivo depois de sua paixão, com muitas provas incontestáveis: durante quarenta dias apareceu-lhes e lhes falou do que concerne ao Reino de Deus. ⁴Então, no decurso de uma refeição com eles, ordenou-lhes que não se afastassem de Jerusalém, mas que aguardassem a promessa do Pai, "a qual, disse ele, ouvistes de minha boca:	¹⁹Ora, o Senhor Jesus, depois de lhes ter falado, foi arrebatado ao céu e sentou-se à direita de Deus. **Lc 24,50-53** ⁵⁰Depois, levou-os até Betânia e, erguendo as mãos, abençoou-os. ⁵¹E enquanto os abençoava, distanciou-se deles e era elevado ao céu. ⁵²Eles se prostraram diante dele, e depois voltaram a Jerusalém com grande alegria, ⁵³e estavam continuamente no Templo, louvando a Deus.	

	Mt	Mc	Lc	Jo
			⁵pois João batizou com água, mas vós sereis batizados com o Espírito Santo dentro de poucos dias". ⁶Estando, pois, reunidos, eles assim o interrogaram: "Senhor é agora o tempo em que irás restaurar a realeza em Israel?" ⁷E ele respondeu-lhes: "Não compete a vós conhecer os tempos e os momentos que o Pai fixou com sua própria autoridade. ⁸Mas recebereis uma força, a do Espírito Santo que descerá sobre vós, e sereis minhas testemunhas em Jerusalém, em toda a Judéia e Samaria, e até os confins da terra". ⁹Dito isto, foi elevado à vista deles, e uma nuvem o ocultou a seus olhos. ¹⁰Estando a olhar atentamente para o céu, enquanto ele se ia, dois homens vestidos de branco encontraram-se junto deles ¹¹e lhes disseram: "Homens da Galiléia, por que estais aí a olhar para o céu? Este Jesus, que foi arrebatado dentre vós para o céu, assim virá, do mesmo modo como o vistes partir para o céu".	¹⁷Jesus lhe diz: "Não me retenhas, pois ainda não subi ao Pai. Vai, porém, a meus irmãos e dize-lhes: Subo a meu Pai e vosso Pai; a meu Deus e vosso Deus". (cf. Jo 20,17)

§ 284 — Pregação universal do Evangelho (cf. §§ 279 e 282)

	Mt	Mc 16,20	Lc	Jo
		²⁰E eles saíram a pregar por toda parte, agindo com eles o Senhor, e confirmando a Palavra por meio dos sinais que a acompanhavam.		

§ 285 — Lógion antigo referente às aparições

	Mt	Mc	Lc	1Cor 15,1-8
				¹Lembro-vos, irmãos, o evangelho que vos anunciei, que recebestes, no qual permaneceis firmes, ²e pelo qual sois salvos, se o guardais como vo-lo anunciei; doutro modo, teríeis acreditado em vão. ³Transmiti-vos, em primeiro lugar, aquilo que eu mesmo recebi: Cristo morreu por nossos pecados, segundo as Escrituras. ⁴Foi sepultado, ressuscitou ao terceiro dia, segundo as Escrituras. ⁵Apareceu a Cefas, e depois aos Doze. ⁶Em seguida, apareceu a mais de quinhentos irmãos de uma vez, a maioria dos quais ainda vive, enquanto alguns já ador-

Mt	Mc	Lc	§§ 286-288 — Lc 24,47-49; Jo 20,22; 20,30-31; 21,24.25
			Jo
			meceram. ⁷Posteriormente, apareceu a Tiago, e, depois, a todos os apóstolos. ⁸Em último lugar, apareceu também a mim como a um abortivo.

§ 286 — Aguardando o Espírito Santo

		Lc 24,47-49	Jo 20,22
Mt	Mc	⁴⁷e que, em seu Nome, fosse proclamado o arrependimento para a remissão dos pecados a todas as nações, a começar por Jerusalém. ⁴⁸Vós sois testemunhas disso. ⁴⁹Eis que eu vos enviarei o que meu Pai prometeu. Por isso, permanecei na cidade até serdes revestidos da força do Alto".	²²Dizendo isso, soprou sobre eles e lhes disse: "Recebei o Espírito Santo".

§ 287 — Primeira conclusão de João

			Jo 20,30-31
Mt	Mc	Lc	³⁰Jesus fez, diante de seus discípulos, muitos outros sinais ainda, que não se acham escritos neste livro. ³¹Esses, porém, foram escritos para crerdes que Jesus é o Cristo, o Filho de Deus, e para que, crendo, tenhais a vida em seu nome.

§ 288 — Segunda conclusão de João

			Jo 21,24.25
Mt	Mc	Lc	²⁴Este é o discípulo que dá testemunho dessas coisas e foi quem as escreveu; e sabemos que o seu testemunho é verdadeiro. ²⁵Há, porém, muitas outras coisas que Jesus fez e que, se fossem escritas uma por uma, creio que o mundo não poderia conter os livros que se escreveriam.